중국 국경,
격전의 흔적을 걷다

일러두기

1. 이 책의 지명이나 인명 등은 외래어표기법에 따랐다. 다만 관용적으로 쓰이는 표현은 그대로 사용했으며, 중국이나 일본 지명의 '성(省)', '시(市)', '현(縣)' 등은 지명에 붙여 표기했다.
2. 원서의 제목과 본문 등에 쓰인 '열전(熱戰)'이라는 단어는 독자들의 이해를 돕기 위해 '격전(激戰)'으로 바꿔 사용했다.

이 도서의 국립중앙도서관 출판예정도서목록(CIP)은 서지정보유통지원시스템 홈페이지(http://seoji.nl.go.kr)와 국가자료공동목록시스템(http://www.nl.go.kr/kolisnet)에서 이용하실 수 있습니다.
CIP제어번호: CIP2016016453(양장), CIP2016016458(반양장)

중국 국경,
격전의 흔적을 걷다

中国国境　熱戦の跡を歩く

이시이 아키라 지음 ｜ 이용빈 옮김

한울
아카데미

CHUGOKUKOKKYO NESSEN NO ATO WO ARUKU
by Akira Ishii

© 2014 by Akira Ishii
First published 2014 by Iwanami Shoten, Publishers, Tokyo.
This Korean edition published 2016
by HanulMPlus Inc., Paju
by arrangement with the proprietor c/o Iwanami Shoten, Publishers, Tokyo

옮긴이 서문

愛民者强, 不愛民者弱
『荀子』

이 책은 일본 중·소, 중·러 관계 연구의 '태두(泰斗)'인 이시이 아키라(石井明) 도쿄대 명예교수의 중국의 국경 전쟁 및 대외 군사 분쟁과 관련된 장기적인 연구 결과를 담은 중요한 학술 서적이다. 아울러 이 책은 저자가 '지은이 후기'에서 밝히고 있듯이, 현재 동북아시아 역내의 평화와 안정을 위협하는 핵심 원인이 되는 38도선을 둘러싼 한반도 분단과 타이완해협을 둘러싼 중국·타이완의 분리 구도를 구조적으로 해결하는 것이, 동북아시아 국가들이 직면하고 있는 안보 문제를 안정적이며 확실하게 해결할 수 있는 시금석이 된다는 거시적인 안목에서 치열하게 진행된 연구 서적이기도 하다.

구체적으로 이 책은 냉전 시기에 발생한 진먼다오 전투, 한국전쟁, 중·소 국경 전쟁, 중·인 국경 전쟁, 중·월 국경 전쟁, 시사해전을 언급한 이후 센카쿠열도 및 오키나와 문제를 중국·타이완 간 양안 관계에 결부시켜 동북아시아 전체 구도에서 논하면서, 중국의 국경 전쟁 및 대외 군사 분쟁에 대해 체계적으로 소개하고 있다. 이러한 시각의 체계적인 연구를 거의 찾을 수 없는 국내의 현실로 볼 때, 이 책은 학술적·정책저·연구시(硏究史)적 측면에서 매우 중요한 함의가 있다.

특히 이 책의 지은이가 ① 중·소, 중·러 관계를 핵심으로 중국의 정치, 외교 및 군사와 관련된 연구를 장기간 수행한 고도의 전문성을 지니고 있으며, ② 진먼다오를 비롯해 중국의 국경 지역을 직접 방문한 경험을 토대로 실사구시적인 차원에서 서술하고 있고, ③ 다양한 인적 네트워크를 동원해 과거 중국의 국경 지역에서 수행된 국경 전쟁 및 군사 분쟁 역사뿐 아니라 중국 국경 지대의 현재 모습을 풍부한 자료를 통해 체계적으로 소개하는 점이 특징적이다. 또한 사상으로서의 '평화적 국경선'이 향후 동북아시아 지역에서 안착되기 위해 필요한 사항을 정책적 의제로 제시하고 있다는 점도 매우 중요한 의미가 있다.

이 책을 옮기는 과정은 5일 동안의 집중적인 작업을 통해 신속히 이루어졌다. 또한 이 책의 한국어판에는 본문에 표기되어 있는 인명과 지명을 해당 국가의 표기에 맞춰 적었으며, 중국에서 사용하는 명칭도 병기해 쉽게 살펴볼 수 있도록 했다. 아울러 본문 중 필요한 부분에 옮긴이 주를 부기함으로써 독자 여러분의 이해를 최대한 도울 수 있도록 했다.

무엇보다 어려운 여건에도 이 책이 세상에 나올 수 있도록 물심양면으로 지원해주신 한울엠플러스(주)의 김종수 사장님을 비롯한 모든 분께 진심으로 감사의 말씀을 전하고 싶다. 아울러 분주한 가운데서도 일반 독자 입장에서 번역 초고를 분담해 읽고 소중한 조언을 해준 한반도아시아국제관계연구회[韓亞會]의 이동건(서울대 법학전문대학원 박사과정, 변호사), 김윤진(서울대 정치외교학부 정치학 전공), 손하늘(서울대 정치외교학부), 백승헌(서울대 경제학부), 홍주표(서울대 노어노문학과) 등 여러 후배에게 진심 어린 감사의 마음을 전하고자 한다.

2016년 7월

이용빈

나치(Nazi, 국가사회주의 독일 노동자당)에 대해 계속 저항했던 독일의 작가 에리히 캐스트너(Erich Kästner, 1899~1974)의 저작 중에 『동물 회의(Die Konferenz Der Tiere)』라는 어린이를 위한 동화책이 있습니다.

이 책이 출판된 것은 1949년이었습니다. 같은 해에 독일연방공화국(서독)이 탄생하고, 또한 같은 시기에 독일민주공화국(동독)도 성립됩니다. 이러한 2개의 독일 사이에 경계선이 그어지고, 국제사회에서는 동서 두 진영의 대립이 심각해집니다.

『동물 회의』는 인간들의 군축회의가 진전되지 않는 가운데 동물들이 모여서 인간들에게 압박을 가해 다음과 같은 조약을 체결하도록 만든다는 줄거리입니다. ① 모든 국경을 없앤다, ② 군대와 대포 및 전차를 없애고 전쟁을 더는 하지 않는다, ③ 어린이를 좋은 인간으로 육성하는 것이 가장 중요하면서 또한 어려운 일이기 때문에 앞으로 교육자가 가장 많은 액수의 급료를 받게 한다.

해당 책은 출판 당시부터 일본을 포함한 많은 국가에서 높은 평가를 받아왔습니다. 해당 책이 세상에 출간된 지 67년이 되어가고 있습니다만, 지금도 그 광채를 잃지 않고 있습니다.

국경을 둘러싼 싸움은 변함없이 지금도 계속되고 있습니다. 현재 동아시아에서는 동중국해와 남중국해 섬들의 귀속을 둘러싸고 중국과 인접 국가들 사이의 대립이 심화되고 있습니다.

한국과 중국의 사이에도 이어도(離於島, 중국명: 蘇岩礁)의 귀속 문제가 있습니다. 2015년 12월 22일, 한중 양국은 이 문제를 포함한 서해에서 동중국해에 걸쳐 있는 '배타적 경제수역(Exclusive Economic Zone: EEZ)'의 획정을 둘러싼 교섭을 시작했습니다. 이 한중 교섭이 진전될 경우, 중국과 다른 인접 국가들의 교섭에 하나의 모델이 될 수도 있을 것으로 기대가 되고 있습니다.

2016년 4월 30일
이시이 아키라

차 례

머리말

육강과 해강

중국에는 변강(邊疆)이라는 용어가 있다. 일본어로는 변경(邊境)으로밖에
번역되지 않을 것이다. 변강은 육강(陸疆)과 해강(海疆)으로 구성된다. 육강
은 육지 변경 지구를 지칭하며 국경선이 외국과 접해 있다. 해강은 해안선
에서 영해 기선(基線)에 이르는 영역과 '유엔(UN) 해양법 조약'으로 규정된
영해 기선에서 바깥 측 국가 관할 해역(영해, 배타적 경제 수역 및 대륙붕 등 국
가가 관할하는 해역과 도서를 포함)으로 구성된다.

변강의 경계 획정 문제에 대한 관심은 1990년대까지 육강에 집중되었고
해강, 즉 푸른 영토는 잊혀왔다고 중국 연구자도 지적하고 있다(馬, 2004:
86). 그래서 이 책은 중화인민공화국(中華人民共和國)이 우선 육강 문제에 대
해 어떻게 대처했는지 살피고 다음으로 해강 문제를 살펴보도록 하겠다.

중화인민공화국은 세계적으로 육지 국경선이 가장 길고 인접한 국가 수
도 가장 많다. 육상 국경은 북한에서 베트남까지 14개국, 길이는 2만 2000
km에 달한다. 현재 육상 국경은 인도, 부탄과의 국경만이 미획정 상태이다.
평화적인 방법으로 국경을 획정한 최초의 사례는 버마(현재의 미얀마)와의
교섭이었다. 1956년부터 교섭을 시작해 1960년 10월 1일 국경 획정 조약에

조인했다. 그 이후 네팔, 몽골, 파키스탄, 아프가니스탄과 차례로 국경 획정 조약을 체결했다. 1991년에는 라오스와 국경 조약을 체결했다.

제2장에서 자세하게 논하겠지만 중국과 북한 간에는 1962년 10월 12일 국경 조약이 체결되었다. 그렇지만 중국 북한 간 국경은 선(線)이 아니다. 조약에서 국경을 흐르는 압록강(鴨綠江)과 도문강(圖們江)을 양국이 공유하고 공동 관리한다고 규정했다. 이 외에 동아시아에서 국경 하천을 공유하고 공동 관리하는 다른 사례는 없는 것이 아닐까?

중국 국경선 중 가장 긴 것은 러시아와의 국경이다. 구(舊)소련 시대 1991년 중·소 동부 국경 협정이 체결되었는데 소련이 붕괴하고 중앙아시아 여러 국가가 독립하자, 중국은 국경을 접하는 중앙아시아 국가들과 개별적으로 국경 조약을 체결했다. 1994년 카자흐스탄, 1996년 키르기스스탄, 1999년 타지키스탄과 국경 협정을 체결했다. 1994년에는 중·러 서부 국경 협정을 체결했다. 1999년에는 중·월(中越, 중국·베트남) 육상 국경 조약이 체결되었다.

이렇게 보면 중국 육상 국경은 대부분 획정되었으며 이들 국경 지대는 전반적으로 평온한 상황이다. 다음에 다루겠지만 인도와도 2013년 10월 군사 충돌 회피를 지향한 '국경 방위 협력 협정'을 체결했다.

건국 이후 국경 주변 사망자 19만 7028명

그러나 국경 지대가 평온하기까지는 몇 번의 분쟁이 있었다. 평화적인 교섭으로 국경선이 획정되는 경우만 있었던 것은 아니다. 또한 중화인민공화국이 사회주의적 국제주의를 표방하며 인접 국가들의 혁명운동을 지원한 일도 있어 차례로 국경 지대 및 그 주변에서 '격전(激戰)'이 일어났다.

필자가 집계한 건국 이후 국경 지대 및 국경 주변 전투 혹은 임무 수행 중

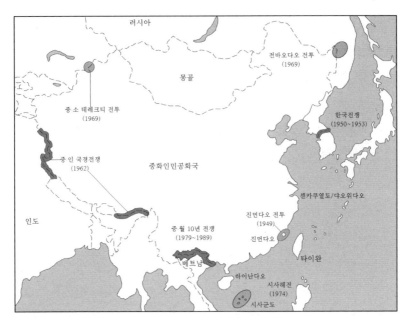

러시아

몽골

전바오다오 전투
(1969)

중소 테레크티 전투
(1969)

한국전쟁
(1950~1953)

중인 국경전쟁
(1962)

중화인민공화국

센카쿠열도/댜오위다오

인도

중월 10년 전쟁
(1979~1989)

진먼다오 전투
(1949)

진먼다오

타이완

베트남

하이난다오

시사해전
(1974)

시사군도

중국의 국경 분쟁

사망자는 19만 7028명이었다. 그 내용은 다음과 같다.

우선 제2장에서 논할 항미원조전쟁(抗美援朝戰爭, 1950~1953)에서는 18만 3108명이 사망했다. 이것은 단둥(丹東, 랴오닝성)의 항미원조기념관(抗美援朝記念館, 중국어로 미(美)는 미국을 지칭함)이 각지 민정(民政) 부문 통계를 집계한 숫자이다. 중국 국방대 교수인 쉬옌(徐焰) 중국인민해방군 소장(少將)은 전쟁터에서 사망한 자가 11만여 명으로 이에 부상 등을 원인으로 사망한 자를 추가하면 18만 명이라고 했다("徐焰少將: 中國抗美援朝犧牲十八萬人", 2010).*

건국된 지 얼마 되지 않은 중국의 입장에서 항미원조전쟁은 엄청난 재정

---

* 1990년대 항미원조기념관이 티베트 지역을 제외한 중국 전국 각 성(省) 및 시(市) 민정부 계통의 통계를 수집해 공표한 한국전쟁으로 인한 중국 측 전사자 총수는 17만 1669명이었으며, 그 이후 해당 통계는 18만 3108명으로 증가했다. _ 옮긴이 주

적 부담이기도 했다. 중국은 전비(戰費)로 62.5억 위안(당시 25억 달러에 상당)을 사용했다고 한다. 1950년 한해 재정 수입(1950년 중국 재정 수입은 26억 달러에 상당)과 거의 같은 액수이다(齊, 2010: 29).

1950년 중국은 베트남에 정치 고문과 군사 고문단을 파견해 베트남의 항불전쟁(抗佛戰爭)을 지원하고 이어서 미국과 싸우는 베트남 전쟁에도 무기와 지원 요원(要員)을 보냈다. 제5장에서 언급하겠지만 1951~1976년 사이 중국에서 파견된 베트남 지원 요원 1446명이 사망했다.

이 시기 중국은 라오스의 항미(抗美)전쟁도 지원했다. 중국은 1959년부터 라오스에 무기 원조를 함과 동시에 라오스군을 훈련시켰다. 1962년부터 1978년에 이르는 동안 11만 명을 파견했고 무상으로 도로 건설을 했으며 나아가 방공부대(防空部隊)를 보냈는데 연인원 2만 1000명 규모였다. 이 기간에 인민해방군 장병 269명이 사망했다("海外中國軍人墓地現狀調查", 2009).

이 책 제3장에서 자세히 언급하겠지만 1962년에는 중국·인도 국경전쟁이 일어났는데 722명이 전사했다.

1969년 3월에는 우수리(Ussuri, 중국명: 烏蘇里) 강 중간에 있는 섬인 전바오다오(珍寶島)에서 중·소 국경 경비대가 전투했다. 중국 측 경비대가 소련 측 경비대를 공격한 것이다. 이때 중국 측 전사자는 68명이었다. 필자가 헤이룽장성(黑龍江省) 바오칭현(寶淸縣)의 전바오다오 열사능원(烈士陵園)에 있는 열사 묘의 수를 세었을 때 68개였다.

같은 해 8월 이번에는 소련 측이 신장(新疆)의 위민현(裕民縣) 테레크티(Terekty, 중국명: 鐵列克提) 지구에서 반격에 나선다. 제4장에서 자세히 다루겠지만 이때 중국 측 전사자는 38명이었다.

1974년에는 남베트남 해군과 시사해전(西沙海戰)이 일어났다. 이 해전에서 중국 측 전사자는 18명이었다.

5년 후인 1979년부터 중·월 10년 전쟁이 시작된다. 제5장에서 다룰 이 전쟁의 중국 측 전사자는 적어도 1만 1359명이었다.

이 숫자는 민병(民兵)이 더해진 경우가 있는가 하면 전바오다오 사건처럼 사건 3년 후인 1972년 사망자가 더해진 경우도 있어 일원화된 집계는 아니다.

현재 중국 육상 국경 지대의 안정은 이러한 전쟁을 거쳐 형성된 것이라는 점을 알아야 할 것이다. 그렇지만 20만 명에 가까운 사람들이 왜 죽을 수밖에 없었던 것인가? 어떠한 전쟁에서 사망했는가? 이에 대한 답을 탐색하기 위해 필자는 전쟁터가 된 국경 지대로 출발했다. 그리고 전쟁터였던 곳을 가는 것이 무리일 경우에는 사망자를 추모하는 열사능원을 참관했다. 열사능원은 지방정부의 민정 부문이 관리하고 있고 군사시설 보호구역은 아니다. 이 책에서의 사진은 모두 그 조사 여행 중 필자가 촬영한 것이다.

그런데 육상 국경 지대의 전쟁에 앞서 이 책 제1장에서 진먼다오(金門島) 전투를 다루는 이유는 무엇인가? 이 전투는 대외적으로 전투가 아니라 국공내전(國共內戰)의 연장선이었다. 계속해서 패배해왔던 국민당군(國民黨軍)이 이 전투에서 공산당군(共産黨軍)을 저지했고 타이완해협을 둘러싸고 중화인민공화국과 타이완이 대치했다. 진먼다오 전투는 중국의 현재와 같은 대(對)주변 관계의 일부를 형성시킨 전투였다고 간주되기 때문이다.

중국의 해양 전략

중국 육상 국경이 평정을 되찾은 것과 반대로 해양을 둘러싼 중국과 주변 국가의 대립은 현저하다.

중국은 해안선도 길고 중·북 국경에서 중·월 국경까지 1만 8000km에 달한다. 북쪽부터 발해(渤海), 황해(黃海), 동중국해(東中國海, 중국명: 東海), 남중국해(南中國海, 중국명: 南海)라는 4개의 폐쇄해(閉鎖海)·반폐쇄해(半閉鎖海)에 접해 있으며 총면적은 473만 km², 그중 중국 주장으로 중국 내수(內水)·영해가 약 37만 km²이다. 일본 국토 면적이 38만 km²이기 때문에 일본과 같은 크기의 내수·영해가 있는 셈이다.

앞에서 중국 연구자에게 해강이 잊혀왔다고 했다. 최근 들어 다른 중국 연구자는 건국 당시 중국 해양 전략의 핵심은 미국에 의한 해양 봉쇄에 대항하는 것이라는 해양에 대한 명확한 정책이 있었다고 주장하고 있다. 그렇지만 한국전쟁과 타이완해협 위기가 연이어 일어나자 중국은 해양 전략을 조정하지 않을 수 없게 되었다. 즉, 동남 연해부(沿海部)에서의 진격(進擊)을 위주로 하는 해방 전략에서 방어를 위주로 하는 방어 전략, 즉 근해 방어(近海防禦)로 변경하지 않을 수 없었다는 것이다(郭, 2010: 95). 그와 함께 기술력과 물자 부족으로 행동에 제약이 있었다는 것도 인정하고 있다. 귀위안(郭淵)은 여기에서 "근해 방어"라는 용어를 사용하는데, 정확하게는 '근안방어(近岸防禦)'라고 해야 할 것이다. 1950년대에는 아직 '근해 방어'라는 사고방식이 없었음이 틀림없다.

그런데 중화인민공화국이 영해에 관한 정책을 밝혔던 것은 건국 후 약 10년이 지나면서부터였다. 1958년 9월 4일 제1기 전국인민대표대회(전국인대) 상무위원회 제100차 회의에서 '중화인민공화국의 영해에 대한 성명'이 채택되었다. 이 성명은 중국이 영해에 관한 주권과 관제권(管制權)을 유효하게 행사할 의사가 있다는 것을 밝히는 것과 함께 영해 12해리설(海里說)을 채택한다고 논했다. 나아가 이 성명은 중국 대륙, 타이완, 펑후제도(澎湖諸島), 둥사제도(東沙諸島), 시사제도(西沙諸島), 중사제도(中沙諸島), 난사제도(南沙諸島) 및 중국에 속하는 모든 도서에 적용된다고 선언했다.

1958년에 이 성명이 채택된 배경은 같은 해 4월 제네바에서 86개국 정부대표가 참가한 제1차 유엔 해양법 회의가 개최되어 '영해 및 접속 수역에 관한 조약'이 체결된 것에 있다. 이 회의에는 타이완이 '중국'을 대표해 참가했는데 당시 중화인민공화국도 해양법의 주요 문제, 특히 영해 제도에 관해 자신의 입장을 표명할 필요가 있었던 것이다.

이 성명은 오랫동안 해양에 관해 유일한 권위 있는 문서였다. 하지만 이 성명에는 접속 수역에 관한 규정도 없고 오랫동안 입법화되지도 않았다.

1960년대에 들어 중국은 해군에 기반을 두고 국가의 해양 사무를 통합 관리하는 국가해양국(國家海洋國, 현 국가해경국(國家海警局))을 설치하는 움직임이 진척되었고, 1964년 7월 22일 전국인대 상무위원회 제2기 제124차 회의에서 국무원 산하 국가해양국 설치가 승인되었다. 초기 국가해양국은 해군과 밀접한 관계가 있어서 군의 색채가 강했다. 초대 국장에 남해함대 (南海艦隊) 부사령원(副司令員)을 역임한 치융(齊勇) 소장이 취임했다.

그러나 설립된 지 얼마 되지 않은 국가해양국에 문화대혁명이라는 태풍이 불어 닥쳤다. 치융은 '반혁명 노선'을 집행했다는 이유로 책임을 추궁당하자 1968년 7월 1일 자살했다(〈大海記憶: 新中國60年大海洋人物, 十大海洋事件〉編委會, 2012: 59). 문화대혁명에 의한 혼란이 국가해양국에도 영향을 미친 것이다.

1969년에 들어 중·소 관계가 긴장되고 국방 건설은 "조기에 싸우고, 대대적으로 싸우고, 핵전쟁으로 싸운다"라는 사고방식에 입각해 '전연(前沿, 최전방)'과 '종심(縱深, 깊숙한 곳)', 변경과 해방(海防) 양쪽을 배려하지 못하고 전체적으로 '종심' 지대에 집중되어 삼북(三北: 동북(東北), 화북(華北), 서북(西北))의 변경 경비 시설 건설은 미진해져, 기타 지구의 변방(邊防) 및 해방 건설에 자금이 투입되지 못했다(薑·王, 2012: 435). 요컨대 대소(對蘇) 전쟁을 준비하느라 내지(內地)의 국방 공사(예를 들면 방공호 파기)에 집중되어 해방이 중시되지 못했다는 것이다.

1974년 중국 해군과 남베트남 해군이 시사해전을 벌였는데 당시 중국 해군의 무장은 남베트남 해군에 비해 결코 우세했다고 말할 수 없다. 이 해전에 대해서는 제6장에서 검토한다.

그 이후 1979년 4월 3일 덩샤오핑(鄧小平)이 "우리 해군은 근해(近海) 작전을 하지 않으면 안 되며 방어적 차원에서 전투 능력이 없으면 안 된다"라고 지시했다(〈當代中國〉叢書編輯部, 1987: 709).

1980년대 말부터는 중국군 내에서 해양 권익을 보호하자는 주장이 강해졌다. 1989년 3월 전국인대에서 해군 간부가 미국과 일본은 해양의 혜택으로 발전했다며 중국도 해양에 눈을 돌려야 한다고 주장하면서 정부 활동 보고 중에 해양 권익 보호 내용을 넣도록 제안했다.

그로부터 3년 후인 1992년 2월 25일 전국인대 상무위원회 제7기 제24차 회의에서 인접 구역에 관한 관제권 등의 규정을 포함한 '중화인민공화국의 영해 및 인접 구역에 대한 관제권에 관한 법률(영해법)'이 채택되었다. '영해에 대한 성명'을 채택한 지 34년 후의 일이었다.

영해법의 내용은 1982년 12월 제3차 유엔 해양법 회의에서 채택된 유엔 해양법 조약 원칙과 관련 규정에 전체적으로 합치하고 있다. 중국은 이 조약에 서명하는 것과 함께(비준한 것은 1996년 5월 15일) 1984년부터 이미 영해법의 기초 작업을 시작했다.

영해법 제정으로 중국은 결국 '법으로 바다를 다스리는' 체제 정비가 추진되었는데 이 영해법 제정은 일본에 큰 충격을 주었다. 이 법 제2조 제2항에는 다음과 같이 기록되어 있다.

중화인민공화국의 육지 영토는 중화인민공화국 대륙 및 연해 각 섬, 타이완 및 댜오위다오(釣魚島)를 포함하는 그 부속 각 섬, 펑후제도, 둥사제도, 시사제도, 중사제도, 난사제도 및 기타 모든 중화인민공화국에 속하는 영토를 포함한다.

일본이 영유권을 주장하는 센카쿠열도(尖閣列島, 중국명: 댜오위다오, 타이완명: 댜오위타이)가 타이완에 부속되어 있는 섬으로 이 영해법 중에 명기되어 있었던 것이다. 센카쿠열도 영유권을 둘러싼 중국, 일본, 타이완 간의 분쟁에 대해서는 제7장에서 다루며 중국의 노림수, 나아가 일본이 어떻게 해야 할 것인지에 대해서도 고찰한다. 이 문제는 무력 분쟁으로까지 격화되어서는 안 된다.

제 1 장

진먼다오 전투

— 타이완 조기 해방의 꿈이 깨어지다

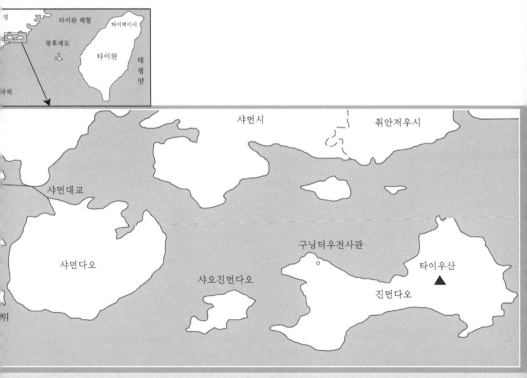

타이완과 진먼다오

1949년 10월 1일 중화인민공화국이 건국된다. 그 직후 같은 달 24일 심야 인민해방군 병사는 샤먼(廈門)에서 어민에게서 징발한 어선, 정크(junk)에 분승해 진먼다오를 향했다. 아침 식사는 진먼다오에서 먹었을 것임이 틀림없다. 같은 달 17일 샤먼 전도(全島)를 해방한 인민해방군은 쉽게 진먼다오를 공략할 수 있을 것으로 생각한 것이다. 하지만 그렇게 되지 않았다. 상륙한 제10병단(兵團) 제1제단(梯團)은 국민당군의 반격에 직면해 섬멸되었다. 증원 병력을 보낼 선박의 준비는 없었다. 병사가 타고 온 선박은 국민당군 항공병과 화력에 의해 파괴되어 철수할 수밖에 없었던 것이다. 결국 진먼다오 전투에서의 패배로 타이완 조기 해방의 꿈은 사라졌다.

샤먼에서 진먼다오를 향해

2011년 1월 필자는 진먼다오를 향했다. 1월 23일 나리타(成田)에서 샤먼으로 날아가 그곳에서 1박을 했다. 24일 둥두국제우륜(東渡國際郵輪) 부두에서 출국 수속을 했다. 수속이라고 해도 일본 여권을 제시하면 비자 없이도 중화인민공화국에서 타이완 통치하의 진먼다오로 직접 갈 수 있다. 페리 요금은 29위안이었다. 상해보험 대금 1위안을 포함해 30위안을 지불했다. 샤오진먼다오(小金門島)를 지나 1시간 만에 진먼다오의 수이터우(水頭) 부두에 도착했다.

진먼다오는 샤먼에서 2.1km밖에 떨어져 있지 않다(가장 가까운 곳에서). 면적은 샤오진먼다오를 더해 150km²이다. 타이완의 부속 도서는 아니다. 푸젠성(福建省)에 속하며 해안을 산책하면 푸젠성 정부의 집무용 빌딩을 발견할 수 있다. 성 정부의 간판은 리덩후이(李登輝) 전임 총통이 썼다.

진먼다오가 나비넥타이 모양에 가까운 것이 아닐까 생각해보았다. 왼쪽 위의 한 부분에 구닝터우전사관(古寧頭戰史館)이 있다. 전투에 패배한 인민해방군 병사가 내몰린 해안 부근이다. 전사관 정문 옆에는 인민해방군 병사를 토벌한 후 '진먼의 곰'으로 불린 M5A1형 경전차가 전시되어 있다. 진먼다오는 높은 산이 없고 기본적으로 평평하다. 전차가 그 힘을 충분히 발휘할 수 있는 지형이다.

이 전사관은 1949년 9월 25일부터의 인민해방군 공격을 국민당군이 격퇴한 것을 기념해 건립되었다. 인민해방군이 진먼다오를 공격한 것은 물론 타이완 해방을 염두에 둔 작전의 일환이었다. 타이완을 공격할 때 강고한 후방을 확보할 필요가 있었기 때문이다. 이 진먼다오 전투에 대해 다루기 전에 중국공산당의 타이완 해방 전략을 검토하겠다.

중국공산당의 타이완 해방 전략

1949년 국공내전이 최종적 단계에 들어서자 중국공산당은 타이완 해방 준비를 서둘렀다. 3월 15일 신화사(新華社)는 중국공산당을 대표해 "중국 인민은 반드시 타이완을 해방한다"라는 성명을 냈다. 타이완 해방 임무를 담당한 것은 제3야전군[사령원 천이(陳毅)]이었다. 제3야전군은 부사령원 쑤위(粟裕)를 책임자로 해서 타이완 해방 준비를 추진했다.

그림 1-1 **구닝터우전사관 앞의 M5A1형 경전차**
필자 촬영(2011.1.24).

중국공산당은 군사작전으로 타이완 공략을 생각했을 뿐 아니라 통일전선전술을 통한 국민당군과의 내응(內應)으로 타이완 조기 해방을 쟁취하는 것을 고려했다. 1949년 6월 말부터 모스크바를 방문한 류사오치(劉少奇)는 7월 4일 자 소련 공산당 중앙과 이오시프 스탈린(Иосиф Сталин)에게 보내는 글에서 중국의 당면 정세에 대해 다음과 같이 기록했다.

인민해방군은 올해 여름과 가을 사이에 푸젠(福建), 후난(湖南), 장시(江西), 산시(陝西) 등 성을 점령할 수 있을 것이며, 겨울에는 광둥(廣東), 광시(廣西), 윈난(雲南), 구이저우(貴州), 쓰촨(四川), 간쑤(甘肅), 닝샤(寧夏), 칭하이(靑海) 등의 성을 점령할 수 있을 것이다. 이것으로 국민당과의 전투는 기본적으로 끝난다. 남는 것이 타이완, 하이난다오(海南島), 신장, 티베트이다. 그 가운데 티베트 문제는 정치 방식을 사용해야 할 것이며, 전쟁 방식으로 해결해서는 안 된다. 타이완, 하이난다오, 신장은 내년이 되면 점령할 수 있을 것이다. 그 가운데 타이완은 국민당군과 내응하기 때문에 먼저 점령이 가능할 것이다(中共中央文獻硏究室, 1998: 2).

류사오치가 타이완 해방에 대해 낙관했다는 것을 알 수 있다. 여기에서 언급되는 국민당군에 대한 공작에 대해 그 전모가 밝혀져 있지 않지만, 『건국 이래 마오쩌둥 문고(建國以來毛澤東文稿)』 제1권에 1950년 3월 11일 자로 마오쩌둥(毛澤東)이 장즈중(張治中)에서 보낸 전보가 수록되어 있다. 장즈중은 국민당 고급 군인으로 신장의 평화 해방에 진력했고 중화인민공화국 건국 후에는 서북군정위원회(西北軍政委員會) 부주석을 지냈다. 그는 중공중앙과 마오쩌둥의 허가를 받은 뒤에 타이완 문제의 평화적 해결을 위한 공작을 했으며, 이 전보에서 마오쩌둥은 장즈중의 공작이 대단히 중요하다며 계속 공작을 추진할 것을 요구하고 있다(中共中央文獻硏究室, 1987: 271).

다만 1949년 여름 마오쩌둥은 타이완 해방에 관해 류사오치 정도로 낙관하지 않았다. 마오쩌둥은 7월 25일 자 스탈린과 상의할 내용을 지시한 전보에서 타이완 해방에 관해 예측하고 있다(沈, 2013: 420~421). 소련이 카메라맨을 파견해서 인민해방군 부대와 행동을 함께하면 좋겠다고 바라고 있는 건에 관해 다음과 같이 기록하고 있다.

제3야전군은 2개의 지방, 즉 푸젠성과 타이완에서만 군사 행동을 일으킬 것이다. 푸젠성의 군사 행동은 올해 10월에는 정리가 될 것인데, 타이완을 공략하는 군사 행동은 우리가 공군 부대를 구축한 이후 행할 수 있다. 내년 후반이 되면 가능할지도 모르겠다.

푸젠 연안은 10월 중에 점령될 수 있지만 타이완에 대한 공격은 공군이 필요하므로 내년 후반에 될지 모른다는 것이었다. 마오쩌둥은 공군 건설과

더불어 해군 건설에 관해서도 스탈린에게 원조를 요청한다.

상하이(上海)에서는 봉쇄된 날부터 중대한 어려움이 나날이 증가하고 있다. 이러한 봉쇄를 분쇄하기 위해서는 타이완을 점령하지 않으면 안 되는데, 공군이 없다면 점령할 수 없다. 우리는 당신(류사오치를 지칭함 _ 필자 주)과 스탈린 동지가 이 문제에 대해 의견을 교환할 것을 바라고 있다. 소련이 우리를 원조하는 것이 가능할 것인가, 즉 6개월에서 1년 동안 모스크바에서 우리를 위해 1000명의 조종사와 300명의 지상 근무 요원을 양성하는 것이다. 그 외에 100~200대의 전투기, 40~50대의 폭격기를 우리에게 매각하지 않을 것인가? 이러한 비행기는 타이완 공략에 사용될 것이다. 해군 건설 측면에서도 우리는 소련 측에 원조를 구하고 싶다. 우리는 내년 후반, 즉 아군이 타이완에 진격할 때 티베트를 제외하고 모든 중국 대륙 영토가 아군에게 점령될 것으로 생각하고 있다.

마오쩌둥의 요구는 더욱 격화(escalation)되어 나아가 조종사의 작전 참가까지 요구하고 있다.

유럽과 세계의 기타 지역의 반제(反帝) 운동은 크게 전진하게 될 것이며 미국-영국에서는 경제 위기가 폭발할 것이다. 이러한 상황에서 만약 우리가 소련의 원조를 이용해 타이완을 공략하고자 한다면(소련에 대해 조종사 훈련과 비행기 매각에 더해 소련 공군, 해군 전문가 파견, 조종사의 군사 행동에의 참가를 요구하지 않으면 안 된다), 미·소 관계에 손해를 초래할 것인가?

이러한 요구에 스탈린이 즉각적으로 응했을 리 없다. 앞의 인용문에 나온 상하이의 봉쇄에 대해 상하이는 중국공산당에 의해 함락되었다. 그렇지만 국민당군은 창장(長江)이 바다로 나가는 수역(水域)에 수뢰를 부설하고 상하이를 봉쇄했다. 그 이후의 일이지만 1949년 12월 마오쩌둥은 새로운 군사동맹 조약을 체결하기 위해 소련을 방문했다. 그가 모스크바에 체재하던 1950년 2월 6일 상하이가 국민당 공군의 대규모 폭격을 받았다. 마오쩌둥은 소련 측이 항공 병력을 보내 상하이를 지켜줄 것을 요청하고 있다. 1950년에도 여전히 국민당 공군은 중국공산당에게 위협적인 존재였다.

한편, 국민당은 1949년 여름 중국 대륙의 유력한 부대를 타이완으로 철수시켜 타이완 수호를 굳혔다. 나아가 푸젠성 남부 군항(軍港) 샤먼과 샤먼 동쪽에 위치한 진먼(金門) 2개 섬에 병력을 증강해 인민해방군의 도해(渡海) 작전을 저지하려고 했다. 1949년 8월 탕언보(湯恩伯)가 푸젠성 주석 겸 쑤이징(綏靖) 주임*에 임명되어 타이완 방위 최전선이 되는 푸젠성 및 그 연안 제도(諸島) 방위 지휘를 맡았다.

진먼다오 전투

제3야전군은 예하의 제10병단[사령원 예페이(葉飛)]에 샤먼·진먼 해방 임무를 부여했다. 샤먼과 진먼 해방은 하나의 작전 임무였다. 제10병단은 10월 15일 우선 샤먼을 공격하고 17일 샤먼 전도를 해방시켰다.

부근의 어민에게서 징발한 어선·정크에 분승한 인민해방군 병사가 진먼다오를 향한 것은 24일 심야였다. 만조를 타고 진먼다오에 접근했다. 공격 개시 시간은 0시 30분이라는 설과 다른 시간이라는 설이 있지만 25일 미명에 공격을 시작한 것은 확실하다.

우선 대안(對岸)의 해안포 포격이 10여 분 계속되었다. 당시 인민해방군

---

* 샤먼 쑤이징 총사령(總司令)을 일컫는다. _ 옮긴이 주

에게는 상륙용 주정(舟艇) 등이 없었다. 병사는 '삼각가(三脚架)'를 붙잡고 착륙했다. '삼각가'를 무엇으로 번역하면 좋을지 알 수 없는데, 마죽(麻竹)을 묶어서 삼각형으로 만든 것을 2개의 판(板)으로 연결한다. 중국 남방에는 대나무가 많았기 때문에 간단하게 만들 수 있었다. 소재가 대나무이기 때문에 부력이 있다. '삼각벌(三角筏)'이라고 번역하면 좋을지 모르겠다. 그 '삼각벌'을 붙잡고 해안까지 다리로 물을 차면서 건넜던 것이다.

제10병단 병사는 "아침밥은 진먼다오에서 먹는다"를 구호로 내걸며 진먼다오로 향했다. 하지만 그렇게 되지 못했다. 상륙한 제10병단 제1제단은 국민당군의 반격에 직면해 섬멸되었다. 제2제단을 보낼 충분한 선박 준비도 없는 상태로 제1제단이 상륙한 것인데, 타고 온 선박이 국민당군의 항공 병력과 화포에 의해 파괴되어 제1제단 병사는 후속 병력 지원이 없는 상태로 싸우지 않을 수 없었던 것이다. 25일 밤 샤먼에 남아 있던 소수의 배에 탑승해 4개 중대가 진먼다오로 향했는데 이 같은 소수 병력으로는 형세를 만회할 수 없었다. 적군과 아군이 뒤섞여 있는 전투에 샤먼에서 해안포를 발사하는 것도 불가능했다. 인민해방군은 대안의 샤먼 해안에서 진먼다오에서 아군이 내몰리는 것을 방관할 수밖에 없었다.

군사과학원 군사역사연구소 편저의 『중국인민해방군의 80년(中國人民解放軍的八十年)』은 이 진먼다오 전투에 대해 다음과 같이 총괄하고 있다.

이 전투는 주관적 관점에 기초한 지휘 아래 도해 작전의 특징과 어려움에 대한 예측이 충분치 않았고 전투 방법도 엄밀함을 결여했기 때문에, 상륙 부대 9000여 명은 3일 낮밤을 고전하고 탄약과 식량 모두 떨어져 일부는 장렬히 희생했고 일부는 포로가 되었다. 이것은 해방 전쟁 중 인민해방군이 입은 중대한 손실로 심각한 교훈을 주었다(軍事科學院軍事歷史研究所, 2007: 258).

섬멸된 인민해방군 병사는 어떻게 되었을까? 군사과학원 군사역사연구부가 펴낸 『중국인민해방군 전사(中國人民解放軍戰史)』에 의하면, 상륙 부대원 9086명 중(선원, 민간인 등 350명을 포함) 일부는 영웅적으로 희생되었고 일부는 포로가 되었다고 기록하고 있다(軍事科學院軍事歷史研究部, 1987: 340). 대부분이 전사했거나 혹은 포로가 되었던 것이다. 포로 수에 대해서는 제설(諸說)이 있는데, 진먼다오의 구닝터우(古寧頭)에서 출생한 저널리스트 리푸징(李福井)에 의하면 5000여 명이 포로가 되었고 지룽(基隆)으로 옮겨졌다(그렇다면 4000여 명이 전사한 것이 된다). 포로 가운데 2000여 명은 원래 국민당군 병사에서 투항해 인민해방군 병사가 된 자로서 타이완에 남기를 희망했다. 타이완에 남은 자 가운데 1958년 진먼다오를 둘러싼 823 포격전에 참가한 자도 있었을 것이다. 나머지 3000여 명은 대륙으로 돌아갈 것을 강력하게 요구했고, 결국 국민당 당국은 그들을 어선에 태워 대륙으로 돌려보냈다고 한다(李, 2009: 255~259).

필자는 1월 26일 샤먼에 돌아가 후위안로(虎園路)에 위치한 열사능원을 방문했다. 경사면에 인민해방군 병사가 샤먼 도해 작전에서 싸우는 모습이 부조(浮彫)되어 있다. 그 옆에 샤먼혁명열사사적진열관(廈門革命烈士事蹟陳列館)이 있었다. 제자(題字)는 1986년 10월 예페이가 썼다. 진열관 가운데는 샤먼 전투에서 승리했던 제10병단 제256연대의 활약 등이 전시되고 있다. 그렇지만 진먼다오 전투에 대해서는 전혀 설명이 없다. 샤먼 전투에서의 전사자는 공개되어 있음에도 진먼다오 전투 전사자에 대해서 아무것도 언급되어 있지 않은 것이다. 샤먼·진먼 전투는 일련의 작전이었음이 틀림없지만 애국주의 교육 기지에 패전의 전시는 필요 없다는 것으로 보인다.

인민해방군은 왜 패했는가?

10월 29일 마오쩌둥은 당 중앙군사위원회 명의로 진먼다오 공격 실패를 교훈으로 삼도록 하는 취지의 전보를 화동군구(華東軍區), 제3야전군, 제10병단 지휘원(指揮員)뿐 아니라 각 야전군 전선위원회(前線委員會), 각 대군구(大軍區)에 보냈다(中共中央文獻研究室, 1987: 100~101).

이 전보는 인민해방군이 진먼다오에서 이틀 낮밤 격전을 치렀음에도 후방의 지원이 지속되지 않아 전 부대가 장렬히 희생된 것은 통한의 극치라고 한 뒤, 이번 손실은 해방 전쟁 이래 최대라고 지적하고 있다. 또한 손실을 초래한 원인은 적을 경시하고 조급해했기 때문이라고 지적하고 있다.

전보는 계속해서 우선 샤먼 공격과 동시에 1개 사단으로 진먼을 공격한 것을 다루면서 이것은 적에 대한 경시, 조급함의 표현이었다고 지적하고 있다. 당시 먼저 힘을 집중해서 샤먼을 공격해 점령하고 또한 후방으로 병력을 이동시켜 진먼을 공격 및 점령해야 했으며 힘을 분산시켜서는 안 되었다고 했다. 그렇지만 이에 대해 깊은 주의를 기울이지 않았기 때문에 이와 같은 실패에 이르게 된 것이라고 적고 있다.

전보의 이 부분은 주석이 필요할 것이다. 예페이는 9월 26일 취안저우(泉州)의 제3야전군 제10병단 사령부에서 작전회의를 개최하고 샤먼·진먼 공격 방법을 검토했다. 세 가지 안이 있었다. '진먼·샤먼 동시 회수(回收)', '우선 진먼, 이후 샤먼 회수', '우선 샤먼, 이후 진먼 회수'이다. 예페이는 세 가지 안의 득실을 검토했다. 예페이가 노린 것은 국민당군의 섬멸이었다. '진먼·샤먼 동시 회수'는 국민당군 병력을 분산시켜 방위가 어렵게 되기 때문에 섬멸 혹은 대파가 가능했다. '우선 진먼, 이후 샤먼 회수'는 진먼 공략 이후 샤먼 경비군(警備軍)이 기회를 틈타 철수한다면 섬멸하지 못하게 된다. '우선 샤먼, 이후 진먼 회수'도 샤먼 공략 이후 진먼 경비군이 철수해 전멸시키지 못하게 된다. 예페이는 이렇게 고려하고 샤먼과 진먼을 동시에 취하는 것을 결정했다. 전보는 이것을 다루고 있다.

그러나 10월 상순 진먼에 병력을 운반하는 선박의 징발이 순조롭게 진행되지 못한 것이 판명되었다. 예페이는 동요했고 우선 샤먼을 취하고 동시에 진먼 공격을 준비하는 것으로 변경한 것이다.

전보는 나아가 절대적인 자신이 없다면 재차 공격해서는 안 된다고 강조하고 푸젠성 위원회에 대해 선박 문제, 즉 선박 징발 문제 해결에 진력하도록 요구하고 있다.

전보는 마지막으로 머지않아 해방 전쟁이 끝나게 되는 현재, 간부 중 적을 경시하는 사상과 함께 조급한 감정이 발생하기 쉽다고 경고하며 진먼다오 사건을 경계해야 한다고 호소하고 있다.

진먼다오에서의 패전 직후 쓰인 이 전보는 패인을 '적에 대한 경시, 조급함'에서 찾고 재차 어선을 모집해 전투한다면 좋다(다만 충분한 준비를 한 뒤에)고 판단했으며, 장비에 문제가 있었다고는 파악하지 않고 있다. 실은 이보다 앞선 10월 3일 제3야전군 제7병단 제21군 제61사단이 5개 대대 병력으로 저우산열도(舟山列島)의 덩부다오(登步島)를 공격해 상륙에 성공했지만 이튿날 국민당 경비군, 증원군, 해군 및 공군의 연합 반격에 직면해 1490여 명의 사상자를 내고 철수했다. 이 덩부다오에서의 패배에 대한 분석이 이루어지지 않은 상태로 진먼다오에서 동일한 과오를 (대규모로) 범한 것이다.

계속해서 큰 인적(人的) 손실을 입은 제3야전군은 연안 제도를 점령하고 타이완을 해방하기 위해서는 해군 및 공군 지원의 필요성을 통감하게 된다. 12월 중순 당 중앙군사위원회는 제12병단 겸 후난군구(湖南軍區) 사령원 사오진광(肖勁光)을 사령원에 임명했다. 새해가 밝아 1950년 1월 화동군구·제3야전군 전선위원회는 "동남 연해 및 타이완의 장제스(蔣介石) 비적군(匪賊軍)을 섬멸하고 형제 병단과 호응해 전국 해방의 영광스러운 임무를 완성시킬 것"을 1950년의 가장 중요한 임무로 결정하고 공포했다.

1월 12일 해군 사령원에 취임한 샤오진광은 제3야전군에 호응해 해협을 건너와 싸우고 타이완 해방을 준비하라는 명령을 받았다. 그는 조속히 타이완 상륙작전에 어느 정도의 함선과 물자가 필요한지 계산했다. 1월 중순 제3야전군은 당 중앙군사위원회에 타이완 작전에는 50만 명의 부대와 각종 장비, 탄약, 연료, 음료수, 군마(軍馬), 차량 등을 수송하기 위해 다수의 선박이 필요하다고 보고했다. 당 중앙은 단기간에 공군이 우세를 확보하는 것은 어렵고 해군 건설을 서두르는 것이 현실적이라는 판단을 제시했다.

그 이후 화동지구(華東地區)의 각급 당 조직과 지방정부는 제3야전군의 도해 작전을 지원하기 위해 진력했다. 타이완의 대안인 저장성(浙江省), 푸젠성 2개 성은 많은 선박을 모으고 산둥성, 장쑤성 등도 선박을 모았다. 이렇게 모은 선박에 더해 군사동맹을 체결한 소련에서 함정을 구입해 타이완 상륙 작전에 필요한 선박을 조달하고자 했다.

국민당군을 지휘한 것은 누구인가?

구닝터우전사관에 들어가면 정면에 진먼지구(金門地區) 국민당 지휘계통표가 있다. 그 표 가장 위에는 탕언보의 이름이 있다. 그러나 전사관 다른 전시물에서는 탕언보의 이름을 찾아볼 수 없다. 진먼다오 전투에서의 총사령의 지휘 모습을 언급하지 않는 대단히 기이한 전시이다.

가도타 류쇼(門田隆將)의 『이 목숨 의를 위해 바친다: 타이완을 구한 육군 중장 네모토 히로시의 기적(この命, 義に捧ぐ: 台灣を救った陸軍中將根本博の奇跡)』(集英社, 2010)이라는 책이 있다. 공산당과의 내전에서 고경(苦境)에 빠진 장제스를 구하기 위해 1949년 7월 타이완에 밀항한 네모토 히로시(根

本博) 전임 일본 육군 북지나방면군(北支那方面軍) 사령관의 활동에 대한 수기(手記)로, 관계자의 증언이 치밀하게 정리되어 있다. 주목할 만한 부분은 8월 샤먼으로 건너가 푸젠성 쑤이징 총사령부 탕언보 총사령의 군사 고문이 되어 샤먼에서 철수하고 중공군을 진먼다오에서 맞이해 공격하는 작전을 제언하는 부분이다.

> 샤먼은 홍콩과 대륙 사이를 잇는 중계 항구이며 상업 지역이다. 그렇지만 대륙이 중공군 손에 떨어진다면 어떻게 되겠는가? 교통이 차단된다면 항구는 그 기능을 완전히 상실하고 20만 상민(商民)의 생활도 불가능해진다. 또한 샤먼에는 농사를 지을 수 없어 섬 내에서는 식량을 얻는 것이 불가능하다. 또한 타이완에도 샤먼의 20만 상민을 부양할 만한 식량 여력은 없다. 예를 들어 적의 제1격을 물리친다고 해도 장기전이 된다면 승산은 없다.
>
> 샤먼의 북쪽, 서쪽, 남쪽 3면은 대륙, 즉 중공군에게 포위되어 있다. 그 중간에 가로놓인 바다는 서쪽이 50m~2km 정도, 북쪽이 2~3km, 남쪽이 6~8km 정도이다. 이 정도로 접근된 거리를 적이 일거에 건너오게 된다면 우리는 저항할 방도가 없다.
>
> 실로 안타깝지만 수세(守勢) 작전으로서 경비의 중점, 즉 적을 맞이해 토벌하는 것은 진먼다오밖에는 달리 없다고 생각한다(門田, 2010: 143~144).

탕언보는 이러한 네모토 히로시의 제안을 받아들여 진먼 방위에 중점을 두기로 결단한다. 샤먼 방위에는 대륙에서 철수한 부대에게 맡기고, 타이완 기타 방면에서 증강되는 신예 병력은 진먼다오에 투입한 것이다. 예페이 군이 샤먼 공격을 시작해 방위를 단념해야 할 때가 왔다고 판단하자 탕언보는 총사령부를 진먼다오 수이터우로 옮겼다. 현재 샤먼에서 페리가 도착하는 곳이다. 이후 탕언보와 네모토 히로시는 낮에는 총사령부에서 집무하고 밤에는 석린호(錫麟號)라는 기선(汽船)에 돌아가 생활했다.

가도타 류쇼에 의하면 진먼다오 전투 때도 네모토 히로시는 탕언보에게 "전체 전차와 포병을 구닝터우 남방 지구에 모아서 구닝터우를 남방에서 맹렬히 공격한다. 그리고 적을 일몰(日沒) 후 북방 해안으로 철퇴시킨다"라는 등의 작전 방안을 올렸고, 그 계획에 기초해 공격이 행해졌다. 이대로라면 탕언보는 진먼다오 전투에서 제일 커다란 전공을 세우게 될 것이었다.

그러나 그렇게 되지는 않았다. 타이완에서는 탕언보가 네모토 히로시의 헌책(獻策)으로 샤먼이 아니라 진먼을 주요 전장으로 결정했다는 것을 알지 못했다. 리푸징의 책에서는 예페이의 계책에 패해 샤먼을 상실한 상황이 기록되어 있다. 리푸징은 10월 15일 중공군이 샤먼을 공격하는 것과 함께 샤먼다오(廈門島) 서남쪽에 위치한 구랑위[鼓浪嶼, 쿨랑수(Kulangsu)]에도 병사를 보냈다고 기록한 뒤, 다음과 같이 기록하고 있다.

예페이는 구랑위를 공격하는 척하며 샤먼에 주요 공격을 가했다. 성동격서(聲東擊西)였던 것인데 탕언보는 예상하지 못한 일이었다. 구랑위에서 격전이 벌어진 것과 동시에 중공군 주력 5, 6개 연대가 3개 방면으로 나누어져 샤먼 본도(本島)에 진격하고 순조롭게 상륙해 16일 동이 트기 전 국군 진지를 돌파했다. 같은 날 오전 탕언보는 서둘러 이미 남하한 예비대를 북상시켜 지원하도록 했다. 그러나 샤먼 중부에서 격파되었다. 탕언보는 대세가 기울어진 것을 눈으로 보고 어쩔 도리 없이 철수를 명하지 않을 수 없었다. 17일 낮 샤먼에는 깃발이 바뀌었다(李, 2009: 87~88).

샤먼에 중화민국을 대신해 중화인민공화국 깃발이 펄럭이게 된 것이다. 타이베이(臺北)에서 본다면 탕언보는 먼저 상하이를 잃고 지금 다시 샤먼 사수(死守) 임무도 수행하지 못한 것이 된다. 샤먼을 지킨다고 했지만 예페이의 책략에 속아 지키지 못했다. 경질론이 나오더라도 이상하지 않다. 후임인 제12병단 사령원 후롄(胡璉) 중장(당시)이 타이베이에서 배로 진먼다오에 도착한 것이 격렬한 전투가 이어졌던 10월 25일 낮이었다. 27일 동남군정장관공서(東南軍政長官公署)의 천청(陳誠) 장관이 진먼다오에 도착해, 이튿날 28일 오후 사단장 이상을 모아 군사회의를 개최해 탕언보를 경질하고 후롄을 푸젠성 주석 겸 진먼 방위 사령관에 임명했다.

전투 이후 누가 진먼다오 전투를 지휘했는지를 둘러싸고 여러 논의가 이루어졌다. 제1단계 전투는 탕언보, 제2단계 전투는 후롄이 지휘했다는 설이 있는데 이에 대한 이론(異論)도 있다. 필자는 탕언보의 작전 지도에 대해 이래저래 말할 입장은 아니지만, 탕언보는 주간에는 육상에서 지휘했고 밤에는 석린호로 돌아갔다. 언제나 진먼다오를 떠날 수 있는 태세였다. 육상에 집중하며 막료(幕僚)와 함께 기거(起居)했어야 하지 않나 하는 생각도 든다. 국민당 내부의 파벌 투쟁과 결부되어 이 논의는 가일층 복잡하게 되었다.

그 이후 탕언보는 불우한 인생을 보냈고 1954년 일본에서 병사했다. 한편, 후롄은 진먼다오 전투의 지도자로 명성을 얻어 '진먼왕(金門王)'이라는 칭호를 얻었다. 진먼다오에서 이름은 잊혔지만 어느 공원에 '후롄 장군 기념정(紀念亭)'이 있는데 후롄을 칭송하는 비석이 거기에 있었다.

그런데 누가 전투를 지휘했는지에 대해 아직까지 확실하지 않은 면도 있는데, 그때까지 연전연패를 반복한 상황과 달리 국민당군 병사가 거점을 지키며 해방군 병사와 싸우고 섬멸시켰던 것은 사실이다. 육군, 해군, 공군의 호응도 있었다. 전차가 위력을 발휘한 것도 컸다.

그러나 국민당군 병사의 희생은 컸다. 전사자 1267명, 부상자 1982명이었다. 사상자의 92%는 후롄이 이끈 제12병단, 10%는 제22병단 제201사단 장병이었다(李, 2009: 260).

앞에서 지적한 것처럼 진먼다오에는 높은 산이 없다. 타이우산(太武山)

이라는 고지가 있는데 가장 높은 곳이 베이타이우산(北太武山, 262m)이다. 전사한 국민당군 병사들 유골은 이 타이우산 무덤에 함께 매장되어 있다. '타이우산국군공묘기념비(太武山國軍公墓紀念碑)'가 세워졌고 전사자 위패

그림 1-2 타이우산에 위치한 국민당군 병사의 위패를 모시고 있는 충렬사(忠烈祠) 필자 촬영(2011.1.24)

가 나란히 서 있다. 1977년에 사망한 후롄의 위패도 이곳에 있다.

진먼다오 전투의 승리를 계기로 논공행상이 이루어졌다. 장제스는 최고의 군공(軍功)을 나타내는 '호(虎)' 자 영예기(榮譽旗)를 제12병단 제18군 제118사단, 제19군 제18사단, 제22병단 제201사단에 수여했다. 한편, 후롄은 눈부신 전공(戰功)을 올린 전차대대에 "진먼의 곰[金門之熊]"이라고 수가 놓인 비단 깃발을 증정했다.

타이완에서 조선으로: 중국의 전략 중점의 이동

인민해방군의 타이완 공략 준비가 진전되지 않는 가운데 1950년 6월 25일 한국전쟁이 발발했다. 27일 해리 트루먼(Harry S. Truman) 미국 대통령이 한반도에 지상군을 파견했을 뿐 아니라 타이완해협에 제7함대를 파견한다고 성명했다.

6월 30일 저우언라이(周恩來)는 타이완 진공 계획을 추진하던 샤오진광 해군 사령원을 부른다. 저우쥔(周軍)에 의하면 미국이 타이완 해방을 저지

하기 위한 움직임에 나선 것에 대해 "우리에게 있어 이점도 있다. 아직 준비되지 않았기 때문이다"라며, 타이완 해방의 시점을 늦추도록 요구했다(周, 1991). 역부족으로 타이완을 공격할 수 없다는 것을 인정하면서 대외적으로는 미국의 간섭으로 타이완 해방이 저지되고 있다고 설명해야 한다고 말한 것이다.

8월 11일 당 중앙군사위원회는 1951년은 타이완을 공격하지 않고 1952년부터 상황을 보고 결정한다는 방침을 내렸다. 8월 26일 저우언라이는 동북 국경 방위군 활동을 점검하고 토론하는 회의에 출석했는데, 타이완 해방을 늦추면서까지 한국전쟁을 지원하는 이유에 대해 다음과 같이 논했다.

> 미 제국주의는 조선에서 돌파구를 열고 세계대전의 동방 기지로 삼으려 한다. 조선은 확실히 당면한 세계 투쟁의 초점이 되고 있으며 적어도 동방의 투쟁 초점이다. 현재 우리는 조선을 형제국 문제로서 파악할 뿐 아니라 우리나라의 동북과 국경을 접하고 있으며, 이해(利害) 관계가 있는 문제로서 파악하며 또한 중요한 국제 문제로도 파악하지 않을 수 없다. 이것으로 우리에게 새로운 과제가 발생했다. 즉, 조선 인민을 지원하고 타이완 해방을 늦추고 적극적으로 동북 국경 방위군을 조직하는 것이다(中共中央文獻硏究室, 1997a: 69).

8월 하순 당 중앙군사위원회는 원래 타이완 상륙 작전에서 제1제단에 들어갈 예정이었던 제3야전군 제9병단을 북상시켜 진포선[津浦線: 톈진(天津)과 푸커우(浦口) 사이] 연선(沿線)에 배치하고 동북 국경 방위군의 제2선 부대로 삼는 것을 결정한다. 이것은 명백히 중국이 주요한 전략 방향을 북쪽으로 움직였다는 것을 의미한다. 항미원조전쟁이 발발하자 원래 타이완 해방을 위해 사용될 것임이 틀림없었던 이 부대는 차례로 한국전쟁 전장으로 이송되었는데, 그것에 대해서는 제2장에서 다루겠다.

다만 마오쩌둥은 부대가 북상한 틈을 이용해 국민당군이 푸젠성 연안에 공격을 가해오는 것은 아닌가 하고 두려워했다. 1951년 1월 13일 제3야전 군 천이 사령원 및 화동군구 사령원 등에게 전보를 보내, 신뢰할 수 있는 정보에 의하면 국민당군이 20~25만 명 병력으로 샤먼·산터우(汕頭)에 진격하려 한다며 주위를 환기시키고, 진격해올 가능성이 높다면서 샤먼에 대한 병력 증강을 도모하도록 지시했다(『建國以來毛澤東文稿』 第2册, 1988: 24~25). 마오쩌둥은 3일 후인 1월 16일에도 거듭 천이에게 전보로 샤먼 확보와 연해지구에 대한 방위 강화를 지시했는데, 그중 공군은 한국전쟁에 참전하기 때문에 화동에는 배려할 수 없다며 화동 전군은 오로지 자력으로 장제스 비적군의 부대 섬멸을 담당하지 않으면 안 되며 외부의 도움을 바라서는 안 된다고 못 박고 있다(『建國以來毛澤東文稿』 第2册, 1988: 34~35). 1951년에도 국민당군이 대륙을 공격해올 가능성이 있다고 생각한 것이다.

후롄의 딸과 예페이의 딸이 서로 나눈 악수

1949년 진먼다오 전투에는 후일담이 있다. 1958년 8·23 포격전 때 예페이 장군은 포격전을 지휘했고 후롄 장군은 진먼 방위 사령부 사령으로서 진먼다오를 지켰다.

그로부터 반세기가 넘게 흐른 2009년 2월 12일 후롄의 딸 후즈제(胡之潔)와 예페이의 딸 예샤오난(葉小楠)이 샤먼에서 만나 서로 손을 잡았다. 그때 후즈제는 진먼의 고량주를 증정했다. 진먼다오의 고량주는 명주로 이름이 높은데 2005년 후롄 장군 탄생 100주년을 기념해 양조한 특별한 술이었다. 예샤오난은 구랑위 피아노 모형을 증정했다. 구랑위는 피아노 보급률이 높고 유명한 피아니스트를 배출하고 있어 '피아노 섬'이라고 불린다.

후롄은 사망하기 직전 딸에게 유골은 진먼 주변 바다에 뿌리도록 유언을 남겼다. 출신지는 산시성(陝西省)이었지만 진먼다오에 대한 사념(思念)이 강했던 것이다. 예페이도 딸에게 난안(南安, 푸젠성 취안저우시에 속함) 출신으로 죽으면 난안에 돌아가야 하지만 샤먼에 매장해달라고 말했고, 예샤오난은 이에 동의했다. 예페이는 화교 출신으로 복수국적(다른 하나는 필리핀 국적)을 지닌 군인이었다. 예샤오난은 예페이가 만년에 양안(兩岸)의 평화 통일을 강하게 바랐다고 회상했다.

후롄의 딸과 예페이의 딸이 악수하기 전년인 2008년 8월 24일, 그 무렵 진먼다오를 방문 중이었던 마잉주(馬英九) 총통은 진먼다오와 샤먼은 장래 하나의 공동 생활권이 될 것이라고 논하며 진먼과 샤먼을 잇는 진샤대교(金廈大橋) 건설 구상을 밝혔다. 마잉주 총통은 나아가 진먼과 샤먼, 이 2개의 '문[門]'은 장래에 대륙과 타이완의 '화해의 문', '평화의 문', '협조의 문'이 될 것이라면서 대륙과의 관계 강화를 도모할 의사를 표명했다.

타이완 측은 진먼다오와 샤오진먼다오를 잇는 진먼대교(金門大橋)를 건설 중이며 이것은 2016년 중에 완성될 예정이다. 진샤대교는 샤먼에서 직접 진먼다오에 걸치는 방안과 샤오진먼다오까지 걸치는 방안이 있는 듯하다. 한편, 타이완 내부에는 뿌리 깊은 건설 반대론도 있다.

진먼대교를 건설하는 데는 다양한 문제를 해결하지 않으면 안 되며 그렇게 간단하게 건설할 수 있을 것으로 생각되지 않지만, 실현된다면 중화인민공화국 영토와 타이완이 지배하는 영역이 직접 다리로 연결되게 된다. 1949년 진먼다오 전투는 타이완의 조기 해방 가능성을 빼앗았지만, 오늘날 타이완과 대륙은 평화적인 공존 관계의 확립을 무색하고 있다.[*]

---

[*] 진먼다오 전투를 다루는 중국의 최근 서적으로 다음을 참고하기 바란다. 蕭鴻明·蕭南溪·蕭江歷, 『金門戰役紀事本末』(北京: 中國青年出版社, 2016). _ 옮긴이 주

저우언라이의 '유언'

저우언라이는 1976년 1월 6일 사망했다. 그로부터 15년 후인 1991년 중국공산당 창당 70주년을 기념해 영화 〈저우언라이〉가 제작되었다. 이 영화에서 병상에 있는 저우언라이가 통일전선 공작 담당자 뤄칭창(羅靑長)을 불러 타이완 공작에 대해 지시하는 장면이 있다. 도쿄 시사회에서 보고 다른 곳에서도 한 차례 보았는데 원본을 구입해서 확인했다. 저우언라이는 다음과 같이 말했다.

우리를 도와준 오래된 우인(友人)과는 계속 만나라! 그런데 나에게는 무리다. ⋯⋯

저우언라이는 숨을 헐떡거리면서 계속 말한다.

타이완은 언제가 반드시 복귀한다. 자네처럼 타이완 공작을 행하고 있는 자는 어떤 상황에서도 우리를 도와주었던 옛 친구의 일을 절대로 생각하도록 하라. 그들을 잊어서는 절대로 안 된다.

이것은 '창작'이 아니다. 『저우언라이 연보(周恩來年譜)』 하권 1975년 12월 20일 항목에 뤄칭창에게 이와 같이 말했다고 기재되어 있으며 중앙 지도자와의 최후 담화로 기록되어 있다(中共中央文獻硏究室, 1997b: 723). 저우언라이의 사실상 유언이다.

'옛 친구'란 누구인가? 후에 뤄칭창은 이때 저우언라이가 "2명의 장(張)"이라고 말했다는 것과 함께 장기간 저우언라이와 함께 한 경험으로 한 사람은 시안(西安) 사변을 일으킨 장쉐량(張學良)이며, 또 한 사람은 충칭(重慶) 헌병대 사령이었던 장전(張鎭)이라는 견해를 밝혔다. 1945년 10월 마오쩌둥이 충칭에서 장제스와 교섭할 때 장전은 저우언라이의 요청으로 자신의 차에 마오쩌둥을 태워 마오쩌둥의 안전을 지켜주었던 적이 있다는 것이다.

뤄칭창은 2014년 4월 15일 베이징에서 향년 97세로 사망했다. 중국 매체는 비밀 활동 부문의 우수한 지도적 간부로 중국공산당 중앙조사부 당위원회 서기, 조사부장을 역임했다고 보도했다. '살아 있는 당안(檔案, 인사 관계의 살아 있는 사전)'이라고 불렸고, 옌안(延安) 시대에 국민당의 사단급 이상 군인에 대해 손바닥 위에 올려놓고 있는 것처럼 파악하며 국민당군의 이동 정보를 상부에 보고했다. 1965년 리쭝런(李宗仁) 전임 총통대리의 귀국 공작에도 관여했다고 한다.

그의 아들은 인민해방군 뤄위안(羅援) 소장(중국전략문화촉진회 상무부회장 겸 비서장)인데 일본에 대한 강경한 논평으로 알려져 있다.

제2장

한국전쟁

—

압록강을 건너다

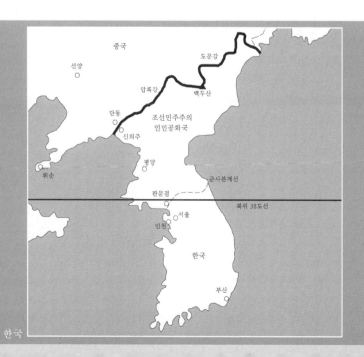

중·북 국경을 흐르는 압록강에 부설되어 있는 압록강대교(鴨綠江大橋, 단둥과 마주보고 있는 신의주를 잇는다) 남쪽 부근에 있는 것이 압록강 단교(斷橋)이다. 한국전쟁 시기 미 공군의 폭격으로 도중에 끊어진 상태로 남아 있다. 압록강대교의 조금 북쪽에 압록강 부교(浮橋)가 있다. 지금은 몇 개의 철 조각 같은 것이 수면 위로 돌출되어 있을 뿐이지만, 중국인민지원군 병사는 이 부교를 건너 한국전쟁 전장으로 진입했다. 건국된 지 얼마 안 된 중국이 참전할 수밖에 없다고 생각하게 만들었던 유엔군·한국군은 결국 패주했다. 중국인민지원군은 남하해 서울을 점령했다. 그러나 중국인민지원군의 공세는 그때까지였다. 제5차 전역(戰役)에서 소기의 목적을 달성하지 못하고 제60군 제180사단이 섬멸되었다. 전국(戰局)은 38도선 부근에서 교착 상태에 빠졌다.

단둥의 항미원조기념관: 변화한 중국의 한국전쟁 평가

2013년 5월 연휴에 중·북 국경 단둥으로 출발했다. 5월 8일 선양(瀋陽)으로 날아갔다. 나리타에서 블라디보스토크(Владивосток, 중국명: 海參崴)까지 북상해, 거의 같은 위도(緯度)에서 서진해 창춘(長春) 부근까지 날아가 거기에서 남하해 선양에 도착했다. 소요 시간은 3시간 반이었다. 북한 상공을 가로지른다면 대폭 시간이 단축될 것임이 틀림없다. 이튿날 9일 이른 아침 선양역에서 단둥행 보통 쾌속열차에 탑승했다. 단둥에서 배로 한국으로 가는 투어에 참가하는 젊은이 그룹과 함께 탑승했다. 4박 일정으로 일본 엔화로 환산하면 2만 엔 정도였다. 과거 한국전쟁에 종군(從軍)하기 위해 단둥으로 향했던 것과 동일한 통로를 관광 여행에 참가하기 위해 따라가는 것이다. 4시간 걸려 단둥역에 도착했다. 역 앞에 서 있는 마오쩌둥 동상의 안쪽이 기이하다. 곧 그 이유를 알게 되었다. 마오쩌둥의 시선은 인민지원군 병사가 건넜던 압록강을 향해 있는 것이다.

단둥에서 처음 방문한 곳은 항미원조기념관이었다. 이 기념관의 전시 내용을 소개하면서 한국전쟁에 관련된 다양한 주제에 대해 설명하겠다.

이 기념관은 1958년에 창건되어 1990년 확장 공사를 했고 1993년 신관(新館)이 완성되어 개관되었다. 신관 개관식 테이프 커팅을 위해 전임 국가주석 후진타오(胡錦濤)가 방문했다(당시 정치국 상무위원). 우선 눈에 들어오는 것이 항미원조기념탑(抗美援朝紀念塔)으로 압록강을 내려 보고 있다. 기념탑 정면에는 덩샤오핑이 쓴 제자 '항미원조기념탑'이 새겨져 있다. 탑의 높이는 53m이다. 정전협정이 체결된(중국 측에서 본다면 항미원조전쟁에 승리한) 1953년을 상징한다. 안쪽에는 항미원조전쟁의 경위가 조각되어 있는데, 20년이 지나 글자가 흐릿해져 읽기가 어렵다. "양력 1950년 6월 25일 조선에서 내전이 발발해 미국이 즉시 무장 간섭을 행하고 그와 동시에 제7함대

를 파견해 우리나라의 타이완해협에 침입해 …… "로 시작되어, 인민지원
군이 애국주의와 국제주의의 기치를 들고 조선의 전쟁터로 갔다고 기록되
어 있다. 새겨진 날짜는 1993년 1월 27일이다.

여기에는 1993년 당시 중국의 한국전쟁관(韓國戰爭觀)이 표현되어 있다.
제2차 세계대전 이후 한반도에서 일어난 전쟁은 내전이며 그 이후 미국이
개입했다고 보는 것이다. 다음에 다시 언급하겠지만 필자는 2010년 2월 선
양의 항미원조열사능원(抗美援朝烈士陵園)을 참관한 적이 있다. 열사능원 내
부에 항미원조열사기념탑이 있으며 거기에는 다음과 같은 글귀가 조각되어
있었다.

> 1950년 6월, 미국은 우리나라의 영토 타이완을 점령하는 것과 동시에 15개 국
> 가의 군대를 모아 유엔 깃발을 내세워 조선민주주의인민공화국에 침략전쟁을
> 시작했다.
> 마르크스·레닌주의, 마오쩌둥 사상으로 무장한 중국인민지원군은 항미원
> 조전쟁에서 숭고한 프롤레타리아 국제주의, 혁명 영웅주의 정신을 표현했다.
> 1962년 10월 25일 건립

마오쩌둥 시대에는 이와 같은 한국전쟁관이 일반적이었지만 1990년대에
우선 내전이 일어나고 그 후 미국이 개입했다는 표현 방식에 변화가 발생했
다. 지금은 제2차 세계대전 이후의 조선 정세에 관해 다음과 같이 표현하
고 있다. "제2차 세계대전 이후 조선은 독립을 쟁취했다. 미국과 소련의 개
입으로 38도선을 경계로 해 북방과 남방은 다른 발전의 길을 걷게 되고 각
각 조선민주주의인민공화국과 대한민국으로 성립되었다. …… 1950년 6월
25일 한국전쟁이 발발했다. 미국이 유엔군 깃발 아래 개입하고 조선의 내전
이 국제전쟁으로 변했다"(劉 外, 2006: 1). 1992년 중국은 한국과 국교를 수

립해 북한과 한국 양국과 교류를 심화시키고자 했다.

중국이 점차 한국전쟁 발발 시 국제정세관(國際情勢觀)뿐 아니라 항미원조전쟁의 위치 규정을 바꾸었던 것도 여기에서 다루도록 하겠다. 인민지원군이 압록강을 넘었던 것은 1950년 10월 19일이었는데, 10월 25일 밤 지원군 1개 연대가 적군과 조우해 1개 대대를 전멸시키고 도강 후 최초 전투에서 승리했다. 그 이후 10월 25일이 '중국인민지원군 항미원조기념일'로 결정되어 그날을 전후해 다양한 기념행사가 벌어지고 있다. 기념일 10주년마다 중국과 북한 고위급 대표단을 교환하고 중국공산당 중앙위원회 기관지 ≪인민일보≫는 기념 사설을 게재한다. 필자는 그 기념 사설 제목과 거기에 등장하는 핵심어 변화를 조사한 적이 있다(石井, 2003).

1960년 10월 25일 참전 10주년 기념 사설 "경계심을 갖고 아시아와 세계의 평화를 지킨다"에는 '숭고한 프롤레타리아 국제주의'가 1회, '숭고한 국제주의'가 1회 등장한다.

1970년 10월 25일 참전 20주년 기념 사설은 문화대혁명의 영향으로 ≪인민일보≫와 인민해방군 기관지 ≪해방군보(解放軍報)≫ 공동사설로 나오게 된다. 제목은 "선혈로 만들어진 위대한 우의"였다. 이 사설에는 '프롤레타리아 국제주의'가 1회, '국제주의'가 1회, '애국주의'가 1회 등장한다.

1980년 10월 25일 참전 30주년 기념 사설 "전후의 우의는 영원히 청춘을 유지한다"에서도 '프롤레타리아 국제주의'가 언급되고 있다. 이 사설도 한국전쟁을 일으킨 것은 미국이라는 입장에서 쓰였고 "30년 전 미국 제국주의가 조선에 대해 대규모 침략전쟁을 일으켜서 ……"라고 기록하고 있다.

1990년 10월 25일 참전 40주년 기념 사설 "선혈로 굳어진 우의"에서는 '프롤레타리아 국제주의'가 1회 나온다. 1회만 나왔다고 말하는 편이 적절할 것이다. "40년 전 미국이 한국전쟁을 발동해 ……"라며 한국전쟁 개시 책임을 미국에게 전가시키고 있는데, 통상적으로 미국의 뒤에 붙였던 '제국주의'가 누락되어 있다. 그 후 "지원군은 …… 고도의 애국주의와 국제주의 정신을 발양해 …… "라는 구절이 나온다. '애국주의'가(프롤레타리아가 붙지 않은) '국제주의' 앞에 나오고 있을 뿐이다.

그렇다면 2000년 참전 50주년 때는 어땠을까? 10월 25일 기념대회가 열려 장쩌민(江澤民) 국가주석(당시)이 연설에서 "지원군의 위대한 애국주의 정신과 혁명 영웅주의 정신"을 배우자고 호소하고, 이와 함께 항미원조전쟁에 대해 "애국주의와 혁명 영웅주의의 웅장하고 아름다운 사시(史詩)"라고 문학적인 표현으로 칭송했다. 장쩌민의 연설은 최후에 "조국과 민족의 존엄을 위해 몸을 버리는 것도 불사한 애국주의 정신 …… 혁명 영웅주의 정신 …… 혁명 충성(忠誠) 정신, 인류의 평화와 정의의 사업을 위해 분투하는 국제주의 정신"을 열거하며, "이것 자체가 위대한 항미원조정신"이라고 칭송했다. 열거된 마지막에 '국제주의'가 나오는데, 참전 30주년까지는 강조되었고 40주년 때는 기념 사설에서 1회만 언급된 '프롤레타리아 국제주의', 즉 프롤레타리아 입장에 선 국제주의라는 의미에서의 사용 방법은 사라졌다. 이를 대신해 '국제주의'는 "인류의 평화와 정의의 사업을 위해 분투한다", 즉 일반적·보편적인 이념을 위해 분투하는 것으로 파악되고 있다.

같은 날 ≪인민일보≫에는 "애국주의와 혁명 영웅주의의 불후의 비석"이라는 제목의 기념 사설이 게재되었다. 이 사설은 '위대한 애국주의와 혁명 영웅주의 정신'을 강조한 어구로 넘쳐나고 있으며, 마지막에 "뜨거운 피와 목숨으로 주조된 애국주의와 혁명 영웅주의 정신"을 광범위한 청소년에게 교육하고 중화(中華) 진흥의 위대한 사업을 전진시킬 것을 촉구하고 있다. 이 사설 논조에서는 한국전쟁 교육을 통해 애국주의 정신을 청소년에게 주입시키고 중화의 진흥으로 방향을 설정하려는 노림수가 느껴진다.

2010년 참전 60주년 때는 10월 25일 이미 후진타오 국가주석의 후계자 지위를 확정한 시진핑(習近平) 국가부주석이 베이징에서의 중국인민지원군 항미원조 출국 작전 60주년 좌담회에서 연설하며, "중국 인민은 양국 인민과 군대가 피로 맺어진 위대한 전투적 우의를 잊지 않고 있다"라고 논하며 전통적인 중·북 우호를 칭송했다. 시진핑은 지원군 장병의 공헌에 대해서도 언급하며 특히 전사한 열사를 "선혈로 조선 땅을 새빨갛게 물들이며 피는 진달래[金達萊]"꽃으로 비유하며 계속 잊지 않겠다고 논했다. 진달래란 백두산(白頭山, 중국명: 長白山) 골짜기나 바위 위에서 피는 빨간색 꽃이다. 이 꽃과 관련해 백두산 산기슭에 거주하는 김(金)이라는 젊은이와 달래(達萊)라는 여성을 둘러싼 비극적인 이야기가 있다. 김과 달래 부부(夫婦)는 악덕 상인에 고용된 병사에게 쫓기자 바위에 몸을 던져, 그들의 피가 검은 바위에 흩뿌려져 빨간 바위가 되었다는 이야기이다. 진달래꽃은 한국인이 좋아하며 일본에서도 같은 이름의 한국 요릿집이 각지에 있다. 또한 기념 사설은 같은 날 ≪인민일보≫ 계통 국제정보지 ≪환구시보(環球時報)≫가 "60년 전의 전략적인 용기는 존경할 만하다"라는 주제로 게재했다.

그로부터 3년 후인 2013년 7월 27일 평양에서 한국전쟁 정전 60주년을 기념하는 대규모 식전(式典)이 열렸다. 이날을 북한은 한국전쟁에서 승리한 날로 경축했다. 중국은 이 기념식전에 리위안차오(李源潮) 국가부주석(중국공산당 중앙정치국 위원)이 단장인 중국 대표단과 중국인민지원군 노병(老兵) 대표단을 보냈다. 리위안차오의 이름에서 위안차오(源潮, yuanchao)의 음이 원조(援朝, yuanchao)와 같다. 그의 출생일 역시 1950년 11월로 항미원조전쟁이 시작된 다음 달이다. 중국 대표단 단장으로 파견되기에 적합한 인물이었다.

김일성광장에서의 열병식에서 연설한 조선인민군 총정치국장 최룡해는 중국인민지원군이 국제주의와 형제의 정의(情義)로 인민군과 어깨를 나란히 하며 싸웠다고 지적한 뒤, 중·북의 친선 및 우의는 이처럼 선혈로 만들어진 우의 위에 계속 발전할 것이라고 논했다. 중국인민지원군 노병사를 포함한 집단이 중국어로 쓰인 '항미원조보가위국(抗美援朝保家衛國)'과 조선어로 쓰인 "우리는 함께 싸웠다"라는 표어를 같이 내세우며 행진했다. 중·북의 전통적인 우호 관계를 북돋는 연출이 이루어진 것이다.

정전 60주년에는 중국에서 다양한 논평이 발표되었는데, 무엇보다 가장 흥미로웠던 것은 첸리화(錢利華: ≪인민일보≫ 특약 평론원, 전국정치협상회의 위원)가 ≪인민일보≫ 해외판 칼럼 '망해루(望海樓)'에 게재한 "한국전쟁을 왜 망각해서는 안 되는가"이다. 이 칼럼에서 '조선 문제'는 미국과 구소련이 세력 범위를 나누면서 초래된 것으로 냉전의 산물이기도 했다면서, 조선의 남북 쌍방은 수년의 노력 및 준비를 거쳐 각자 상대를 집어삼키고 조국 통일을 실현할 능력을 갖추었다고 생각하게 되었고, 그렇기 때문에 한국전쟁은 최초에는 내전이며 잘못된 판단으로 유발된 전쟁이었다고 단정하고 있다. 중국의 항미원조에 대해서는 물론 집을 지키고 국가를 수호하기 위한 전투였다고 평가하고 있는데, 첸리화의 칼럼은 거듭 남북 쌍방의 목숨을 건 전투는 조국 통일을 위한 전투였다는 논점을 반복하며 60년 전 무력으로 통일을 실현하려 했던 시도는 그 목표를 달성하지 못했다고 말하고 있다. 이 칼럼이 중국의 공식 견해라고 단정할 수 없지만, 중국에서도 한국전쟁에 어느 쪽이 "옳았다"라는 사관(史觀)에서 자유롭게 되어 쌍방 모두 목숨을 걸고 싸웠다는 견해를 표명할 수 있게 되었다는 것은 주목된다.

제5차 전역의 패배

화제를 항미원조기념관 전시로 다시 바꾸어보겠다. 기념관 입구는 가로 폭이 10.25m이다. 왜 이와 같은 중도반단(中途半端)한 폭인 걸까? 앞에서 언급한 바와 같이 인민지원군은 1950년 10월 25일 적군(敵軍)과 처음으로 싸웠으며 10월 25일은 '중국인민지원군 항미원조기념일'이다. 이 기념일을 나타내고 있다.

기념관 가운데는 넓다. 총면적은 5400㎡로 항미원조전쟁관(抗美援朝戰爭館), 항미원조운동관(抗美援朝運動館), 중·조인민우위관(中朝人民友誼館), 지원군영웅모범관(志願軍英雄模範館), 공군전제관(空軍專題館) 등으로 나누어져 있다. 필자가 방문했을 때는 연배가 있는 분들이 많았고, 중국인민지원군 전가(戰歌)의 멜로디와 가사를 기록한 전시 앞에서는 노래를 흥얼거리기도 하는 사람들이 있었다. 이들이 젊었을 때 자주 불렀을 것이다.

항미원조전쟁관에서는 지원군의 전투 경과가 상세하게 기록되어 있었는데, 필자의 관심은 지원군이 말하는 제5차 전역*에 대해 어떻게 기록되어 있었는가였다. 제5차 전역이란 남하해 서울까지 점령한 지원군이 유엔군에 의해 38도선 부근까지 다시 물러나게 되고 재차 반격을 도모한 전쟁이다. 필자는 이 제5차 전역이 한국전쟁의 전기(轉機)가 된 전투였다고 생각하고 있다(지원군·인민군의 남진 통일 기도가 최종적으로 끊어졌다는 의미에서). 이에 대해서는 다음과 같이 기록되어 있다.

지원군과 인민군은 유엔군 전투력을 소멸시키고 전쟁터에서 주도권을 다시 탈환하기 위해 1951년 4월 22일 제5차 전역을 발동했다. 우선 서부전선에서 주요한 돌격을 행하고 서울로 육박했다. 계속해서 병력을 동부전선으로 전환시켜 현리(縣裏)지구에서 남한군 2개 사단의 주력을 섬멸했다. 승리 이후 지원군과 인민군은 북쪽으로 향해 이동했고 6월 10일에 이르러 전선(戰線)을 38도선 남북 지구에 낙착시켰다. 이 전쟁에서 지원군과 인민군은 50일 동안 계속해서

---

* 일반적으로 전역(campaign)이란 '전투'보다는 규모가 크고 '전쟁'보다는 규모가 작은 것을 지칭한다. _옮긴이 주

싸워 적 8만 5000명을 섬멸시킴으로써 유엔군 측이 전략적 방어를 하지 않을 수 없도록 만든 것과 함께 정전 교섭을 받아들이지 않을 수 없게 만들었다.

이것으로는 제5차 전역이 소기의 목적을 달성하지 못했다는 것이 명백하지 않다. 중국에서는 장기간 제5차 전역의 실제 상황이 밝혀지지 않았지만 1988년 출판된 『중국인민해방군 60년 대사기(中國人民解放軍六十年大事記)』에서는 일정한 패배를 인정하는 듯이 기록되어 있다.

…… 중·북의 인민군대는 현리지구의 적 섬멸을 목표로 5월 16일 맹공을 시작했다. 5일간의 격전을 거쳐 21일 남한군 제3, 제9사단 주력, 제5, 제7사단 및 미군 제2사단 일부, 프랑스 대대(大隊) 주력을 섬멸했다. 여기에 이르러 중·북의 인민군대는 상황에 기초해 진격을 정지했다. 5월 23일 전쟁은 제3단계로 진입했다. 중·북의 인민군대는 휴식·보충을 위해 북쪽으로 이동했다. 유엔군과 남한군은 기회를 틈타 반격해왔다. 중·북의 인민군대는 기동 방어로 싸우고 적 3만 6000여 명을 섬멸했다. 그렇지만 부대 배치와 지휘가 적절하지 않았고 지원군 1개 사단이 중대한 손실을 입었다(軍事科學院軍事歷史硏究部, 1988: 509~510).

2007년에 출판된 『중국인민해방군의 80년』에서는 제5차 전역의 심각한 상황에 대해 좀 더 상세히 기록하며 섬멸된 사단의 명칭도 밝히고 있다.

…… 1개월 동안 지원군은 연속해서 2차례나 싸웠고 부대는 대단히 피로하고 게다가 탄약 보급이 곤란해져, 결국 제2단계 전투 종료 이후 22일부터 주력은 38도선 북쪽으로 이동해 휴양 정돈하고 기회를 엿보아 재차 싸우려고 했다. 지원군 수장은 각 병단에 1개 군 혹은 1개 사단을 남기고 제1선으로 전개시켜 운

동 방어 방식으로 하나씩 적군을 저지하고 주력 이동을 엄호하도록 명령했다. 지원군 주력이 제1선을 철수했을 뿐으로 남은 엄호 부대는 아직 전면적으로 전개하지 않는 가운데 유엔군은 전력(全力)을 집중시켜 '자성(磁性) 전술'을 취해 서쪽에서 동쪽을 향해 전선(全線)에서 반격하고, 전차·포병·기계화 보병으로 구성된 특별 편성대가 도로를 따라 지원군 종심에 맹공을 가했으며, 이와 함께 낙하병으로 요지 점령과 서로 호응해 지원군과 인민군의 북쪽으로의 이동 통로를 봉쇄했다. 지원군과 인민군은 유엔군의 예상 밖의 맹렬한 반격에 대한 예측이 충분치 않아 정밀한 준비와 배려를 하지 못하고 당하는 입장에 빠져, 지원군 제180사단은 중대한 손실을 입었다(軍事科學院軍事歷史硏究所, 2007: 314).

미군의 '자성 전술'이란 우리 쪽(지원군)이 공격하면 후퇴하지만 접촉을 유지해 아군을 소모시키고 아군 식량이 떨어져 철수하도록 하면 곧 후방에서 추격하는 것이었다. 미군은 지원군이 1주일분 식량을 짊어지고 공세를 가하고 있다고 파악했다. 지원군과 일정 거리를 지속적으로 유지함으로써 지원군의 특기였던 예상 밖의 기습 등 운동전을 가해오는 것을 방지하는 전술이다.

결국 지원군은 제5차 전역에서 유엔군 진지(陣地) 정면을 공격해 들어가는 작전을 폈지만 미군의 우세한 화력에 진격을 멈추었다. 제60군 제180사단은 사방을 포위당해 전 사단 1만여 명 중 7000명을 상실하고 그중 5000여 명이 포로가 되었다. 제60군을 포함한 제3병단은 실종자 1만 6000여 명을 냈고 그 후 정전 교섭에서 지원군 포로 송환 문제가 큰 문제가 되는 원인을 만들었다(宋 外, 2014: 51). 이 패배로 제60군 군장(軍長) 웨이제(韋傑)가 책임을 추궁당해 경질되었다.

그 이후 전투는 38도선 부근 산악 지대에서의 진지전으로 이동해 전황은 교착되었다. 조선의 전황을 보던 스탈린은 1951년 5월 러시아 유엔 대표 야코프 말리크(Яков Малик)에게 미국 측과 접촉을 지시했고, 같은 해 7월 한국전쟁 정전 교섭이 시작된다.

그 이후 사회주의 진영은 평화공존 정책으로의 전환을 도모한다(한국전쟁 추이만 보고 전환한 것은 아니지만). 평화공존 정책이란 1920년대 세계 혁명의 꿈이 깨진 러시아 볼셰비키(большевик)가 소비에트 러시아를 주변 자본주의국가, 제국주의국가의 포위에서 수호하고 계속 살아남기 위한 전략이었다.

1952년 10월 5일 소련공산당 제19차 당대회에서 당 중앙위원회를 대표해 보고한 게오르기 말렌코프(Георгий Маленков)는 '미국, 영국, 프랑스 및 기타 부르주아 여러 국가'와 협력할 용의가 있다며 다음과 같이 말했다.

> 평화와 여러 국민의 안전에 관한 소련의 정책은 자본주의와 공산주의가 서로 협력할 용의가 있으며, 스스로 책임져야 할 의무를 수행할 용의가 있고, 또한 권리 평등과 타국 내정에 대한 불간섭 원칙이 지켜질 경우, 자본주의와 공산주의 간 평화적 공존과 협력이 전적으로 가능하다는 것을 출발점으로 하고 있다. 소련은 사회제도 차이에 구애되지 않고 다른 여러 국가와의 통상 및 협력의 발전을 항상 주장했으며 또한 오늘날에도 주장하고 있다. 당은 향후에도 상호 이익의 토대 위에 서서 이 정책을 취해야 할 것이다(外務省歐米局第五課, 1952: 83).

제19차 당대회에서 소련공산당은 공식적으로 제2차 세계대전 이후 혁명 정세가 사라진 것으로 인식했다. 그 후 소련공산당은 블라디미르 레닌(Владимир Ленин)을 들어내고 평화공존 정책으로의 전환을 정당화한다. 예를 들면 1984년 모스크바 정치문헌출판소가 발행한 『소련공산당사(ソ連共産黨史)』(제7판)는 제19차 당대회에 관한 기술 가운데 다음과 같이 논하고 있다.

대회는 소비에트의 대외정책은 사회체제가 다른 국가들의 평화공존 가능성
에 관한 레닌의 노선에 입각한 것이라는 점을 천명했다(プログレス出版所,
1987: 34).

스탈린은 10월 14일 당대회 최종일에 세계 62개국 외국 우당(友黨) 인사
말에 답하는 연설을 했다. 그 가운데 러시아혁명 이후 우당 대표자가 소련
공산당에 세계 혁명 운동과 노동 운동의 '돌격대'라는 명칭을 선사한 것을
상기한 뒤, 다음과 같이 논했다.

현재는 중국과 조선에서 체코슬로바키아와 헝가리에 이르기까지 새로운 '돌격
대'가 인민민주주의국(人民民主主義國)이라는 형태로 출현하고 있다. 지금 우
리 당의 싸움은 갈수록 잘 되어가고 있고 사업은 갈수록 즐겁게 추진되고 있다
(ソビエト研究者協會, 1953: 15).

스탈린은 '돌격대' 모두(冒頭)에 중국과 조선의 이름을 내세우며 조선의
전쟁터에서 싸우는 양국을 칭송했다. 그렇지만 스탈린은 한국전쟁이 계속
되어 소련이 휘말려드는 사태는 바라지 않았던 것이다. 중국은 소련의 평화
공존 정책으로의 전환을 따라가게 된다.

소련 공군의 지원

소련은 공식적으로는 한국전쟁 참전국이 아니다. 스탈린이 동아시아에
서는 미국과 직접적인 전투는 피하지 않으면 안 된다고 생각한 것은 잘 알
려져 있다. 그렇지만 한국전쟁 때 소련이 공군을 파견해 지원한 것은 주지

의 사실이다.

기념관에는 소련 공군의 활동에 대해 다음과 같이 기록되어 있다.

중국인민지원군의 항미원조전쟁 기간 중 소련은 은밀히 공군을 출동시켜 1950
년 11월 1일부터 중·북 국경 압록강지구 상공에서 침입해온 미 공군과 전투를
시작했다. 1951년 제2, 제4반기에는 조선 청천(淸川) 이북 지구 상공으로 출동
해 철도 수송과 조선의 중요한 후방 목표를 엄호하는 전투 임무를 담당했다.
'반교살전(反絞殺戰)' 전투 기간 중 1951년 9월부터 12월까지 중국인민지원군
공군과 공동으로 압록강에서 청천강(淸川江)에 이르는 지구의 제공권을 탈취
했다. 전쟁 기간 중 소련 공군은 한국전쟁 종결에 이르기까지 4~7개 단(團)의
병력을 계속 유지했다.

'교살전'이란 제공권을 장악한 미 공군이 지원군과 조선 인민군 후방의
무기 및 식량을 운반하는 보급선을 차단한 작전이며, '반(反)교살전'이란 그
보급선을 지키는 전투이다.

내전 이래 소련 적군(赤軍)의 전사자 통계 집계에서도 한국전쟁에서 소련
이 전사자 299명(장교 138명, 하사관·병사 161명)을 냈다는 것이 기록되어 있
다(В. М. Андроников и др., 1993: 395). 그들 중 일부는 뤼순(旅順)의 소련
군 열사능원에 매장되어 있다.

필자는 2007년 뤼순으로 조사하러 간 적이 있는데, 당시에는 아직 뤼순
을 대외적으로 개방하지 않았으며 능원 참관이 허락되지 않아 능원 앞 도로
를 통과하는 것만 가능했다(내려서 정문 사진을 찍는 것도 허락되지 않았다).
2009년 뤼순의 대외 개방이 추진되었다고 들어 같은 해 3월 15일 재차 뤼순
을 방문했다. 소련군 열사능원 참관기는 ≪슬라브연구센터 뉴스(スラブ研究
センターニュース)≫ 제117호(2009년 5월)에도 기고했는데(石井, 2009a), 능

원 면적은 4만 8000㎡로 중국 최대의 외국인 묘지이다. 필자가 동아시아에서 보았던 외국 병사를 모시는 능묘(陵墓)로서는 태평양전쟁 시 필리핀에서 전몰(戰歿)한 미군 병사를 기리는 마닐라의 묘지와 쌍벽을 이루는 넓이였다.

입장료 10위안을 지불하고 안으로 들어가자 가이드가 있는 안내소가 있어 능원에 대해 간단한 설명을 들었다. 원래는 러시아인 묘지로 만들어진 것으로(러시아는 1898년 뤼순을 조차(租借)했다), 러시아정교회 신자의 묘도 있고

그림 2-1 **뤼순의 소련군 열사능원에 있는 '비행원'의 묘** 상부에 비행기가 부조되어 있다. 필자 촬영(2009.3.15).

교회로 사용되던 작은 건물도 남아 있다. 필자가 한국전쟁 전사자에 대해 관심이 있다고 말하자 가이드는 정문 좌측 일부가 '비행원 묘지'인데, 이것은 한국전쟁에서 사망한 소련 조종사 묘지이며 묘석(墓石) 상부에 새겨진 비행기에 주목하라고 했다(묘에 비행기가 새겨져 있는 것은 일부였고 오히려 그렇지 않은 비석이 많았다).

필자는 묘석에 사망한 날짜가 새겨져 있기를 기대했다. 미 공군과의 전투 상황을 고려하기 위해 참고가 되기 때문이다. 사망일이 새겨져 있었던 것은 대부분 1953년 전사자뿐 다른 연도 전사자는 몰년(沒年)밖에 알 수 없었다. 묘에는 성명과 생몰년이 새겨져 있었는데 한국전쟁과 관련된 글귀는 없었다. 다만 묘 하부에 러시아어로 "우(友)의 싸움을 위해 죽었다"라든지 "우와 동지의 싸움을 위해 죽었다"라고 새겨진 묘가 일부 있었다. 겨우 "우"나 "동지"라는 표현으로 국제주의적 임무를 수행하던 중 사망했다는 것이 시사되어 있을 뿐이었다.

필자가 녹취한 메모를 정리하자 '비행원'의 묘 수는 80개로 전사자는 1950
년 7명, 1951년 7명, 1952년 40명, 1953년 26명이었다. 이 수치에서 소련 공
군이 한국전쟁이 발발한 1950년부터 미 공군과의 전투에 참가했다는 것,
1952년부터 1953년에 걸친 시기에 전투가 격렬했다는 것을 엿볼 수 있다.

1953년의 묘 대다수는 전사한 일자가 있다. 7월 27일 정전협정 성립을
앞둔 6, 7월에도 전사자가 나왔다는 것이 두드러진다. 6월 24일에도 1929년
출생한 젊은 병사가 전사했는데 『당대 중국 공군(當代中國空軍)』에서도 같
은 날 중국의 '지원군 공군'과 '우 공군(友空軍, 소련 공군은 공식적으로는 참전
하지 않았기 때문에 중국 측은 소련 공군을 이렇게 불렀다)'이 미 공군과 싸웠다
는 것이 기록되어 있다. 중·북 국경 압록강에 걸쳐져 있는 대교를 파괴하기
위해 같은 날 미 공군 100여 대의 편대가 공격해왔다. 지원군 공군 제6사단
제16단, 제15사단 제45단, 제4사단 제12단은 명령을 받고 32대가 날아올라
'우 공군'과 함께 반격했다. 지원군 공군은 철산(鐵山)지구[신의주 남쪽, 해안
부근]에서 미 공군의 엄호 비행기 무리(폭격기를 엄호했던 F-86 편대일 것이다)
와 조우해 격렬한 공중전을 벌였다(〈當代中國〉叢書編輯部, 1989: 196). 아마
도 이 시기 전투에서 사망했을 것이다. 정전협정이 성립되기 보름 전인 7
월 12일에 사망했다는 군인도 있다.

소련 공군기가 미 공군기와 사투를 계속했던 북한 서북 지역[신의주에서
신안주에 이르는 지역]은 서방에서는 미그 앨리(Mig Alley, 미그 골목)로 불렸
다. 소련 공군 장교 299명은 주로 이곳 전투에서 전사했다고 여겨진다. 그
가운데 80명이 이 능원의 '비행원 묘'에 매장되어 있다. 정전협정 성립 후인
9, 10월에 사망한 자의 묘도 있다. 혹은 전투 중 부상을 당해 그 원인으로 후
일 사망한 것일지도 모르지만 확실한 이유는 알 수 없다.

또한 기념관에는 지원군 공군 전투에 대해 상세히 소개되어 있다. 지원
군 공군 조종사로 미 공군과 싸워서 전과를 냈으며, 한국전쟁 이후 공군에

서 승진하고 공군의 일인자인 공군 사령원까지 올라갔던 왕하이(王海)에 대해서는 당연히 소개될 것으로 생각했고 실제로 그랬다. 지원군 공군 제3사단 제9단 제1대대 대대장으로서 '비행원'에게 공중전 전투 방식을 설명하는 사진이 첨부되어 소개되었다.

왕하이는 1925년 출생했다. 산둥성 웨이하이(威海) 출신이다. 동북인민해방군 항공학교를 졸업했다. 한국전쟁에서의 왕하이 전적(戰績)에 대해서는 문헌에 따라 약간 다르지만 앞에서 언급한 『중국인민해방군 60년 대사기』에 의하면, 왕하이가 이끄는 대대가 적기(敵機) 29대를 격추시켰거나 손상 입혀 '영웅 대대'로 칭해졌다(軍事科學院歷史硏究部, 1988: 504). 왕하이 자신도 1급 전투영웅, 특등공신(特等功臣) 칭호를 수여받았다. 한국전쟁 이후 공군 부사단장, 사단장, 부군장, 공군 부사령원을 역임했다. 그동안 1979년 광저우군구(廣州軍區) 공군 사령원으로서 중월전쟁에 참가했다. 1985년 공군 사령원이 되었다. 인민지원군 공군에서 싸웠던 자 중 이른바 가장 출세한 셈이다.

지원군 공군의 분투하는 모습을 나타내기 위해 압록강대교 남쪽 강가에 "영웅 공군"이라고 적힌 조종사 동상이 세워졌다. 330대를 격추하고 95대에 손상을 입혔다는 설명이 덧붙여져 있었다. 세워진 것은 2013년 4월 15일로 최근의 일이다.

한국전쟁에서 지원군 공군, 소련 공군이 올린 전과는 어떻게 평가되고 있을까? 문화대혁명 직전인 1966년 3월 3일 베이징에서 중·일 양당 회담이 행해졌다. 일본공산당 대표단 단장은 미야모토 겐지(宮本顯治)였다. 중국공산당 대표단 단장은 류사오치였다. 베트남 전쟁에 대해 논의했을 때, 류사오치는 항일전쟁과 한국전쟁 예를 들면서 공군의 역할은 크지 않기 때문에 제공권을 장악당하더라도 승리할 수 있다고 강조했다.

비행기에 의한 공중 폭격은 우리도 경험한 바 있다. 장제스도, 일본군도 비행기를 갖고 있었는데 당시 비행기뿐 아니라 고사포도 고사 기관총도 없었다. 한국전쟁 때 미국 비행기는 더욱 많았지만 그때는 우리도 고사포와 고사 기관총을 보유했고, 일부 공군도 있어서 북한 북부에서 공중전을 벌였다. 그렇지만 제공권은 미국 측에 있었다. 그때 북한 북부에서 격추한 미국 공군기 중 공중전으로 한 것은 1/10에 지나지 않았고 90% 이상은 고사포나 고사 기관총으로 격추한 것이다. 따라서 공군의 역할은 크지 않았다. 제공권은 미국에 장악되어 있었지만 우리는 그 가운데에서도 작전할 수 있었으며 미국을 압록강 주변에서 38도선 이남으로까지 격퇴시켰다(小島, 1980: 74).

지원군 공군, 소련 공군도 싸웠지만 지원군 방공병(防空兵) 부대도 잘 싸웠다는 것이다.

'1급 전투영웅' 추사오윈

기념관에는 왕하이와 함께 '1급 전투영웅' 칭호가 수여된(사후였지만) 추사오윈(邱少雲)의 최후를 보여주는 전시가 이루어지고 있었다. 물가 주변 덤불에 잠복해 있는 추사오윈 모습이다. 전시물 앞에 '추사오윈' 3글자가 있었다. 덧붙여진 설명은 전혀 없었다.

설명할 필요가 없는 것이다. 중국인이라면 추사오윈의 이름을 모르는 사람이 없기 때문이다. 중국 아이들은 학교에서 반드시 추사오윈이 어떤 인물인지 배운다. 예를 들면 9년 의무교육 3년제 초급 중학 교과서『중국역사(中國歷史)』(제2판) 제4책(인민교육출판사역사실 편저, 인민교육출판사 출판, 1995.4)에서는 추사오윈에 대해 다음과 같이 기록하고 있다.

추사오원은 1951년 중국인민지원군에 참가했다. 이듬해 10월 지원군이 적의 고지에서 반격했을 때 공격 거리를 단축하고 또한 전투가 돌발적으로 일어나는 것에 대비하기 위해, 추사오원이 속한 소대는 밤에 적이 있는 곳으로부터 60m밖에 떨어져 있지 않은 산자락에 잠복해 이튿날 밤 대부대의 진격에 협력할 준비를 하라는 명령을 받았다. 그렇지만 생각조차 못한 적의 포화로 넓게 피어오른 불이 추사오원의 몸에 옮겨 붙었다. 전투 승리와 부대 안전을 확보하기 위해 추사오원은 잠복 시 규율을 엄수하고 조금도 움직이지 않은 상태로 장렬한 최후를 맞이했다(小島·並木, 2001: 120~121).

교과서에는 "생각해 봅시다. 누가 가장 사랑해야 할 사람입니까? 또한 그것은 왜입니까? 그들 가운데 1, 2명 영웅의 사적(事跡)에 대해 말하기 바랍니다"라는 질문이 적혀 있다. 인민지원군 병사, 특히 전사한 영웅적 인물 자체가 '가장 사랑해야 할 인물'이며 그들은 애국주의를 위해 죽음도 두려워하지 않고 싸웠기 때문이라는 모범 답안이 기대되고 있다.

추사오원은 제15군 제29사단 제87연대 소속 병사였다. 1952년 10월 12일 철원 동북쪽에 위치한 391고지를 탈취하기 위해 잠복 중 적의 포화로 불이 의복에 옮겨붙었다. 가까이에 물가가 있었지만 적에게 잠복이 발각되지 않도록 하기 위해 움직이지 않았다는 것이다. 한국전쟁 이후 지원군 간부(연대급 이상)와 전투영웅 유골은 파내어 중국 국내로 옮겨져 다시 매장되었다. 앞에서 논한 바와 같이 필자는 선양의 항미원조열사능원을 참관한 적이 있는데 추사오원의 묘는 그곳의 묘 앞 열에 나란히 있다. 능원 정면에서 보면 그 좌측에 하나 떨어져서 상감령(上甘嶺) 전쟁의 '특급 전투영웅' 황지광(黃繼光)의 묘가 있다. 황지광도 추사오원과 나란히 중국인에게 잘 알려진 한국전쟁의 전투영웅이다. 그들 뒤로 전사한 고급 간부, 즉 제39군 부군장 우궈장(吳國璋), 제50군 부군장 차이정궈(蔡正國), 제23군 참모장 라오후

이탄(饒惠譚)의 묘가 있었다.

지금으로부터 10여 년 전 일본 유학생의 추사오원에 대한 투고가 중국에서 화제가 된 적이 있다. 2000년 1월 19일 ≪중국청년보(中國青年報)≫가 나가타니 히로카즈(長谷弘一)라는 일본 출신 유학생이 집필한 중·일의 민족 영웅을 비교한 문장을 게재했다. 팡닝(房寧) 등이 공저한『성장하는 중국: 현대 중국 청년의 국가민족 의식 연구(成長的中國: 當代中國青年的國家民族意識研究)』(人民出版社, 2002)는 이 문장의 요약을 게재하고 있다. 나가타니 히로카즈는 중국을 '지나(支那)', 중국인을 '지나인(支那人)'으로 기록하고 있으며 다음과 같이 주장하고 있다.

> 한국전쟁에서 임무를 다하기 위해 불타 죽는 것마저 불사한 지나의 영웅에 대해 물어보니 갑자기 그들은 그런 바보는 앞으로 나올 리가 없다고 말했다. 우리 일본에는 야스쿠니신사(靖國神社)가 있는데 당신 쪽에는 무엇이 있는가? 당신 쪽에는 일지전쟁(日支戰爭, 항일전쟁_편자 주)에서 국가를 위해 전사한 장병의 기록이 있는가? 나는 구일본군 노병과 접촉한 적이 있는데 그들은 지금도 당시 부대를 이끌고 돌격해 수 미터 앞에서 기관총으로 저격당해 죽은 지나 장병에게 감개와 경의를 표하고 있다. …… 우리 일본인은 국가를 위해 순사(殉死)한 영웅을 잊을 수가 없으며 그들은 야스쿠니신사에서 그들이 받아야 할 경의를 받고 있다 …… (房·王·馬 外, 2002: 414).

『성장하는 중국』은 필요한 것은 나가타니 히로카즈의 문장에 반박하는 것이 아니라 그가 제기한 중국 애국주의 교육에 나타나는 문제점, 특히 민족 영웅을 취급할 때 보이는 '실용주의적 태도'를 문제 삼아야 한다고 주장하고 있다. 환언하면 애국주의 교육에는 명확한 현실성이 없으면 안 되며 청소년을 사상적으로 설득하고 이끄는 역할을 하지 않으면 안 된다. 시간이 지나고 환경이 변하면 애국주의 교육의 주제도 변하며 전쟁 시에는 영웅적인 병사를 선전하지 않으면 안 되었지만 평화로운 시기에는 학자, 과학자, 기업가를 선전하지 않으면 안 된다. 따라서 나가타니 히로카즈의 질문에 대해 대답한 중국 대학생에게 책임을 물어서는 안 된다고 기록하고 있다.

그러나 『성장하는 중국』은 청소년의 사상과 가치관 혼란이 적지 않게 보인다고 지적하면서, 구체적인 사례로 쿵칭둥(孔慶東)·마뤄(摩羅)·위제수(餘傑庶) 등 젊은이들이 편집한 『중학교 어문 교육을 심사한다(審視中學語文教育)』(汕頭出版社, 1999)를 들고 있다. 이 책이 중국 인민의 애국주의 정신과 민족적 긍지를 고무시키고 한국전쟁에 참전한 중국인민지원군의 영웅주의를 선전하는 데 큰 역할을 한 『누가 가장 사랑해야 할 사람인가(誰是最可愛的人)』와 그 저자 웨이웨이(魏巍)에 대해 비판하고 있다며, 다음과 같이 기록하고 있다. "웨이웨이는 역사를 고쳐 썼다", "웨이웨이의 문장에는 미국 군인과 남한 군인에 대한 두려움이 내재된 호칭과 이데올로기적으로 협소한 입장에 기초한 정서적인 어구로 가득 차 있으며 역사를 함부로 쓰고 사람의 머리를 잡고 돌려서 멍청하게 만들어버렸다", "행간에는 협소한 당파 정신도 나타나며, 국가와 국가, 민족과 민족의 한을 선전하고자 하는 의도가 나타나 있다". 이와 같이 『중국 어문 교육을 심사한다』의 주장을 소개한 『성장하는 중국』은 공연히 미국 침략군을 '인의(仁義)를 이룬 군대'로 묘사하고 중국 인민의 항미원조를 "불의(不義)의 전쟁"이라 표현하고 있다고 지적한다.

웨이웨이는 중국의 저명한 산문 작가로 항미원조 시기 3차례나 조선에 들어가 전선(前線)에서 지원군과 함께 생활했다. 산문집 『누가 가장 사랑해야 할 사람인가』는 많은 중국인에게 읽혔고 '가장 사랑해야 한 사람'은 인민지원군의 대명사가 되었다.

『성장하는 중국』은 『중국 어문 교육을 심사한다』와 같은 서적 및 관점이 나타난 것은 우연이 아니라며, 현 시대 주제가 '평화와 발전'으로 변했기 때문에 과거의 역사, 충돌에 대한 재평가가 이루어진 것이며『중국 어문 교육을 심사한다』는 역사 평가에 대한 '시과경천(時過境遷)', 즉 시간이 지나면 상황도 변한다는 행동 방식의 견본이라고 지적하고 있다. 나가타니 히로카즈가 지적한 중국인 학생의 언동이나『중국 어문 교육을 심사한다』의 출현은 한국전쟁 정전부터 약 50년을 거치며 전쟁에 대한 공통의 '이야기'를 갖는 것이 가능했던 시대가 종식되고 있다는 것을 보여준 것인지도 모른다.

기념관 전시에 대한 소개 마지막에 마오쩌둥의 장남으로 미군 폭격으로 전사한 마오안잉(毛岸英)의 흉상에 대해 다루어보겠다. 마오안잉의 흰색 대리석 동상은 주위에 검은색 나무로 만든 군인 흉상에 둘러싸여 있었다. 마오안잉의 동상이 조금 크다.

친모 양카이후이(楊開慧)가 국민당에게 처형된 이후 10대였던 마오안잉은 상하이 지하당 조직에 의해 모스크바로 보내졌다. 필자는 이전에 중국 호텔에서 방영되던 TV에서 마오안잉이 학습을 마치고 옌안으로 돌아왔지만 중국어를 하지 못해 부친 마오쩌둥과 러시아어 통역을 두고 말을 나누는 장면을 보았던 적이 있다.

그는 항미원조전쟁 참가를 지원해 조선에 갔는데 전투 개시 직후인 11월 26일 인민지원군 사령부에서 집무 중 미군기 폭격에 맞아 전사했다. 마오안잉의 전사 소식이 중국에 전해지자 '황태자가 사망했다, 마오 왕조(毛王朝)는 괜찮겠는가' 하는 목소리가 있었다고 한다. 마오 왕조 존속에 대한 말은 차치하더라도 마오안잉이 건재했다면 마오가(毛家) 중에서 장칭(江青) 부인의 발언권은 억눌려졌을지 모른다. 마오안잉은 평양 동쪽 평안남도 회창군에 위치한 100km² 크기의 중국인민지원군 열사능원에 매장되었다. 평양을 방문하는 중국의 많은 대표단은 이 능원을 찾아 능원 및 마오안잉의 묘에 꽃다발을 봉헌한다. 리위안차오 국가부주석도 2013년 7월 26일 이 능원을 방문했다.

마오쩌둥이 사망한 것은 1976년이지만 1990년 중난하이(中南海)의 중국 공산당 중앙경위국이 마오쩌둥 유품을 정리했을 때 마오쩌둥이 소중하게 보존하던 마오안잉의 유품이 발견되었다고 한다. 장남을 잃은 지 26년이 지났지만 유품을 정리하지 못했던 것이다. 마오쩌둥에게도 부정(父情)이 있었음이 틀림없다.

중·북 공동관리의 압록강

항미원조기념관을 참관한 이튿날인 5월 10일 단둥 시내 관광에 나섰다. 단둥이라는 지명이 붙은 것은 1965년 1월 20일이다. 그전까지는 안둥(安東, 동방을 평정한다)이라고 불렸다. 러시아의 블라디보스토크(동방을 지배하라)와 같은 의미이다. 단(丹)은 붉은색으로 좋은 의미이다. 단심(丹心)은 진심을 의미한다.

단둥은 중·북 경계에 흐르는 압록강 연안에 위치하고 있는데, 압록강의 어원에 대해 가이드북에는 강물의 색이 오리 머리의 녹색과 비슷하기 때문이라고 쓰여 있다. 중국의 오염된 큰 강을 보아왔던 사람이 본다면 확실히 깨끗하게 느껴질 것이다. 시내 관광을 위해 탔던 택시 운전사는, 북한 사람들은 압록강 물을 그 상태로 마시고 자기들은 정수장에서 여과한 물을 마시고 있다고 말했다.

단둥에서 압록(Yalu)이란 만주어(滿洲語)로 '경(境)'을 의미한다는 설을 접했다. 그래서 귀국한 후 동북아시아 연구의 대가 나카미 다테오(中見立夫) 도쿄외국어대 아시아·아프리카언어문화연구소 교수에게 이메일로 이 설이 맞는지 문의하자 다음과 같은 회신이 도착했다.

'압록강'은 만주어로 '야루 구양(Yalu guyang)'이라고 부릅니다만, 만주어의 '야루(Yalu)'란 현재 존재하는 거의 모든 만주어 사전의 기본이 되는 『청문감(淸文鑑)』에는 '권(卷)22, 전지(田地), 지변(地邊)' 항목에 'Yalu'smrk'로 등재되어 있고, 한어(漢語, 중국어)에서는 '휴(畦, qi)'의 번역어에 해당되며, 하네다 도루(羽田亨)의 『만화사전(滿和辭典)』 가운데 확실히 압록(鴨綠, Yalu)에 '경'이라는 번역어가 제시되고 있습니다.

확실히 압록에는 '경'이라는 의미가 있었다. 그 이후 양자오취안(楊昭全)과 쑨위메이(孫玉梅)가 공저한 『중·조 변계사(中朝邊界史)』를 읽었는데, 원나라 시대에는 압록강 유역 남북안(南北岸) 모두 원나라 영역으로 압록강은 원나라의 강이었지만, 명나라 및 청나라 시대에는 압록강 남안(南岸)은 조선의 것이 되고 북안(北岸)은 청나라에 속해 압록강이 국경 하천이 되었다는 사실을 알게 되었다(楊·孫, 1993: 140~146).

그렇다면 현재 중·북 국경은 어떠한 모습일까? 중·북 간에는 1962년 10월 12일 국경조약이 체결되었다. 그렇지만 중국이 체결한 모든 국경조약을 수록한 치펑페이(齊鵬飛)가 저술한 『대국의 영역: 현대 중국의 육지 경계 문제 논술(大國疆域: 當代中國陸地邊界問題述論)』(2013)의 부록에는, 저우언라이가 1962년 12월 26일 몽골 지도자에게 말한 다음과 같은 발언을 기록하고 있을 뿐 중·북 국경조약이 채록(採錄)되어 있지 않다.

최근 우리는 조선과의 국경 문제를 해결했다. 원래 우리는 조선과 2개의 천(川)을 공유했으며 큰 문제는 없었다. 약간의 육지 경계 문제가 있었지만 이미 해결했다. 조선이 통일되어 있지 않기 때문에 공포는 하지 않고 있다(齊, 2013: 280).

이 저우언라이의 발언을 문자 그대로 읽는다면 국경조약은 '통일 조선'과 결부시켜야 하는 것이 된다.

마찬가지로 2013년에 출판된 양자오취안과 쑨옌메이의 공저『당대 중·북 중·한 관계사(當代中朝中韓關係史)』(吉林文史出版社, 상하 2권으로 1000쪽이 넘는 대저) 제15장 제1절에 "양국 '중·북 국경조약'에 조인"이라는 제목을 붙이면서, 핵심인 국경조약에 대해서는 한마디도 언급하고 있지 않다.

일본에서는 차오하이스(曹海石)가『중·북 조약, 협정, 의정서휘편 1958~1969(中朝條約, 協定, 議定書彙編 1958-1969)』(遼寧省革命委員會辦事組外事組, 1971.2)를 중국 동북 지방에서 입수해 ≪법학지림(法學志林)≫ 제103권 제1호(2005.10)에「중·북 국공조약·의정서(中朝國境條約·議定書)」라는 제목으로 일본어 번역문을 공개했다. 그것에 의하면 국경조약의 주요 내용은 다음과 같다(曹, 2005).

① 백두산 천지의 국경선에 대해 서북쪽 부분은 중국에 속하고, 동남쪽 부분은 북한에 속하는 것으로 했다. 사실상 똑같이 양분한 것이다.

② 국경 하천인 압록강과 도문강에 대해 양국 공유로 하고 양국이 공동으로 관리 및 사용한다.

③ 하천 중 도서(島嶼)와 사주(沙洲)에 대해서는 조약이 조인되기 전 한쪽 공민(公民)이 거주 혹은 개간했을 경우 그 한쪽 영토로 하고, 중국 측에 가까운 경우는 중국 측에 속하고, 북한 측에 가까운 경우에는 북한에 속한다.

그 이후 2개 하천의 도서와 사주 귀속에 관해서는 국경조약에서 정해지는 원칙에 기초해 구분 작업이 이루어져, 1964년 3월 20일 체결된 '중·북 국경에 관한 외정서'에 의해 도서와 사주 합계기 451개, 그 가운데 중국에 속하는 것이 187개, 북한에 속하는 것이 264개로 결정되었다.

또한 이 의정서에 의하면 5년마다 국경 하천을 합동검사하도록 되어 있다. 그런데 1969년 제1차 합동검사가 실시되어야 했는데 보쉬(薄旭)의「중국 육지 변계 60년(中國陸地邊界六十年)」(2009)에 의하면, 실제로 제1차 합동검사가 행해진 것은 1972년부터 1975년에 걸쳐서였다. 도서 및 사주 61개 가운데 중국 측에 속하는 것이 13개였다고 기록되어 있다(薄, 2009). 그렇다면 북한 측에 속하는 것은 48개로 대부분이 북한 측에 속하는 것으로 인정했던 것이 된다. 1964년 의정서에서는 도서 및 사주가 451개나 있었기에 61개라는 숫자가 지니는 의미는 잘 알 수 없다.

다만 필자가 앞에서 언급한 택시 운전사는 도서 및 사주는 중·북 우호를 위해 모두 북한 측에 주었다고 말했다. 단둥에서 보았을 때 중국 측 바로 앞에 있는 도서에 다리를 부설해 공원으로 삼고 있는 곳[웨량다오(月亮島), 달님이라는 예쁜 이름이다]은 있었지만, 대부분은 북한 측에 귀속되어 있는 것처럼 보였다.

압록강 유람 1: 단교 하류

단둥 관광의 기점이 되는 곳은 압록강에 걸쳐 있는 중북우의교(中朝友誼橋)이다. 단둥과 그 맞은편인 신의주를 잇는다. 전체 길이는 946m이다. 그 남쪽 부근에 있는 것이 압록강 단교이다. 한국전쟁 중 미 공군의 폭격으로 파괴되어 도중에서 꺾여 있는데 거기까지 걸어갈 수 있다. 관광 장소가 되어서 경계는 삼엄하지 않지만 교각 상부 등 각 처소에 감시 카메라가 설치되어 있다.

5월 10일 이른 아침 그곳에서 강가를 따라 단둥 신구(新區)로 남하했다. 완성된 단둥시 인민정부의 새로운 청사(廳舍)가 눈에 들어왔다. 택시 운전사는 현재 번화가 시 청사에는 주민들이 연일 다양한 요구를 내세우며 몰려들어 교통 체증이 일어날 정도이며, 인민정부는 압록강 주변에 시 청사를

지어 내빼듯이 도망쳐버렸다고 말
했다. 쓸데없는 농담을 하는 운전
사였다.

이어서 건설 중인 신(新)압록강
대교 옆을 통과했다. 교각 위쪽 공
사는 상당히 진척되었고, 운전사
의 말에 의하면 2013년 중에 완성
될 예정이며 공사비 17억 위안은
전액 중국 측이 부담한다는 것이
다. 이 주변에 '중·북 신압록강대교
구안(口岸) 상무구(商貿區)' 건설 관
련 간판이 눈에 띄었다. 새로운 대
교는 현재 사용되는 중북우의교가

그림 2-2 **압록강 단교**
"역사를 거울로 삼는다(史爲鑑)"라는 문자가 새
겨져 있다. 필자 촬영(2013.5.9).

중·북 무역 발전에 충분히 대응할 수 없을 것이라는 판단하에 건설되는 것
이다.

신압록강대교 옆을 남하하면 중·북 경제협력의 상징이라고 할 수도 있는
황금평(黃金坪) 경제구(經濟區) 입구로 통한다. 입구에는 보초가 서 있어 그
안쪽의 상황은 알 수 없었다.

압록강 맞은편은 북한 어민구(漁民區)이며 어민 주거지가 산재해 있는 모
습이 보인다. 중·북 국경을 흐르는 압록강 중 바다로 흘러가는 곳은 북한 영
내를 흐른다. 중·북 육상 국경에는 별로 높지 않은 가시 철선이 있는데 그
옆은 차도(車道)이다. 북한 영내에서는 작업 중인 농민의 모습도 보았다. 괭
이를 사용하고 있으며 우마(牛馬)는 보이지 않는다. 가시 철선만 넘으면 중
국 영내이다. 국경 지구에 고속도로가 있어 자유롭게 운전할 수 있을 것으
로는 생각되지 않는다.

좀 더 남하하면 압록강 지류에 '이마오춰(一毛撮)'라고 불리는 중·북 간 물물 교환을 하는 항(港)이 있다. 북한에서 온 선박에서 게와 조개가 컨베이어 벨트를 통해 중국 트럭으로 하역되는 장소였다. 게와 조개는 포대에 작게 나뉘어 있었다. 안벽(岸壁)에는 중국제 캔 맥주와 야채가 놓여 있었고 대형 트럭이 차례로 가스통을 가득 싣고 운반해왔다. 소형 가스통이 아니라 중형 가스통으로 상당히 낡았다. 가스 실린더가 북한으로 운반되는 것은 연료 부족을 보여주는 것인데, 대안에서 중국 가스통으로 요리하고 중국제 캔 맥주를 마시는 사람들이 있었다. 필자가 본 것은 아니지만 택시 운전사에 의하면 쌀, 고구마, 감자, 일용품도 북한으로 운반되고 있다고 한다. 통관 통계에 기록되지 않는 물물교환이 대규모로 이루어지고 있는데, 당연히 지방 정부의 암묵적인 이해 혹은 지지가 있기 때문일 것이다.

압록강 유람 2: 단교 상류

다시 단교로 돌아와 이번에는 상류로 갔다. 강 아래로 중·북 간의 석유 파이프라인이 설치되어 있는 주변을 넘으면 압록강 부교가 나타난다. 부교라고 해도 지금은 몇 개의 철 조각 같은 것이 수면으로 돌출되어 있을 뿐, 한국전쟁 시 지원군 공정병(工程兵)이 썰물 때 물 위로 약간 모습을 드러내고 밀물 때 수몰되도록 만들었다. 지원군 장병뿐 아니라 많은 전선을 지원하는 인원, 나아가 물자를 적재한 마차도 이 부교를 건넜다. 젊은 지원군 병사가 압록강을 넘어가는 〈과월 압록강(跨越鴨綠江, 압록강을 건너다)〉이라는 유명한 사진이 있는데, 이곳에서 촬영된 것이라고 한다. 건너기 시작한 것은 10월 19일이었다. 겨울이 가까웠지만 사진 속의 병사는 방한 장비를 갖추지 못하고 있는 점이 이전부터 눈길을 끌었다.

마오쩌둥의 손자로 마오신위[毛新宇, 차남 마오안칭(毛岸青)의 아들]라는 인물이 있다. 중국 군사과학원 전쟁이론·전략연구부 부부장으로 계급은 소장이다. 마오쩌둥 군사사상을 연구하고 있다. 그는 2010년 9월 9일 한 매체에서 마오쩌둥의 지휘에도 오류가 있었다고 밝혔는데, 한국전쟁 참전 시 북한에서의 겨울철 추위를 생각하지 못해 동상(凍傷)이나 동사(凍死)한 자 등 비(非)전투에 의한 감원(減員)이 있었다는 사례를 들고 있다. 마오신위는 제9병단의 손실이 비교적 컸던 점도 지적했다.

제9병단은 원래 제3야전군에 소속되어 타이완 상륙작전에서 제1제대(梯隊, 선두 부대)에 들어갈 예정이었다. 그래서 한랭지에서의 작전에 대한 훈련 등을 받은 적이 없다. 타이완 대안에 포진해 있던 중에 명령을 받고 급거 열차를 타고 북상했다. 무명으로 만들어진 의복을 지급받았는데 옷이 제대로 맞지 않는 자도 있었다고 한다. 많은 자가 면(綿)이 들어간 방한화(防寒靴) 및 모자 없이 수건으로 얼굴을 가리고 모포로 몸을 두르고 있었다고 한다. 제9병단은 11월 9일부터 19일에 걸쳐 단둥 북쪽의 지안(輯安), 린안(臨安)에서 조선의 전쟁터로 향했다. 타이완 공략을 위한 부대가 엄동설한의 한반도에서 싸웠던 것이다.

군대가 한랭지 또는 겨울철에 활동하기 위해서는 겨울 군장(軍裝)이 필요하다. 일본 패전 시 국민당군 주력은 남방에 전개되어 있었다. 국민당 정권은 동북 접수를 위해 '중·소 우호동맹조약'을 체결했던 소련에 대해 1945년 10월 군복을 대여해주었으면 한다고 요청했다. 한랭지에서의 충분한 군복을 마련할 수 없었기 때문이다. 하지만 소련은 거부했다. 그 때문에 요원을 러허(熱河)로 파견해 모피 구입에 나섰다. 양과 여우 구입에 나서고자 했을 것이다. 하지만 러허로 향하는 통로는 치안 상태가 별로 좋지 않았기 때문에 소련은 국민당 측에 가지 말 것을 권고했고 결국 통행은 거부되었다. 소련 측은 국민당군의 동북 접수를 바라지 않았던 것이다. 그 이후 소련군은 동북에서의 철수 의향을 보였고 국민당 정권은 동복(冬服) 미도착을 이유로 소련군에 대해 철수 연기를 요청했다. 동복의 대여 문제에 대한 소련 측의 태도는 대단히 냉정했다.

마오쩌둥은 충분한 동복 준비를 하지 않은 상태로 지원군을 한국전쟁 전장으로 보냈는데, 북한 정부의 동복 지원 요청에는 빠르게 응했다. 1952년 8월 북한 정부가 올해 겨울은 60만 명에게 동복이 없다며 도움을 구해와 적어도 절반은 원조해주기 바란다고 말했다(군복이라고 적혀 있지 않지만 물론 군복으로도 사용될 수 있을 것이다). 8월 23일 마오쩌둥은 북한 정부에 대해 30만 벌의 면의(綿衣)를 건네주겠다고 전하는 것과 함께 대금은 받지 않도록 지시했다(中共中央文獻硏究室, 1988: 520). 북한 측의 어려움과 중국에 의존하는 모습에서 마오쩌둥의 관대함을 살펴볼 수 있는 대목이다.

부교에서 좀 더 달리면 후산장성(虎山長城)에 도달하게 된다. 명나라 시기에 쌓은 만리장성의 동단(東端, 동쪽 끝)이다[서쪽 끝은 자위관(嘉峪關)이다]. 장성 아래에 압록강을 주유(周遊)하는 모터보트 선착장이 있다. 모터보트를 빌려 근처를 돌아보았는데 맞은편에 옛날 일본이 만든 항의 방파제가 있어 대안에 접근할 수 있다(상륙은 불가능하지만). 다른 모터보트를 탄 중국인 관광객이 안으로 담배와 과자를 던졌다. 절벽 위로 아이들의 모습이 보였는데(역광으로 나이는 알 수 없었지만) 그들에게 건네주고자 한 것이다. 그렇지만 안에 북한 병사가 있어 내려올 수가 없었다. 또한 선착장에 상륙한 부인이 가까운 촌 입구 경비소에서 뭔가 심문받는 모습이 보였다. 북한은 이동의 자유가 없으며 허가가 없으면 다른 지구에 들어갈 수 없다. 1시간여의 주유를 지나 돌아왔는데 북한 측을 보자 아직도 그 부인에 대한 심문이 계속되고 있었다.

강에 있는 섬은 이전에 택시 운전수가 말한 대로 대부분이 북한 소유였다. 중국 측에 가까운 어적도(於赤島)라는 섬이 있다. 북한 별장이 나란히 있고 한글로 "위대한 수령 김일성 동지 혁명사상 만세!"라는 표어가 쓰여 있었다. 가옥 1채에 햇볕에 말리고 있는 세탁물이 널려 있을 뿐 아무도 살지 않는다고 말하는 이유를 대번에 알 수 있었다.

그림 2-3 **우적도의 북한 별장과 김일성을 칭송하는 내용의 표어**
필자 촬영(2013.5.10).

한국에서 본 중국의 한국전쟁 참전 문제

이 장 마지막에 중국의 한국전쟁 참전이 한·중 관계에 미친 영향에 대해 검토하도록 하겠다. 38도선을 넘어 공격해온 지원군은 한국의 입장에서 보면 침략자이다.

그러나 1992년 8월 24일 베이징에서 한·중 양국 외교장관이 조인한 국교 수립에 관한 공동성명에는 이 문제에 대한 언급은 없었다. 한국의 언론에서 이 문제가 논의되었던 것은 국교 수립 직후이다. 김숙현의 『한·중 국교정상화와 동아시아 국제정치의 변용(韓中國交正常化と東アジア國際政治の變容)』에 의하면, 8월 24일 오전 공동성명에 서명한 직후 우젠민(吳建民) 중국 외교부 대변인이 기자회견에서 중국이 과거 문제와 관련해 사죄했다는 한국의 언론 보도 내용은 사실과 다르다고 논했다. 같은 날 밤, 한국의 이상옥 외무장관은 기자단 측으로부터 이러한 중국 외교부 대변인 발언에 대해 설명을 요구받았다. 이상옥 외무장관은 중국 외교부 대변인이 '사죄'했는지에 대한 질문에 대해 그와 같은 일은 없었다고 답변했다는 것을 알고 있

다고 말한 뒤, 다음과 같이 교섭 과정을 밝혔다.

공동성명에는 나타나 있지 않지만 국교 정상화 교섭 과정에서 한국 측은 중국의 한국전쟁 참전 문제를 토론했다. 한국 측은 중국의 참전으로 한국 국민에게 큰 피해와 고통을 주었던 것에 대한 중국 측의 해명을 요구했다. 중국 측은 당시 국경 지대에서 위협받고 있던 상황에서 참전은 불가피했지만, 그와 같은 일은 두 번 다시 있어서는 안 되는 불행하며 유감스러운 일이라는 입장을 표명했다(金, 2010: 146).

이 문제는 중국의 초대 주한 대사로 서울에 부임한 장팅옌(張庭延) 대사가 10월 16일 한국 신문편집인협회 간담회에 초대되었을 때도 화제가 되었다. 장팅옌 대사는 한국전쟁에 중국 정부가 당시 사정으로 인해 참전하지 않을 수 없었지만, 앞으로는 과거를 논의하기보다 미래를 위해 함께 노력하는 것이 중요하다는 것이 결론이라고 호소했다(金, 2010: 161).

그 이후 중국의 한국전쟁 참전 문제는 한·중 간에 큰 쟁점이 되는 일은 없었다. 한국 측은 과거 중국과의 역사 문제는 일본의 과거 역사 문제, 즉 한반도를 침략하고 식민지를 건설한 것과는 그 성격이 다른 것으로 보고 있는 것이다.

2013년 6월 한국의 박근혜 대통령이 방중했을 때 한국 영내에서 전사한 중국군 병사 360명의 유골을 중국에 반환한 것으로 전해졌다. 이 뉴스는 중국에서 큰 관심을 불러일으켰다. 한국 경기도 파주시에는 360명의 중국군 병사, 1063명의 북한군 병사가 잠들어 있는 묘지가 있다고 한다. 중국군 병사 묘에는 한국어와 중국어로 '중국 무명 군인 묘'(북한과 중국 병사의 묘라고 보도하는 매체도 있다)라고 기록되어 있는 모양이다.* 한국에서는 일반적으로 묘는 남향을 하지만 중국군 병사 묘비는 북향인데, 이는 중국 방향으로 고향을 향해 매장한 것으로 보인다. 전사한 적군 병사에게 경의를 보이고 있다는 것을 알 수 있다.

앞에서 기록한 바와 같이 지원군 전사자는 기본적으로 북한 땅에 묻혔으며 간부와 전투영웅의 시체만 파서 중국 영내로 운반되었다. '선양 항미원조 열사능원'은 이를 위해 만들어졌으며 '단둥시 항미원조 열사능원'도 그렇다. 필자는 단둥시 능원[진장 산(錦江山) 북쪽 산기슭 경사면에 있음]에도 직접 가서 보았다. 자물쇠로 잠겨 있어 안으로 들어가지 못했지만 선양의 능원과 같은 모습으로 묘비마다 성명, 출신지, 소속 부대 번호, 전사한 날짜 등이 기록되어 있었다. 일반 병사의 시체가 중국으로 운반된 것은 처음이었다.

또한 한국에서는 군을 동원해 지원군 병사 유골을 발굴하는 작업이 추진되었다. 2014년 3월 28일 437개의 유골이 인천공항에서 중국 측으로 인도되었다. 유골은 전용기로 선양으로 운반되어 열사능원에 안치되었다.

---

* 정확한 명칭은 '적군묘'이며, 일명 '북한군/중국군 무명인 묘지'라고도 한다. "적군묘 왜 만들어졌는가(上): 제네바협정에 따라 1996년 조성", ≪파주신문≫, 2012.6.10. _옮긴이 주

당나라 태조의 실패: 고구려 원정

중국인민해방군 난징군구(南京軍區) 전임 부사령원 왕홍광(王洪光) 중장이 최근 "한반도 문제가 중국을 피로하게 만들고 있다"라는 제목의 글을 ≪국가인문역사(國家人文歷史)≫ (2013)에 게재했다. 필자는 인터넷을 통해 해당 글을 읽었다.

역대 왕조가 한반도 문제 처리에 얼마나 고뇌해왔는지를 구체적으로 논하고 최후에 는 자국 국토를 북한 핵에 의해 오염되지 않도록 해야 한다고 외치고 있는데, 그 가운데 당 태종 시대에 승상(丞相) 방현령(房玄齡)이 고구려 토벌을 기획하던 태종에게 다음과 같 은 간언(諫言)을 올렸다고 기록하고 있다.

제가 생각하기에 폐하의 위명(威名)과 공덕(功德)은 매우 충분합니다. 영토를 확장하는 것도 멈추어야 할 때라고 생각합니다. 만약에 고려(高麗)가 당조(唐朝)에 대한 신절(臣 節)을 위배한다면 폐하가 이것을 주벌(誅伐)해서 없애버리면 됩니다. 중국 인민을 침략 한다면 폐하가 이것을 멸망시켜 없애버리면 됩니다. 영구히 중국에 대해 환해(患害)가 되는 것이 있다면 폐하가 이것을 공격해서 굴복시켜버리면 됩니다.

방현령은 이 세 가지 항목에 해당하지 않는데 원정을 하는 것은 "얻게 되는 것이 적고, 잃게 되는 것이 지나치게 많다"라며 반대했다.

왕홍광은 출전(出典)을 기록하고 있지 않지만 이것은 태종이 신하와 나눈 정치 문답을 정리한 『정관정요(貞觀政要)』의 일부이다. 일본어 번역본은 하라다 다네시게(原田種茂)가 집필한 것에 따랐다(原田, 1978下: 714~716). 사실은 "영토를 확장하는 것도 멈추어야 할 때라고 생각합니다" 뒤에 "저기 고려 등으로 불리는 것은 훨씬 먼 변경의 비천(卑賤)한 이민족입니다. …… 예로부터 물고기나 자라[鼈]와 마찬가지로 취급받아 왔던 것입니다"라고 모멸적인 표현이 나란히 있다. 그 표현이 대단히 노골적이기 때문에 삭제한 것이다.

왕홍광은 방현령의 생각은 한반도의 국가들은 있는 그대로 맡겨 살아서 멸망해가는 상태로 두는 게 좋다는 것인데, 중앙 정권에 위협이 되지 않기 때문이라고 말하는 것이 일리가 있다고 평가하고 있다.

그러나 태종은 간언을 받아들이지 않고 고구려에 병사를 보냈고, 결국 저항에 직면해 쓸모없이 국력을 피폐하게 만들었다. 명군(明君)으로 일컬어지는 태종이지만, 고구려 원정은 후계자 육성 문제와 나란히 실정(失政)으로 거론되었다.

제3장

히말라야의 전투

중·인 국경전쟁

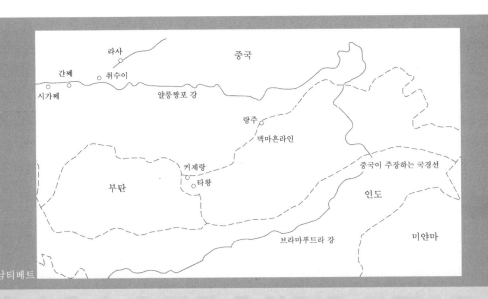

1950년대 냉전하의 아시아에서 중국과 인도 양국은 체제가 다른 국가이면서도 우호 관계에 있었다. 하지만 1962년 양국은 국경선에서 전쟁을 했다. 중·인 국경전쟁 50주년인 2012년 필자는 신장웨이우얼자치구(新疆維吾爾自治區)의 카슈가르(Kashgar, 중국명: 喀什)에서 남하해, 중국 측 전사자를 모시는 열사능원이 있는 예청(葉城)을 방문했다. 중·인 국경전쟁에서 위구르족 등 소수민족 출신 병사는 한족 병사와 어깨를 나란히 하고 싸웠다. 현재 신장의 민족 관계는 긴장되고 있지만 말이다.

실크로드의 모습이 퇴색되어가는 우루무치

2012년 11월 28일 필자는 신장으로 출발했다. 나리타에서 베이징까지 4시간, 베이징에서 국내선으로 환승해 다시 4시간을 비행해 신장웨이우얼자치구의 구도(區都) 우무루치(Wulumuqi, 중국명: 烏魯木齊)에 도착했다. 그날 중에 우루무치까지 갈 예정이었다.

이번의 신장 방문은 우루무치에서 남하해 가능하다면 중·인 국경전쟁의 현장까지 가고자 한 것인데, 현장까지는 가지 못하더라도 전사자 위패를 모시는 능원을 둘러보는 것은 가능하지 않을까 생각했기 때문이다. 2012년은 1962년 중·인 국경전쟁 50주년이었다.

필자가 처음으로 신장에 들어갔던 것은 1986년 10월이었다. 일·중 여행사(日中旅行社)와 일·소 여행사(日ソ旅行社)가 주최하는 고대 실크로드의 발자취를 따르는 텐산북로(天山北路) 여행 투어에 참가해, 도중에 소련을 구성하고 있었던 카자흐스탄공화국 알마티(Almaty)에서 버스를 타고 중·소 국경을 넘었다. 중·소 양국이 양국 국민 이외 제3국 국민의 중앙아시아·신장 간 국경 지점 전체 코스 통과를 허가한 것은 1985년이 최초였다. 같은 해 10월 14일 영국 여행사가 주최한 '오리엔트 급행·실크로드' 1200주년 기념 여행단 일행이 버스로 전체 코스를 통과했다. 국경 통과에 난색을 보인 것은 소련 측이었지만, 영국·소련 양국 정부의 최고위급 접촉으로 국경 통과가 가능하게 되었다고 알려져 있다. 1986년에도 전년과 동일하게 10월 14일 하루만(즉, 연간 1일만) 국경 통과가 인정되어 영국 여행사에 더해 일본 여행사도 투어를 주직한 것이다. 버스는 구경을 넘어 눈이 적게 내리는 덴산 산맥을 올라갔는데, 가드레일도 없는 산길이었으며 낭떠러지에는 트랙터의 잔해가 보였다. 알마티에서 우루무치까지 2박 3일의 여행이었다.

그 이후 필자는 우루무치를 자주[그렇다고 정점(定點) 관측이라고 할 정도는

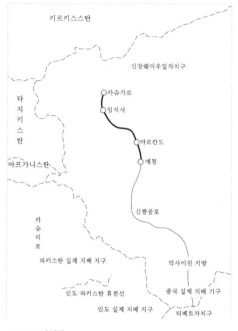

아니지만) 방문했다. 1990
년대에 들어서 국가안전
청 빌딩 건설을 시작으로
고층 빌딩이 차례로 건설
되었다. 시내에서 실크로
드의 모습을 탐색하기가
어렵게 되었다. 번잡하고
활기로 넘쳐나는 바자르
(bazaar, 시장)는 폐쇄되었
고, 점포는 "신장 국제 대
(大)바자르"라고 불리는 몇
개의 대단히 미관이 좋은
빌딩에 입거되었다. 예전
에는 시내에 위구르어 표

그림 3-1 **남신장**

어와 중국어 표어가 나란히 적혀 있었다. 2012년 우루무치에는 위구르어 사
용 인구가 다소 줄었다는 것이 느껴졌다.

　2004년 1월에 갔을 때의 일이다. 그 1년 전부터 신장의 각 대학에서 위구
르족 출신 교수가 위구르어로 강의하는 것이 금지된 사실을 알게 되었다.
즉, 중국어로 강의하라는 것이다. 중국에는 외국인 유학생의 중국어 수준을
측정하기 위한 HSK(한어수평고시)라는 시험이 있다. 선임 교수도 이 테스트
를 받고 일정 수준에 도달하지 못하면 강의를 할 수 없게 된 것이다.

　2003년 5월 중국 정부는 『신장의 역사와 발전(新疆的歷史與發展)』(이른바
신장 백서)을 발표해, 신장은 전한(前漢) 시대부터 중국이라는 통일적 다민
족 국가의 불가분의 구성 부분이 되기 시작했다고 주장하며 신장 역사를 재
해석했다. 위구르족 출신의 대학 교수가 중국어로 강의하도록 내몰리는 것

도 중화민족으로의 통합을 강요하는 움직임의 일환인 것으로 여겨진다.

2004년 필자는 우루무치에서 잊을 수 없는 경험을 했다. 가이드를 해주었던 위구르족 여성과 위구르족이 많이 거주하는 신장대(新疆大) 부근 길을 걷고 있었을 때의 일이다. 갑자기 위구르족 노인과 가이드가 말싸움을 했다. 필자는 위구르어를 알지 못하기 때문에 이후 알게 되었는데, 그 남자는 우리를 따라와 필자에게 길을 물었던 듯하다. 필자는 질문을 받았다는 것조차 알지 못했다. 그녀는 예의 바르게 길을 가르쳐주었지만 그 남자의 목적은 필자가 위구르족이 아니라는 것을 확인한 뒤, 이민족이고 다른 종교의 남자와 함께 걸어가며 가이드를 하는 위구르족 여성을 비난하는 데 있었다. 그녀의 얼굴에 침을 뱉고 집요하게 계속 욕을 하며 마지막에는 구타하려고 했다. 그녀는 자세히 가르쳐주지는 않았지만 그 남자는 "민족 패류(民族敗類, 민족의 체면을 더럽혔다)"라는 종류의 말을 퍼부었던 듯하다. 그 당시 필자는 그녀의 모습을 보면서 너무나도 가슴 아프게 생각했다. 그 위구르족 노인에게는 쌓이고 쌓인 '분노'가 있었던 듯하다. 그것을 쏟아낼 곳을 잘못 짚었지만 말이다.

'신장의 왕' 왕러취안의 실패

이때 신장에 군림하면서 신장의 왕[新疆王]으로 불린 이가 신장웨이우얼자치구 당 위원회 서기 왕러취안(王樂泉)이었다. 그는 1944년 산둥성에서 출생했다. 산둥성의 당정 기관에서 활약하다가 1989년 부성장, 1991년 전출되어 당 위원회 상무위원회 위원, 1992년 당 위원회 부서기로 승진해 2인자가 되었다. 1995년 신장의 1인자인 당 위원회 서기 겸 생산건설병단(生産建設兵團) 제1정치위원으로 승진했다. 그는 산둥성과 신장밖에 알지 못하는 남자였다. 2002년에는 중국공산당 제16차 당대회에서 중앙정치국 위원으로 선출되었다. 신장은 산둥성과 매우 밀접한 관계를 맺고 있다. 신장의 주요 생산물인 면화는 현재는 기계로도 채집할 수 있지만 여전히 산둥성의 계절 노동자에게 의존하는 바가 크다. 생산건설병단에 들어간 병사도 산둥성 출신이 많다. 왕러취안은 산둥성 기업의 신장 진출에 편의를 도모했다. 이른바 신장에서의 산둥성 이권(利權)의 총대표가 되었던 셈이다. 이것이 다른 성 출신자의 강한 반발을 샀다. 그들은 2009년 9월 왕러취안의 사임을 요구하며 우루무치에서 시위를 벌이면서 "왕러취안은 산둥으로 돌아가라"라고 외쳤다. 같은 해 7월에는 우루무치에서 위구르족 등 소수민족과 한족의 대립이 격화되어 대규모의 소란 사건이 발생했다. 결국 2010년 4월 왕러취안은 자치구 당 위원회 서기에서 해임되고 베이징으로 돌아갔다.

왕러취안을 대신해 신장 당 위원회 서기가 된 이는 후난성(湖南省) 당 위원회 서기 장춘셴(張春賢)이었다. 장춘셴도 전임자의 소수민족에 대한 엄격한 언어정책을 계승했다. '쌍어(雙語) 유치원'의 충실, '초등학교 쌍어 핵심 간부' 육성에 주력했다. "쌍어 교육"이라는 말은 듣기에는 좋지만 미혹되어서는 안 된다. 유치원부터 중국이 교육을 시작하고 초등학교에서 중국어를 정확히 가르치는 교사를 다수 양성한다는 것이다.

2012년 신장 방문에서는 당 조직이 단호하게 '쌍어 교육'을 추진, 즉 초등학교에 다니기 전 2년 동안(유치원 기간이라고 생각하면 좋을 것이다) '쌍어 교육'을 시작해 2015년에는 기본적으로 '쌍어 교육'을 보급시키고 2020년에는 소수민족 학생에게 '국가 통용 언어 문자'(즉, 중국어 글자)를 기본적으로 사용할 수 있게 한다는 목표를 달성시킨다는 것을 알았다. 소수민족 언어에 대한 배려는 없다.

2012년 신장에서 자신의 아이를 '57번째 민족'으로 만들지 않겠다는 말을 위구르족에게서 들었다. 중국에는 한족 외 55개 소수민족이 있다. 그런데

'57번째 민족'이란 무엇인가? 아이 때부터 중국어를 배우고 민족 문화를 배울 기회도 없는 한편, 한족 문화를 체득해 알 수도 없는 '민족'이 만들어져 버린다는 위구르족의 위기감에서 나온 말이다. "자신의 아이를 57번째 민족으로 만들지 않겠다", "연줄을 사용해 미국으로 나가고 싶다", "일본이어도 좋다"라는 말도 들었다.

필자는 위구르족 친구에게 "지금은 위구르의 훌륭한 문화 예술을 지키고 발전시켜야 할 때가 아닌가? 중국 의학과는 다른 위구르 의학도 있다. 필요한 것은 문화 운동이다"라고 말할 수밖에 없었다.

여기에서 신장의 '산둥성 파벌[山東閥]'의 나머지 이야기에 대해 기록해두고자 한다. 산둥성 파벌은 강인하다. 2013년 7월 제21집단군(란저우) 정치위원 류레이(劉雷)가 신장군구(新疆軍區) 정치위원으로 이동해왔다. 1957년생 산둥성 랴오청(聊城) 사람으로 1999년 신장군구 보병 모(某) 사단 정치위원이 되었다. 그 이후 난장군구(南疆軍區) 정치부 주임을 역임했다. 옛 둥지였던 신장으로 돌아온 것이다. 류레이는 부임한 지 얼마 지나지 않은 7월 중순에 그의 소속 부대에서 이루어지던 교육실천 활동에 대해서 의견을 구했는데, 그는 잠자리가 팔짝팔짝 수면 위에 닿는 것처럼 "아프지도 가렵지도 않다"라며 제기된 의견의 미온적인 내용을 혹평했고 이를 통해 주변의 평판을 얻었다. 11월에는 신장웨이우얼자치구 당 위원회 상무위원이 되었고(신장군구 사령원 직책에서는 물러났다), 신장에서의 존재감을 증가시켰다.

카슈가르에서 잉지사를 향해

11월 29일 우루무치에서 남(南)신장 카슈가르로 날아갔다. 비행시간은 2시간이었다. 카슈가르는 아직도 실크로드의 정취를 농도 짙게 남기고 있다. 시 중심부 아이티가르(Aitiga'er) 모스크는 중국 최대의 모스크로 알려져 있다. 많은 이슬람교도가 예배를 위해 모여들고 있다. 큰 바자르를 거닐어보는 것도 좋으며, 악기와 은제품을 가게 앞에서 만들고 있는 직인가(職人街) 산책도 즐겁다.

그러나 직인가 부근 인민광장에 발을 들여놓으면 분위기가 일변한다. 엄청난 크기의 마오쩌둥 동상이 친숙하게 오른손을 들고 광장을 내려다보고 있다. 1967년 건설이 시작되어 약 2년에 걸쳐 완성되었다고 하는데 문화대혁명 전성기였을 무렵 만들어진 것이다. 동상의 높이는 12.26m인데, 이것은 마오쩌둥의 생일인 12월 26일에 따른 것이다. 전체 높이는 동상의 단(壇) 높이 11.74m까지 합쳐서 24m이다.

광장에는 인민무장경찰 경비차 3대가 줄이어 있으며 그 사우(四隅)에 3인 1조 형태로 무장경찰 대원이 서 있었다. 1인은 소총, 다른 1인은 무엇을 들고 있었는지 잊어버렸지만 3명 모두 부동자세를 유지하고 있었다.

11월 30일 이른 아침 카슈가르의 여행사가 마련한 차량으로 카슈가르를 출발해 오른편으로 눈이 내리는 쿤룬산맥(崑崙山脈)을 보면서 남하했다. 처음 나타나는 큰 마을이 잉지사현(英吉沙縣, 위구르명: 잉기사르)이다. 이곳은 다음에 상세히 논할 위구르족 병사로 중·인 국경전쟁에서 전투영웅 칭호를 수여받은 쓰마이 마이마이티(司馬依·買買提, 위구르명: 이스마르 마미맛티)의 출신지이다. 날카로운 나이프의 산지로도 알려져 있다. 우루무치에 한정되지 않고 신장에서는 토산물점에 나이프가 있는데, 칼날의 예리함뿐 아니라 칼자루에 새겨진 세공(細工)이 멋지다. 일본 세관을 통과할 수 있을지 걱정되어 필자는 구입하지 않았다.

위구르족 남자는 나이프로 양의 숨을 끊고(소리를 지르지 못하게), 멋지게 다룰 수 있어야 한 사람 몫을 하는 것으로 알려져 있다. 유목 생활을 하는 위구르족은 각각 자신이 애용하는 나이프를 지니고 있으며, 식사 때는 그

나이프로 양의 뼈와 고기를 잘라 나눈다. 나이프는 위구르족 남자의 자랑거리이다.

그런데 2013년 7월 1일 신장웨이우얼자치구 공안청은 15cm를 초과하는 단검을 자발적으로 반납하도록 공지했다. 제출을 요구받은 것은 폭발물과 테러를 선동할 수 있는 서적도 포함되어 있었는데, 자치구 내부에서 테러 사건이 연거푸 발생했기 때문에 공안 당국이 테러 대책으로 마련한 것이다. 공안 당국이 단검 적발에 주력하는 것은 한족이 양과 같이 살해되는(경동맥을 찔러) 것을 두려워하기 때문이라고 필자는 생각하고 있다.

여기에서 유목에 대해 한마디 해두고자 한다. 중국은 신장에 국한되지 않고 티베트나 내몽골에서도 유목민에 대한 정주화(定住化) 정책을 펴고 있다. 중앙아시아 여러 국가에서도 마찬가지일 것이다. 파오(bao, 중국), 게르(ger, 몽골), 유르트(yurt, 키르키스)에서의 생활은 아이의 교육을 고려하면 문제가 많으며 위생 상태도 좋다고 말할 수 없다. 무엇보다 기후 변동으로 유목에 필요한 풀을 확보할 수 없는 지역도 많아지고 있다. 2004년 신장대의 한족 출신 교수와 신장에서의 유목 문제에 대해 대화한 적이 있는데, 그 교수는 현재 소수민족에게 요구하는 것은 전면적인 정주가 아니라 1년 중 몇 개월은 유목이 유지될 수 있도록 배려하고 있다고 말했다. 유라시아 대륙 역사를 채색해왔던 유목민의 생활과 문화가 앞으로 어떻게 변모할 것인가? 만약 사라지는 추세에 있다면 적막해질 것이다.

예청의 열사능원

잉지사에서 더욱 남하했다. 왼쪽에 난장철도(南疆鐵道)의 레일이 보였다. 낮에 예청현(葉城縣)에 도착했다. 부근에서 호두나무를 심은 밭이 넓게

있었다. 석류 생산지로도 유
명한 듯하다.

예청의 열사능원은 길거리
중간에 있었다. 현지 사람들
의 묘지 옆에 있었다. 능원의
정문 위쪽 맞은편 좌측에 마
오쩌둥의 다음과 같은 시 한
구절이 기록되어 있다. 우측

그림 3-2 **예청의 열사능원 정면**
필자 촬영(2012.11.30).

에는 위구르어로 표기되어 있었는데, 아마도 이 시의 위구르어 번역일 것
이다.

위유희생다장지(爲有犧牲多壯志)

감교일월환신천(感敎日月換新天)

귀국 후 조사해보니 이것은 1959년 6월 29일 마오쩌둥이 고향인 후난성
사오산(韶山)에 32년 만에 돌아갔을 때 쓴 「도소산(到韶山, 사오산에 도착하
다)」이라는 시의 한 구절이었다. '장지(壯志)에 넘쳐난 자가 희생되었지만
그 때문에 일월(日月)을 신천(新天)으로 바꿀 수 있었다'라는 의미일 것이다.
일월을 신천으로 바꾼다는 것은 새로운 사회를 만든다는 것이다.

이 구절 앞에 "흑수고현패왕편(黑手高懸覇王鞭, 검은 손 높게 걸려 있는 패
왕의 채찍)"이라는 구절이 있는데, '흑수(黑手)'의 원래 의미는 '국민당 반동
파'를 지칭하지만 여기에서는 '인도 반동파'라고 생각해도 좋지 않을까 한
다. 시 마지막 구절은 "편지영웅하석연(遍地英雄下夕煙)"이다. 사망한 영웅
이 가는 곳에 가족과 고향 사람들과 함께 저녁 식사를 하는 상황을 떠올리
면 좋을 것이다. 웅지를 품고 싸웠던 열사를 나타내는 것에 적합한 구절이

라고 할 수 있다.

이 능원에는 앞에서 거론한 쓰마이 마이마이티 등 중·인 국경전쟁 전사자와 신짱(新藏, 신장-티베트)공로(公路) 건설 공사 중 사망한 자를 합쳐서 170명이 모셔져 있다. 쓰마이 마이마이티의 최후에 대해『중·인 변경 자위 반격 작전사(中印邊境自衛反擊作戰史)』는 다음과 같이 기록하고 있다.

신장 잉지사현 출신으로 1940년 출생하여 1950년 입대함. 기병(騎兵) 제13연대 기관총 중대 분대장. 중국공산당 예비 당원. 1962년 10월 27일 차량에 탑승해 창산샹(羌山峠) 인도군 거점을 기습 중 돌연 인도군의 화력 맹공에 직면해 지휘원 및 전투원이 차량에서 내릴 수 없게 되었다. 이 위급한 때 그는 몸을 펴서 돌격총을 잡고 인도군을 향해 맹렬하게 반격하며 전우가 차량에서 내려 싸우는 것을 엄호했다. 그는 연이어 2차례 중상을 입었지만, 시뻘건 피가 흘러내리는 상황에서도 심한 고통을 견뎌내며 완강하게 계속 전투를 했다. 세 번째로 흉부에 부상을 입고 영광스럽게 희생되었다. 전체 분대는 그를 본받아 영웅적으로 전투해 격전 6분 동안 인도군을 소멸시키고 창산샹을 되찾았다. 전투 이후 부대 당 위원회는 그를 중국공산당 정식 당원으로 삼는 것을 추인했고, 신장군구는 1등공(一等功)으로 인정했으며, 국방부는 1963년 3월 9일 '전투영웅' 칭호를 수여했다(〈中印邊境自衛反擊作戰史〉編寫小組, 1994: 513).

앞에서 언급된 차량은 트럭으로 보면 된다. 이 공식적인 설명에 필자가 카슈가르에서 들었던 이야기까지 포함해 추가 설명하면, 기병 제3연대란 신장군구에 소속된 부대로 위구르족을 주체로 신장외 7개 민족 병사로 구성된 부대였다. 연대장은 아이쩌쭤푸 하쓰린(艾則佐夫·哈斯林)이다. 기병 제3연대는 1962년 10월 악사이친에 진출해 캉시와(康西瓦) 지휘소 지휘하에 들어갔다. 26일 22시 기병 제3연대 제1중대, 제3중대, 기관총 중대는 출동 명령을 받는다. 창산상을 향해 '아인(阿印) 10호'라는 인도군 거점을 공격하라는 것이었다. 27일 8시 인도군과 교전한다. 트럭에는 기관총 1개 분대(분대에는 병사 12명), 보병 2개 분대가 탑승하고 있었는데 인도군의 맹렬한 사격에 직면해 차체(車體)는 대파되고 운전사는 전사했다. 병사는 차량에서 내리지 못했다. 그때 기관총 중대 쓰마이 마이마이티 분대장이 돌격총을 사격하며 기관총 사수에게 차량에 장착된 중기관총을 사격하도록 명령했다. 이 중기관총은 소련제로 2개의 바퀴가 붙어 있고 앞면에 큰 철판이 있다. 이동은 3인이 담당하고 1분간 600발을 사격할 수 있다. 그는 부상을 당했지만 아픔을 견디며 차체를 뒤로 해 몸을 노출시키면서 사격을 계속했다. 부(副)분대장이 분대장 엄호를 받으며 중기관총으로 인도군을 향해 사격했다. 인도군의 공격이 약해지자 병사가 인도군 진지로 돌격했다. 쓰마이 마이마이티는 두 손을 들어 투항하는 인도군 병사를 보고 웃음을 띠며 전사했다. 이 분대의 전사자는 분대장과 운전사(한족 출신) 2명이었다.

전투영웅 및 공신(功臣)으로 인정된 자의 목록을 보면 전사한 기병 제3연대 제1중대 소속 키르기스족 병사 4명이 2등공(二等功)으로 인정되었다는 것을 알 수 있다. 분대장의 전사 이후 분대 지휘를 담당한 부분대장도 2등공을 인정받았다. 예청현 사람인 아이마이티 퉈서우티(艾買提·托手提)는 28발을 사격해 25발을 명중시켜 1등공 인정을 받았다. 이는 병사 개인이 공신으로 인정받은 것인데, 기병 제3연대 포병 중대 제2소대는 포탄 명중률이 높아 소대 전체가 '집단 2등공' 인정을 받았다. 이와 같이 신장의 소수민족으로 구성된 기병 제3연대는 한족 병사와 어깨를 나란히 하며 중·인 국경전쟁에서 싸웠다.

또한 공신 인정을 받았던 것은 병사뿐이 아니었다. 왕위슝(王玉雄)이라는 예청 기지 근무원(勤務員)은 4차례나 5100m 고지를 넘어 전선 부대에 살아 있는 양 4000여 마리를 제공해 2등공 인정을 받았다. 전선 부대가 신선한

고기를 먹을 수 있었기 때문이다. 이것은 신장 주민도 중·인 국경에서 벌어진 전쟁을 밑받침했다는 것을 보여주는 일화이다.

카슈가르에서 들었던 이야기 중 주목을 끌었던 것을 기록해두고자 한다. 쓰마이 마이마이티의 유족이 예청의 열사능원에서 유골을 되찾아갔다는 것이다. 만약 진짜라면 왜 그랬을까? 한족의 묘와 함께 있는 것이 좋지 않다는 이유 때문이었을까?

악사이친

예청에서 더욱 남하하면 중·인 양국 사이의 분쟁 지역인 악사이친(Aksai Chin, 중국명: 阿克賽欽)에 이르게 된다. 언젠가 직접 보고 싶다고 생각한 곳이다. 중·인 국경 전쟁 때 신장군구 캉시와 지휘소가 설치되었다. 그렇지만 사전에 카슈가르의 여행사에서 악사이친에 들어가기 위해서는 '입장(入藏) 허가증'(티베트 여행 허가증)이 필요한데, 지금은 개인 여행자에게는 발급되지 않으며 중·일 관계가 극단적으로 나쁜 시기에 잡히면 어떻게 할 것인가 하는 우려 섞인 말을 들었다. 예청의 현성(縣城)에 들어갈 때도 공안의 검문이 있었고 경계는 삼엄했다. 그래서 악사이친행 방문은 단념했다.

악사이친에 대해서는 인도 역시 영유권을 주장하고 있으며 그 면적은 3만 km²가 넘는데, 중국의 주장으로는 대부분이 신장웨이우얼자치구 호탄현(Hotan Prefecture, 중국명: 和田縣)에 속하며 예전부터 신장의 위구르족 및 키르기스족, 티베트의 티베트족이 유목하고 암연(巖鹽)을 채취하는 장소였다. 악사이친이란 위구르어로 '백석(白石)의 하원(河原)'으로 알려져 있다.

악사이친은 신장과 티베트 서부를 잇는 교통 요충지이다. 1956년 3월부터 1957년 7월에 걸쳐 중국은 예청에서 티베트 가르토크(Gartok, 중국명: 噶

爾)에 이르는 자동차 도로인 신짱공로를 건설했다. 이 도로는 연장 1200km 중 180km가 이 지구를 통과한다.

중국에서 티베트 라싸(Lasa, 중국명: 拉薩)로 가고자 할 때 옛날에는 이 신장 경유가 주요 통로였다. 1950년 인민해방군 제1진 부대가 티베트로 들어갔던 것도 이 통로였다. 따라서 이전부터 길은 있었던 것으로 생각되는데, 그것을 자동차가 통과할 수 있는 가도(街道)로 정비한 것이다. 그렇지만 인도 측은 자국 영토로 생각하고 있었던 악사이친에 중국 측이 도로를 정비하고 있었다는 것을 알지 못했다. 인도의 관점에서 이 지구의 중요성은 낮았던 것이다.

그 이후에도 중국 측은 이 지구의 도로 정비를 추진했다. 1960년대 초 앞에서 예로 든 기병 제3연대도 '공정병'으로 도로 공사에 종사했다(군사훈련도 행하면서). 다만 당시 중국은 식료 사정이 대단히 나빴다. 대약진 정책이 초래한 후유증에 자연재해까지 계속되었기 때문이다. 기병 제3연대 병사도 굶주렸다. 이 지구에는 큰 양 아르가리(arkari) 혹은 야생 산양이나 히말라야 아이벡스(ibex) 등이 있다. 아르가리는 고원에 사는 큰 양이다. 히말라야 아이벡스는 단애(斷崖)에서 살며 수컷은 거대한 뿔이 있다. 그들은 이러한 야생 동물을 사격해 먹은 적도 있을 것으로 보인다.

그런데 1962년 10월 중·인 국경전쟁 당시 이 중·인 국경 서부 지구에 중국군이 악사이친 남북 600km를 4개 방면으로 나누어, 북쪽에서 남쪽으로 '톈원뎬(天文點)방위구', '허웨이탄(河尾灘)방위구', '쿵카산커우(空喀山口)방위구', '아리(阿里)방위구'를 각각 설치했다. 전쟁터는 신짱공로 서측이었다. 기병 제3연대가 공격 명령을 받은 창산상은 최남단 '아리방위구'였다. 서부 지구에서는 인도군이 설치한 43개 거점을 모두 점거했다. 중국 측의 완승이었다.

승리한 중국군이 인도군의 전방으로 진출해 인도군이 고립되었다는 이

야기도 흔히 듣는다. 인도군 병사가 티베트족 옷을 입고 숨어 발포하지 못
했기 때문에 지나친 것도 있었던 듯하다. 많은 인도군 병사가 포로가 되었
는데 이 중 대다수는 수염을 기르고 있었다. 포로가 된 그들은 소년병과 같
은 모습의 중국군 병사를 보고 이렇게 젊은 병사에게 패한 것인가 하고 한
탄했을 듯하다.

이 중·인 서부 국경에서의 전투에서 중국군 전사자는 104명이었다(〈中印
邊境自衛反擊作戰史〉 編寫小組, 1994: 437). 전쟁터가 된 캉시와 후방의 예청,
스취안허(獅泉河)의 3개 소(所) 능원에 이들이 매장되었다.

이상 논한 대로 중·인 국경전쟁 서부 작전에서는 한족 병사와 위구르족
을 위시한 소수민족 병사가 어깨를 나란히 하고 싸웠다. 국경전쟁 발발 이
전 위구르족 병사는 중·인 국경 지구 도로 건설에도 적극 참가했다. 이것은
확인해두면 좋을 것이다.

한족과 위구르족의 대립은 언제 발생했는가: 이타 사건

그럼 한족과 위구르족 사이에 언제부터 균열이 발생해 대립이 심각해졌
던 것일까? 사실 중·인 국경전쟁 발발 6개월 전인 1962년 4월 북(北)신장에
서 소수민족 주민이 집단적으로 구소련, 즉 현재의 카자흐스탄공화국으로
도망치는 사건이 일어났다. 신장웨이우얼자치구의 이리(伊犁)·카자흐자치
주와 타청(塔城) 지구 주민이 대거 도망한 것으로 중국에서는 이타(伊塔) 사
건으로 불린다.

외부 세계가 이 사건을 안 것은 이듬해 1963년 9월이었다. 9월 6일 자로
발간된 ≪인민일보≫·≪홍기(紅旗)≫ 편집부의 「소련공산당 지도부와 우리
의 분기(分岐) 유래와 발전」이라는 제목의 문서에 다음과 같이 쓰여 있다.

1962년 4월부터 5월에 걸쳐 소련공산당 지도부는 중국 신장 지방에 주재하는 그들의 기구와 요원을 통해 이리지구에서 대규모의 전복 활동을 행했으며, 수만 명의 중국 공민을 유혹하고 협박해 소련 영내로 도망가게 만들었다(歷史學研究會, 2012: 127).

중국 측은 이리·타청 지구의 소련교민협회가 사건에 관여했다고 여겨 이를 폐쇄했다. 또한 이리시에서 주민이 이리·카자흐자치주 정부를 둘러싸고 주(州) 정부 문서를 탈취하는 사건이 일어났다. 중국 측은 우루무치의 소련 영사관과 이닝(伊寧)의 영사관이 이 사건에 관여했으며 소련의 국경 방위부대가 주민 월경에 편의를 도모하고 있는 것으로 간주했다.

이와 관련된 소식도 나중에 알려지는데 신장에서의 이 사건은 마오쩌둥을 위시한 중국 지도자에게 대소 관계에 대해 새로운 인식을 갖게 만들었다. 즉, 이 사건은 수정주의자에 의한 전복 활동으로 현대수정주의에 대한 투쟁은 새로운 단계에 도달했으며, 형제국가 간의 관계에 질적인 변화가 발생했다고 본 것이다. 매년 여름 중앙의 지도자가 모여 베이다이허(北戴河) 회의라고 불리는 회의가 개최되는데, 마오쩌둥은 1962년 8월 3일 그 회의에서 서북 지구(西北地區) 책임자의 보고를 듣고 신장 투쟁의 주요 위험 요인은 소련 현대수정주의라고 지적했다(中共中央文獻研究室, 2002下: 1222).

그러나 1962년 봄은 중국에서 3년간 지속된 자연재해의 마지막 해였고 전국에서 식량 부족으로 골머리를 앓았다. 광둥성에서는 많은 주민이 울타리를 넘어 홍콩으로 도망쳤고 어떤 자는 배로 도망쳤는데 그중에는 고무보트를 타고 홍콩으로 향하기도 했다. 동북에서는 조선족이 중·북 국경 하천을 넘어 북한으로 들어갔다. 주민의 집단 도망 사건은 신장에서만 일어난 사건이 아니었던 것이다. 1986년 일본의 여행사가 마련한 투어에서 카자흐스탄에서 신장으로 들어갈 때 중국철로대외복무공사(中國鐵路對外服務公司)

신장분공사(新疆分公司)(당시)의 수행원(한족 출신)도 1962년 당시 우루무치에서 먹을 것이 부족해 엄청나게 고통스러웠다고 말해주었다.

'3년간 지속된 자연재해'에 중국공산당은 어떠한 대책을 취했을까? 중국 국방대 교수 쉬옌에 의하면, 1961년 2월 27일 니키타 흐루쇼프(Никита Хрущёв)가 마오쩌둥에게 보내는 서간에서 대여 형식으로 식량 100만 톤과 쿠바 사탕 50만 톤을 보내겠다고 말했다. 그렇지만 중공중앙이 소련에게 제약받게 될 것을 꺼려해 쿠바 사탕은 받아들이겠지만 소련 식량은 사후에 대비 차원에서 살펴보겠다고 했다. 기본적으로 당시 중국은 오스트레일리아와 캐나다에서의 수입에 의존했다고 지적하고 있다(徐焰, 2013).

'3년간 지속된 자연재해'에 대해 연구한 다른 중국인 연구자 상창펑(尚長風)의 논문에 의하면 당시 오스트레일리아, 캐나다에서의 수입이 원활하지 못했던 듯하다.

> 1961년 상반기 캐나다, 오스트레일리아 등의 국가는 본국이 재해를 당했다고 하면서 곡물을 팔기 위해서는 지불 연체는 인정할 수 없다고 말했다. 게다가 가격도 올린다고 한다. 같은 해 8월 천윈(陳雲)이 마오쩌둥의 동의를 얻어 프랑스를 통해 미국 곡물을 사들이는 결정을 했다. 노력을 거듭해 수입을 결정한 때부터 곡물을 실은 첫 배가 톈진에 도착할 때까지 1개월밖에 걸리지 않았다(尚長風, 2009: 51).

1961년 6월 30일까지 국내에 모아둔 것이 43억 근(斤, 215만 톤)이었다. 베이징, 톈진, 상하이 각각에서 재해가 심각한 지구(地區)에 보내 식량 위기를 벗어날 수 있었다. 1961년 7월 1일부터 1962년 6월 30일까지의 식량 연도(年度)에서 곡물 117억 근(585만 톤)을 수입했다.

이 설명에 의하면 당시 굶주리던 자는 없었던 셈이다. 천윈이 중앙의 재정 책임자로서 식량 긴급 수입 결정에 관여했다고 해도 불가사의한 것은 아니지만, 프랑스를 중개자로 했다고 해도 미국 곡물을 구입했는지 여부는 검증이 필요할 것이다.

필자는 북신장의 위구르족, 카자흐족 등 소수민족이 식량 부족에 고뇌하며 가축을 이끌고 당시 생활수준이 높았던 카자흐스탄으로 집단 도망을 도모했다는 것이 '이타 사건'의 진상은 아니었나 생각하고 있다. 원래 그들은 유목 민족으로 토지에 집착하는 마음이 적어 생활이 곤궁에 빠지자 이주하고자 한 것은 당연하다고 할 것이다.

그러나 마오쩌둥은 중·소 대립의 맥락에서 이 사건을 해석했다. 사건의 배후로 '소련 현대수정주의'의 책모(策謀)를 본 것이다. 다음에 말하겠지만 이러한 소련에 대한 이미지는 중·인 국경전쟁을 일으키는 결단에 영향을 미쳤다.

이 사건은 또한 신장 주민에게도 영향을 미쳤다. 신장, 특히 이리지구의 대다수 주민은 친족이 구소련 영내에 있었는데, 대탈주 사건 이후 눈앞의 국경을 넘어 친족 방문이 불가능해졌다. 먼 길인 동북의 만저우리(滿洲里)를 경유하는 통로를 사용하지 않으면 안 되게 되었다. 만저우리까지 가서 시베리아철도, 그리고 이르쿠츠크(Иркутск)에서 투르크시브(Турксиб) 철도(현재의 카자흐스탄 철도)로 남하하는 통로이다. 중앙아시아-신장 간 국경지대에서 양국 공민의 왕래가 회복되고, 호르고스(Хоргос) 강의 국경 다리가 다시 일가친척을 방문하는 사람들이 오고갈 수 있는 다리가 되었던 것은 1981년부터였다.

같은 해 12월 중국 정부는 1975년에 해산된 신장 생산건설병단을 부활시키는 결정을 내렸다. 중국 내외의 분열주의 세력, 특히 소련 세력의 파괴와 침투 활동에 대항하는 것이 목적이었다.

외국인의 중앙아시아-신장 국경 통과가 인정된 것은 1985년(단 하루)이었다. 1986년 10월 14일 하루만 국경 통과가 인정되었고, 앞에서 말한 대로 필자가 일본의 여행사가 마련한 투어로 참가해 국경을 넘었던 것은 바로 이날이었다.

청두에서 라싸를 향해

1962년 중·인 국경전쟁은 주로 서부 국경에서의 전투와 동부 국경에서의 전투로 나뉜다. 이제까지 서부 국경에서의 전투에 대해 살펴보았는데 마오쩌둥이 주요 전쟁터로 선택한 것은 동부 국경이었다. 사실 필자는 신장을 방문하기 1년 전인 2011년에 '동부 국경 전쟁터 발자취에 접근할 수 없을까?', '접근하지 못하더라도 전사자를 모시는 열사능원을 참관할 수 없을까?'라고 생각하며 티베트로 향했다.

11월 30일 나리타에서 베이징을 경유해 청두(쓰촨성)로 날아갔다. 밤에 호텔에서 해당 지방의 충칭TV(重慶電視台) 프로그램을 보았는데, 다른 TV 방송국과 같은 오락 프로그램이 없었다. 대규모 뇌물 사건으로 처리된 보시라이(薄熙來) 사건은 아직 공표되지 않고 있었다. 〈홍가대무대(紅歌大舞臺)〉라는 프로그램에서는 충칭의 한 지구에서 '홍가(紅歌)'를 부르는 대회 모습이 소개되었다. '홍가'란 혁명가를 말하며 충칭시 당 위원회 서기 보시라이가 일으킨 '운동'이다. 「마오쩌둥 찬가」나 「홍색양자군(紅色娘子軍)」이라는 정감 어린 혁명가가 불리고 무대 아래에서는 청중이 작은 국기를 흔들었다.

좋은 책을 추천하는 프로그램에서는 일본의 『양춘면 한 그릇(一碗陽春面)』이라는 책이 소개되었다. 구리 료헤이(栗良平)의 단편 소설 『한 그릇의 가케소바(一杯のかけそば)』를 다룬 것이다.* '양춘면'이란 중국에서는 고명이 들어가지 않은 가장 저렴한 우동, 즉 소우동(素うどん)을 지칭하는 것이 적절한 번역일 것이다(일본에서는 소바(そば)와 우동은 다른 것이지만).

필자는 이 책 이름만 알고 있었고 내용은 알지 못했는데 내용은 다음과 같다. 새해 전날 밤 가난해 보이는 모친이 아이 2명을 이끌고 가게에 들어와 가케소바 한 그릇만 주문한다. 이듬해와 그다음 해도 같은 주문을 하다 어느 때부터 오지 않게 된다. 소바 가게 부부는 그들을 계속 기다린다. 10여 년 후 한 노부인이 두 아들과 함께 가게를 찾는다. 그들은 이사를 갔지만 이 소바 가게를 잊을 수 없어 특별히 왔다고 말하며 10여 년 전처럼 같은 식탁에 앉아 가케소바를 주문한다.

충칭TV가 이러한 '미담' 소개나 혁명가를 부르는 대회 모습을 보여주는 것에 힘을 쏟던 것은 물론 보시라이의 정치 노선에 따른 것이었다고 생각해도 좋을 것이다. '격차'가 갈수록 확대되어 현재 상황에 불만을 지닌 '대중'을 동원하는 보시라이의 정치 수법은 중앙의 다른 지도자에게서 반발을 샀다. 보시라이는 권력 투쟁에서 패배하고 실각했는데 충칭TV는 그 이후에 어떤 프로그램을 방영했을까?

그 이튿날 12월 1일 청두 공항에서 체크인했다. 라싸의 여행사를 통해 확보해 청두의 호텔로 발송된 항공권이 발권되었다. 청두에서 라싸까지 비행시간은 2시간이다. 눈이 내렸던 티베트 고원 상공을 날아 라싸 공항에 착륙했다.

라싸의 표고(標高)는 3650m이다. 일본의 후지산(富士山)보다 조금 낮은데 시내에 들어가자 혈액 중 헤모글로빈 수치가 급격하게 떨어졌다. 고산병 징후였다. 같은 날 밤 의사에게 진찰받고 헤모글로빈 수치가 감소한 것을 알게 되어 1시간 동안 링거 주사를 맞고 그와 동시에 산소흡입을 계속해 수치는 원래 상태로 돌아왔다. 인민해방군 병사는 티베트 근무를 하게 되면 라

---

* 『우동 한 그릇』이라는 제목으로 한국어판이 번역·출간되었다. _옮긴이 주

싸에서 2주간 체재하며 몸을 고지(高地)에 익숙하게 만든 이후 임지(任地)로 향하는 듯한데, 필자에게는 그와 같은 여유가 없었다.

이튿날인 2일부터 산소통을 갖고 지방으로 출발했다. 티베트를 여행하는 자는 모두 산소통을 지참한다. 차량은 고지에 강한 사륜구동 자동차였다. 가이드를 대동해야만 하는 것도 티베트 여행 허가의 조건이다.

라싸에서 시가쩨를 향해

티베트 자치구 구도 라싸는 2008년 3월 폭동(당국이 말하는 3·14 소란 사건)이 일어난 일도 있어 인민무장경찰의 삼엄한 감시하에 있었다. 폭동이 일어난 조캉사(Jokhang Temple, 중국명: 大昭寺)의 바르코르가(Barkhor Street, 중국명: 八廓街)에는 경비 차량이 늘어서 있었고, 다수의 경찰관이 순시하고 있었다. 부근의 빌딩 옥상에도 경관의 모습이 보였다 안보였다가 했다. 바르코르가는 일본의 아사쿠사(淺草)처럼 가게가 늘어서 있는 곳인데, 광장에 들어갈 때 성명과 주소를 기입해야 했다. 조캉사는 '오체투지(五體投地)'로 라싸를 향하는 티베트 불교도의 최종 목적지로 문 앞에는 '오체투지'를 반복하는 사람들이 있다. 티베트 여행 중 '오체투지'를 하는 이들 옆으로 트랙터 등이 붙어 지나가는 것을 보았는데(라싸행을 지원하는 자가 탑승해 있다), 조캉사에 도착해 기도한 이후 트랙터를 타고 고향으로 돌아가는 듯하다.

역대 달라이 라마(Dalai Lama)가 집무 및 거주한 포탈라 궁(Potala Palace, 중국명: 布達拉宮)은 이 조캉사 바로 옆에 세워져 있었는데, 현재의 달라이 라마 14세와 관련된 전시는 일절 없다.

라싸에서 향한 곳은 라싸에서 서쪽 280km 떨어진 티베트 제2의 도시 시가쩨(Shigatse, 중국명: 日喀則)였다. 역대 판첸 라마(Panchen Lama)의 '안방'

이기도 하다. 사전에 인터넷으로 조사해보니 시가쩨의 열사능원에는 500여 명의 대인(對印) 자위 반격전, 중국·네팔 공로 건설, 정세 안정 유지, 국가와 인민의 생명·재산·안전 지키기 등 다양한 사업 가운데 영광스러운 희생과 함께 걸출한 공헌을 한 영령이 모셔져 있는 것으로 되어 있었다. 이곳에서 중·인 국경전쟁 전사자에 대해 뭔가 알 수 있지 않을까 하고 생각했다.

시가쩨로 가는 길 역시 경계가 엄중해 몇 차례나 공안 파출소에서 검문을 받았다. 어느 지점부터 어느 지점까지 지정된 속도 범위 내에서 달려야만 하며, 속도를 위반할 경우 파출소 앞에서 한동안 기다린 후에 검문을 받는다. 위반이 계속되면 면허 정지가 되는 듯하다. 필자는 여권 제시를 요구받지 않았지만 버스로 이동하는 사람들은 파출소에 들어가서 한 사람씩 확인을 받았던 모양이다. 사람의 이동이 엄격하게 점검되고 있었다.

라싸 근교에는 넓은 군용 공항이 있었다. 한순간에 인민해방군 대부대가 전개될 수 있다. 라싸와 시가쩨를 잇는 철도 공사도 진행되고 있었다(필자는 겨울에 여행했기 때문에 공사는 중단되어 있었다). 그것과 함께 주의를 끄는 것이 '대구(對口) 지원'의 제도이다. 내지의 지방정부가 티베트의 특정 현·시를 지원하는 제도이다. 라싸 가까이에는 취수이현(曲水縣)을 우시시(無錫市)가 지원하고 있다. 중앙정부, 지방정부 모두 티베트 발전을 위해 나름대로 지원하고 있다는 사실을 알 수 있다.

그 일환이 신장에서도 행해지던 유목민의 정주화이다. 주거지를 마련해 정주를 권고하고 있다. 정주화의 시비(是非)에 대해서는 판단을 유보했지만 도중에 잠시 가던 길을 멈추고 버터차를 마셨다. 찻집 경영자는 정주해 아이를 학교에 보내는 것이 가능해졌다고 말했다. 집 외벽에 연료용으로 야크 대변을 붙여 건조시키는 것에서 유목 생활의 흔적을 보았다.

한편, 개인적으로 기대를 많이 했던 시가쩨의 열사능원에서의 방문 조사였는데, 살펴보니 이 능원 정면의 '문(門) 구조'가 매우 훌륭했다. 그렇지

그림 3-3 **시가쩨의 열사능원 정면**
필자 촬영(2011.12.2).

만 넓은 능원 가운데는 보수되지 않았고 묘는 수백 개나 있었지만 각각의 묘를 보아도 사망 원인은 자세히 알 수 없었다. 능원 한가운데 무명전사의 묘가 있었지만 이 역시 어느 전투에서 사망했는지 새겨져 있지 않았다. 묘지기로 생각되는 인물이 들어와 살고 있어 이 능원과 중·인 국경전쟁 간의 관계에 대해 질문했는데, 그는 아무것도 알지 못했고 거꾸로 일찍 나가라는 말을 듣고 쫓겨났다.

귀국 이후 인터넷에 올라와 있는 능원 소개를 다시 살펴보니 비바람을 맞아 대문, 당직실, 기념탑 이외에는 거의 황폐화된 상태로 내버려져 있고 열사의 이름도 식별할 수 없는 상태였다. 그렇지만 시가쩨는 중국의 서남(西南) 방위를 담당해야 할 곳에 위치해 있으며 국경선은 1753km에 달해 전략적으로 중요한 지점이다. 시가쩨의 민정 부문은 열사 기념탑, 열사 유물 진열관, 무명 열사 기념탑, 열사의 묘, 열사의 동상, 열사 광장, 분수 등을 설치하고 정원(庭園) 형태의 능원으로 조성할 계획이라고 했다. 보수가 진행되는지 여부를 확인하기 위해 가야 했던 것이었다. 그런데 입구의 문은 훌륭했다.

갼쩨의 전투

그 이후 시가쩨지구 공안거출입경관리지대(公安據出入境管理支隊)라는 곳을 향해 갼쩨(Gyantse, 중국명: 江孜鎭)를 경유해 라싸로 돌아오는 허가를 받

왔다. 12월 3일 필자는 시가쩨에서 남동쪽 100km(라싸에서는 서남쪽 160km)
떨어진 간쩨로 향했다.

간쩨는 옛날부터 인도와 중국의 교역 통로에 위치해 번영을 누린 곳이었
다. 1904년 7월 4일 프랜시스 영허즈번드(Francis Younghusband) 대령이 이
끄는 영·인군(英印軍)이 간쩨로 진격했다. 티베트군은 시내의 높고 낮은 구
릉 및 쫑산(Mt. Dzong)에 요새를 구축하고 저항했다. 티베트군이 흙을 파내
구축한 요새 간쩨 쫑(Gyantse Jong)의 유구(遺構)가 남아 있다. 가이드의 설
명에 따르면 티베트군은 요새에서 농성하며 3일 밤낮을 싸웠지만 패배했
다. 그들은 투항하지 않고 요새에서 몸을 던졌다고 한다. 영·인군은 그 이후
라싸에 들어가 약탈을 자행했다.

당시에는 러일전쟁이 한창이었다. 영·일 동맹을 체결한 영국은 영·인군
을 티베트로 진격시켰던 것이다. 라싸의 달라이 라마 13세는 몽골로 도주해
러시아에 도움을 청했지만 러일전쟁 중이던 러시아는 달라이 라마를 도울
힘이 없었다. 일본에는 아직까지 러일전쟁이 백색인종과 그들에게 압박받
았던 유색인종의 전투이며 유색인종이 백색인종을 타파했다는 '이야기'를
좋아하는 사람들이 있다. 혹은 압박받았던 아시아가 서구를 타파했다는 것
과 같은 견해를 갖고 있는 이도 있다. 그렇지만 티베트에서는 백색인종이
아시아의 유색인종을 공격한 것이다. 간쩨의 티베트군이 흙을 파내 구축한
요새 앞 광장에 서면, 러일전쟁을 20세기 초에 싸웠던 세계 전쟁의 일부로
서 파악해둘 필요가 있다는 교훈을 얻게 된다.

얄룽짱포 강가에서 생각하다

티베트에는 얄룽짱포 강(Yarlung Tsangpo River, 중국명: 雅魯藏布江)이라

는 큰 강이 흐르고 있다. 티베트 고원 서부의 순례자가 향하는 성지 카일라쉬 산(Mt. Kailash, 표고 6658m)에서 발원하고 있다. 중앙 티베트 동쪽에서 서쪽으로 흐른다. 라싸는 이 강의 지류 라싸 강(Lhasa River 혹은 Kyi River, 중국명: 拉薩河) 북측에 있다. 좀 더 동쪽으로 흘러 결국 남쪽으로 방향을 바꾸어 맥마혼라인(McMahon line)을 넘는다. 중·인의 분쟁을 통과해 인도로 흘러들어가게 되는데, 그 이후에는 브라마푸트라 강(Brahmaputra River, 중국명: 布拉馬普特拉河)이라는 이름으로 변해 아쌈(Assam) 지방을 서쪽으로 흘러 방글라데시에서 갠지스 강(Ganges River)과 합류해 벵갈(Bengal) 만으로 흐른다. 전체 길이는 2900km이다.

티베트 여행 중에 얄룽짱포 강 주변을 돌아볼 기회가 있었다. 잘못된 판단은 아닐 것이라고 생각했지만 강 가운데 모래톱에 나무를 심어 무성해진 숲이 보였다. 강수량이 적어 3000, 4000m를 넘는 고원에 숲을 조성하는 것은 어렵다. 하지만 이처럼 강 가운데 모래톱인 경우는 수분 보급을 고려하지 않아도 되므로 합리적인 식림법(植林法)이 아닌가 하고 생각했다.

티베트에는 조장(鳥葬), 수장(水葬) 관습이 있다. 차를 타고 달리다 보면 조장 및 수장 장소는 곧 알게 된다. 가까운 바위에 사다리 그림이 그려져 있는 것이다. 영혼이 사다리를 사용해 한 시각이라도 빠르게 정토(淨土)로 올라갔으면 하는 바람의 표현일 것이다. 높은 곳에 있는 조장 장소에 올라가지는 않았지만 수장 장소에서는 차를 멈추었다. 라싸에 들어가기 위해서는 취수이대교(曲水大橋)를 건넌다. 그 앞 도로 옆 바위에 사다리 그림이 있었다. 강에 조금 돌출된 땅이 있고 거기에 손도끼가 놓여 있었다. 물고기를 먹기 좋도록 작게 잘라 강에 던지는 듯하다. 신자의 마지막 '보시(布施)'이다. 티베트 여행 중 식당에서 물통에서 헤엄치는 천어(川魚)를 보았다. 그렇지만 이는 식용인 것처럼 보이지 않았다.

단명으로 끝난 중·인 '평화공존'

알룽짱포 강 주변을 달리면서 필자가 생각한 것은 이 강 하류에서 중국과 인도 양국 군대가 싸운 까닭이다. 제2장에서 한반도의 해방 가능성이 없다는 것을 깨달은 중·소 양국이 평화공존 정책으로 전환한 것을 언급했다. 또한 중국이 인도와의 사이에 공존 관계를 수립하면서 왜 국경전쟁을 일으키지 않을 수 없었는가에 대해 필자는 다른 곳에서 언급한 바 있다(石井, 2013).

거기에도 기록했지만 인도의 자와할랄 네루(Jawaharlal Nehru) 총리는 중국의 내외 정책 전환을 주의 깊게 살펴보았다. 인도 국내에서는 중국을 위협으로 간주하는 세력도 있었지만 네루는 중국과의 평화적·우호적인 관계 구축을 모색했다. 1953년 12월 말 네루는 중·인 간 현안이 되고 있었던 인도와 티베트의 관계 교섭을 위해 인도 정부 대표단을 중국에 보냈다. 티베트에는 영국의 통치 시대부터 계승되어온 이권이 있었는데 그것을 조정할 필요가 있었던 것이다. 4개월간의 교섭을 거쳐 1954년 4월 29일 '중화인민공화국과 인도공화국의 중국의 티베트 지방과 인도 간의 통상 및 교통 협정'이 체결되었다. 이 협정의 명칭으로 "중국의 티베트 지방"이라는 말이 있는 것처럼 인도는 중국이 티베트 주권을 갖고 있다는 것을 인정했다. 영국이 티베트에 남긴 권익(權益)도 기본적으로 중국 측에 인도되었다.

다만 이 협정에는 인도와 중국의 티베트 지방 간 국경선에 관한 규정이 없었다. '통상 및 교통 협정'이기 때문에 당연하다는 견해도 있겠지만 국경 획정이 미루어진 것이다. 협정 교섭 중 국경과 관련된 논의가 없었던 것은 아니었다. 상인과 순례자가 지나가는 통로에 대해 인도 측은 "관습에 의해 왕래하는 통로"라는 용어의 구사를 제안했고, 중국 측은 "중국은 다음의 고개[峠]를 개방하고 쌍방의 상인과 순례자의 출입구로 하는 것에 동의한다"라는 대안(對案)을 제시했다. "중국은 개방 …… "이라는 표현이라고 하면 고

개가 중국에 속하는 것이 되는 것이라며 인도 측은 "상인과 순례자는 다음의 고개와 도로를 통과한다"라고 바꾸도록 요구해왔다. 중국 측은 인도 안(案)을 받아들였다. 이때 쌍방은 국경 획정문제를 신중히 피한 것이다.

이 협정 전문(前文)에 평화 5원칙(영토 주권의 상호 존중, 상호 불가침, 상호 내정 불간섭, 평등 호혜, 평화공존)이 기입되어 있는 것으로도 알려진다(저우언라이는 1955년 제1차 아시아·아프리카 회의, 즉 반둥 회의 자리에서 '영토 주권의 상호 존중'을 '주권과 영토 보전의 상호 존중'으로 바꾸었다). 한국전쟁 이후 여전히 삼엄한 국제 환경에서 이 5원칙은 사회제도가 다른 국가와 관계를 발전시키는 원칙으로 주목받았다. 중국이 이 5원칙을 확대시키는 외교 활동을 반복한 것은 사실이다.

1956년 동유럽 동란이 일어났다. 소련의 비스탈린화가 동유럽에 파급되어 폴란드 등에서 자유화 움직임이 일어났다. 중국은 동유럽 정세를 협의하기 위해 류사오치, 덩샤오핑 등을 모스크바에 파견했다. 흐루쇼프는 그들과 회담하고 '소련 정부의 소련과 기타 사회주의국가의 우의와 협력을 발전시키고 가일층 강화시키는 기초에 대한 선언'을 발표하는 것에 합의한다(10월 30일 발표). 이 선언 모두에 소련의 대외 관계 기초는 과거나 앞으로도 평화공존, 우호와 협력 정책이라고 단언한다. 그리고 사회주의국가의 대가정(大家庭)에서 상호 관계는 완전 평등, 영토 보전 존중, 국가의 독립과 주권, 상호 내정 불간섭 원칙 위에 세워져야 한다고 주장했다. 그 위에서 소련이 사회주의국가 간 관계에서 잘못을 범하고 사회주의국가 간 평등 원칙을 손상시켰고 이런저런 침해와 잘못을 범한 것을 인정하고 있다. 소련공산당 제20차 당대회 이전, 즉 스탈린 시대의 일에 한정해 과오를 범한 것을 인정한 것인데 어쨌든 과오를 인정한 것에는 틀림없다.

11월 1일 중국 정부는 이 소련 정부의 선언을 지지하는 성명을 냈다. 이 성명에서 중국은 평화 5원칙이 세계 각국이 상호 관계를 형성하고 발전시키는 준칙이 되어야 한다고 생각해왔다고 논하고 나아가 사회주의국가도 모두 독립된 주권국가라고 지적한 뒤, 사회주의국가의 상호 관계도 이 5원 칙 위에 세워져야 한다고 주장했다. 또한 폴란드, 헝가리 사태에 대해 다음 과 같이 첨언했다.

> 중화인민공화국 정부는 폴란드, 헝가리 인민이 최근 사건에서 민주주의 강화, 독립과 평등 및 생산 발전의 기초 위에서 인민의 물질적 복리 향상이라는 요구 를 제기하는 것에 주의하고 있다. 이러한 요구는 완전히 정당하다. 이러한 요 구를 올바르게 만족시키는 것은 이러한 국가의 인민민주주의 제도를 강고하게 하는 데 유리할 뿐 아니라 사회주의국가들의 상호 간 단결에도 유리하다(『中 華人民共和國對外關係文件集』, 第4集, 1958: 149).

필자는 이 성명을 누가 기초했는지 알지 못한다. 그렇지만 이 성명은 평 화 5원칙은 체제를 달리하는 국가들의 관계를 규율하는 원칙이라는 견해를 발전시켜 사회주의국가 간에서도 적용되며, 소련에 대해 당당하게 다른 사 회주의국가 내정에 간섭하지 않도록 요구하고 있다. 중국의 평화공존론이 어디까지 도달했는지를 보여주는 역사적 문서이다. 오늘날 다시 읽어보아 도 경탄을 자아내게 한다.

헝가리의 수도 부다페스트(Budapest)에서 10월 하순 시민 봉기가 시작되 었다. 시민 편을 드는 자세를 보인 임레 너지(Imre Nagy) 총리는 같은 달 30일 각의에서 일당 지배 포기, 헝가리에서의 소련군 철수에 관해 소련 측 에 대한 행동을 취하기로 결정했다. 너지 총리는 소련에서 거리를 둔 유고 슬라비아의 대외 정책이나 1955년 아시아·아프리카 회의의 영향을 받아 주권, 평등, 자결, 내정 불간섭에 기초해 주변 국가들과의 협력 관계를 모 색했다. 너지 총리는 소련도 비스탈린화를 추진하고 있으며 헝가리가 대외정책을 전환하는, 즉 다른 사회제도 국가와의 평화공존을 추진하는 것이 가능하다고 생각한 것이다(荻野, 2004: 73).

그러나 소련은 헝가리의 정책 전환을 용인할 수 없었다. 모스크바 시간으로 31일 심야에 새롭게 파견된 소련군이 헝가리 영내로 침입했다. 중국 정부의 '11·1 성명' 공표와 소련군의 재개입 개시는 시간적으로 그 정도로 차이가 없었던 것은 아니었을까? 너지 총리가 소비에트 진영에서의 이탈 의사를 표명한 것은 소련군이 재차 개입한 이후이다. 중국공산당은 '11·1 성명' 입장에서 돌아서 헝가리의 너지 정권을 반혁명으로 단정하고 소련의 군사 개입에 대해 지지 의사를 표명했다.

네루는 헝가리 사건에 대한 중국의 대응에 실망한다. 하지만 곧 네루를 더욱 실망시키는 사태가 일어났다. 1958년 5월 22~26일 유고슬라비아 공산주의자동맹이 제7차 당대회를 열어 새로운 강령을 채택했다. 이에 대해 5월 5일 ≪인민일보≫는 "현대수정주의는 비판받아야 한다"라는 제목의 사설을 게재하고 유고슬라비아의 새로운 강령에 대해 엄정하게 비판했다.

중·소 관계를 연구해온 로렌츠 루티(Rorenz Luthi)에 의하면, 같은 해 6월 네루는 인도 정부 고관들과 중국이 타국에 어떠한 행동을 취하는가에 관심이 있다고 단언한 뒤, 이것은 의심할 여지없이 유고슬라비아에 대한 내정간섭으로 해석해야 한다고 기록하고 있다. 루티는 나아가 네루가 "평화 5원칙은 버려졌다(The Five Principles haven gone by the board)"라고 단언하고, 소련과 중국이 유고슬라비아에 대해 이 같이 행한다면 그들은 인도에 대해서도 그리 할 것이라고 생각하면 안 될 이유가 없다고 기록했다고도 지적했다(Luthi, 2012: 100). 1958년 시점에서 네루는 이미 '평화 5원칙'에 대한 '환상'을 버리고 중국의 '내정간섭'을 두려워한 것이다.

'평화 5원칙'을 전문에 기입한 1954년 중·인 협정은 유효기간 8년으로 1962년 6월에 만료되는데, 기간 만료 6개월 전 어느 쪽이든 연장 요구를 하고 다른 한 쪽이 동의하면 연장할 수 있다. 중국 측은 연장 의사를 표명했지만 인도 측이 거부해 협정은 실효되었다. 중·인 간 '평화공존'은 단기간에 소멸되었다.

국경 전쟁의 개전 준비

이 사이 점차적으로 중·인 관계를 악화시키는 사건이 일어났다. 1959년 3월 라싸에서 폭동이 일어나 달라이 라마 14세가 인도로 망명했다. 같은 해 8월 맥마흔라인 북방 랑주(郎久)에서 중·인 양국 군대가 충돌해 인도 측 사망자 1명, 부상자 1명이 발생한다. 1960년 저우언라이는 영토 문제를 해결하기 위해 패키지로 해결하는 방식, 즉 동부 국경에서는 중국 측이 양보하고 서부 국경에서는 인도가 그것에 상응하는 양보를 하는 서부와 동부를 교환하는 방식을 제안했다. 그렇지만 인도 측은 인도가 주장해왔던 국경선에 대해 논의의 여지가 없다며 이를 거부했다.

중국은 1959년부터 대약진 정책을 강행한 이후 후유증으로 고통스러워했으며 이에 더해 3년 연속 자연재해에 골머리를 썩었다. 이로 인해 마오쩌둥은 책임을 지고 제2선으로 물러났다. 이 사이 인도는 중·인 국경에서 '전진 정책'을 취했다. 중국이 자국 영토라고 주장하는 지구에 인도가 점차로 군사 거점을 만든 것이다.

경제가 다소 개선되는 상황을 보이기 시작했던 1962년 마오쩌둥이 복권(復權)을 위한 싸움을 시작하려고 했다. 국내에서의 작전 준비는 필자의 연구(石井, 2013: 55~56)에 기록된 대로였고, 국제적으로 2개의 정면 작전을 피하는 것과 함께 인도를 고립시키기 위한 사전 준비에 착수했다.

우선 장제스 정권 및 미국 관련 대책인데 1961년부터 1962년에 걸쳐 장제스 정권은 대약진 정책이 초래한 '기근'에 편승해 '대륙반공(大陸反攻)', 즉 타이완 맞은편에 있는 푸젠성, 광둥성에 상륙해 군사 거점을 구축하고자 계획했다. 1962년 6월 10일 중공중앙은 '장제스 집단의 동남 연해 지역에 대한 침범을 분쇄하는 준비에 관한 지시'를 낸다. 푸젠성의 전선으로 대규모 부대 이동이 행해졌다. 그와 동시에 중국은 바르샤바(Warsaw)에서의 미·중 대사급 회담 경로를 통해 장제스 정권의 '대륙반공'을 지지하지 않도록 요구했다. 6월 27일 존 F. 케네디(John F. Kennedy) 대통령은 성명을 발표하고 타이완해협에 대한 미국의 기본적인 입장은 이 지역에서의 무력행사에 반대하는 것이라고 밝혔다(福田, 2013: 266~274). 미국이 '대륙반공'에 대해 지지하지 않도록 유도함으로써 연해 지역에서 싸우게 되는 것을 상정하지 않을 수 있게 되었다고 할 수 있다.

다음으로 소련 관련 대책인데, '이타 사건'과 관련해 마오쩌둥이 소련을 '현대수정주의'로 간주하고 경계를 강화한 것은 앞에서 다루었다. 중·인 국경에서 작전을 시작하기 직전인 10월 8일 중국의 지도자는 특별히 소련 대사에게 다음과 같이 통지했다.

> 중국은 인도가 중·인 국경에서 대규모 공격을 가해올 것을 알고 있으며 인도가 공격해온다면 우리는 단호하게 자위한다. 인도는 소련제 헬리콥터와 수송기로 중·인 국경 지구에 공중 투하하고 군수 물자를 수송하겠지만, 이것은 우리 측 국경 방위 병사에게 영향을 미치지 못한다. 우리는 이와 같은 상황을 소련 측에 통지하는 것을 국제주의적 의무라고 생각한다(〈中印邊境自衛反擊作戰史〉編寫小組, 1994: 178~179).

'국제주의적 의무'를 운운하는 것은 명백하게 유명무실해진 '중·소 우호동맹상호원조조약'에 기초해 통지한다는 것이다. 그 목적은 소련에 대해 연인반중(連印反中)을 취하는 것을 멈추도록 압박하는 데 있었다. 쿠바 위기 한가운데서 미국과 일촉즉발 상황에 있었던 소련은 중국과 연계해 미국에 대처할 필요가 있었기 때문에, 일시적으로 중·인 국경문제에 대한 입장을 변경하지 않을 수 없게 된다. 10월 13, 14일 흐루쇼프는 중국 대사에게 다음과 같이 말했다.

> 인도가 중국에 진공하려 한다는 문제에 대해 소련이 얻고 있는 정보는 중국과 일치하고 있다. 소련이 중국의 입장이라면 같은 조치를 취할 것이다. 중·인 국경문제에서는 중립 태도는 취하지 않는다. 우리가 중립이라고 말한다면 그것은 배반자의 행위이다(〈中印邊境自衛反擊作戰史〉編寫小組, 1994: 179).

중국은 소련을 견제하고 적어도 국경전쟁 중에는 인도에 대한 원조를 그만두도록 해놓고 작전을 시작한 것이다.

또 한 가지 석유 비축도 우려 사항이었을 것이다. 건국 이래 중국은 석유 공급을 소련에서의 수입에 의존해왔다. 그렇지만 중·소 관계 악화로 소련에 의뢰할 수 없게 된 것이다. 1959년 발견된 다칭 유전(大慶油田) 석유가 1962년에 어느 정도 정제할 수 있게 되었는지 알 수 없지만, 신화사는 1963년 12월 25일 석유 산출량이 올해 국가계획을 초과 달성해 석유 제품은 기본적으로 자급을 달성하고 외국 제품에 의존하던 시대는 끝났다고 보도했다(新華通訊社國內資料組, 1982: 166). 북신장에는 카라마이 유전(Karamay oil field, 중국명: 克拉瑪依油田)이 있는데 산유량이 그 정도로 많았던 것은 아니다. 결국 1962년 충분한 석유 비축이 있었다고 생각되지는 않지만 단기간이라면 싸울 수 있는 태세에 있었던 것은 아닐까 한다.

중·인 동부 국경 전투

중국 측은 어디에서 언제 싸울 것인가에 대해서도 검토해 결정했다. 주요 전투 장소로 선택된 곳은 동부 국경 커제랑 강(克節朗河) 유역이다. 이 지구는 동부 국경 서쪽 끝에 위치하며 중국의 주장으로는 맥마흔라인 북측에 있다.

인도가 자신의 국경선으로 주장해왔던 맥마흔라인을 넘어 중국 측에 군사 거점을 만들어 그곳을 공격해왔기 때문에 "자위를 위한 반격"이라는 설명이 가능하다. 전쟁 장소의 선택으로서는 적절했다.

이 주변은 산이 높고 골짜기가 깊은 곳으로 매일 안개가 발생하는데 오후 3시 무렵부터 이튿날 10시경까지 그렇다. 그 시간대는 몇 미터 앞까지밖에 보이지 않아서 정찰이 어렵다. 5~8월에는 우기(雨期)로 교통이 차단된다. 12월에서 이듬해 3월에는 눈으로 인해 폐쇄된다. 그렇게 되면 9~11월이 부대가 행동하기 쉬운 시기가 된다(〈中印邊境自衛反擊作戰史〉編寫小組, 1994: 192~193). 따라서 11월 중에는 작전을 중단하고 철수하는 편이 좋다. 단기 결전이 아니면 안 된다.

이 커제랑(克節朗)지구에 다수의 인도 병사가 주둔했다. 산을 등지고 정면에는 비교적 많이 배치했고 후방에는 소수의 병사를 배치했다. '정(丁)'자 형태의 포진이었다. 10월 20일 오전 7시 30분 인도군 진지에 박격포와 대포가 불을 품었다. 동이 트기 직전이었음이 틀림없다. 인도군 화포를 제압한 이후 보병이 돌격했다. 다른 전쟁터에서도 마찬가지 전투가 벌어졌을 것이다. 전투는 중국군이 우세한 상황으로 진전되어 중국군은 맥마흔라인을 넘어 남하해 다왕(達旺)을 공략했다.

10월 24일 중국 정부는 성명을 발표하고 국경 문제에 평화적 해결을 도모하기 위해 쌍방이 '실제 지배선'에서 20km 후퇴하도록 제안했다. 그렇지만 인도 측이 거부했기 때문에 중국군은 계속 진격했고(제2단계 작전), 인도군은 패배로 인한 퇴각을 거듭했다. 1개월 후인 11월 21일 중국 정부는 일방적으로 이튿날 11월 22일부터 자주적으로 정전하고, 12월 1일부터 '실제 지배선'에서 20km 후퇴한다는 성명을 내고 그대로 실시했다.

이미 지적한 바와 같이 서부 국경 전투에서는 중국군 병사 104명이 전사했다. 동부 국경에서는 618명이 전사했다(〈中印邊境自衛反擊作戰史〉編寫小組, 1994: 437). 모두 합쳐서 722명이다. 주요 전쟁터가 된 동부 국경에서의 전투에서 전사자를 더 많이 냈다. 인도군은 중국군의 2배 이상의 전사자를 냈다.

주요 전쟁터로 선택된 동부 국경에서의 전투는 서부 국경과 마찬가지로 중국군의 압도적인 승리였다. 중국군의 승리는 마오쩌둥의 권위를 재확립하는 데 크게 공헌했다. 마오쩌둥은 사회주의 교육운동(문화대혁명의 전 단계 운동)을 확대해 결국 문화대혁명에 이르게 된다.

얄룽창포 강, 브라마푸트라 강을 우호의 강으로

중·인 양국은 긴 냉전 시대를 거쳐 1980년대부터 포스트 마오쩌둥, 포스트 네루 지도자들이 중·인 관계를 타개하기 위한 모색을 시작했다. 1981년 12월 10~14일 베이징에서 제1차 국경 교섭이 시작되어 그 이후 상호 간 양국 수도에서 교섭이 계속되고 있지만, 쉽게 해결의 실마리를 발견하지는 못하고 있다.

중·인 국경 교섭을 연구해왔던 쩡하오(曾晧)는 1960년대 초 중국·버마 양국은 버마에 유리한 방식으로 적절하게 중국·버마 간 '맥마흔라인' 문제를 해결했다고 기록한 뒤에, 인도 정부는 이 좋은 기회를 이용해 마찬가지 방식으로 중·인 국경의 '맥마혼라인' 문제를 해결해야 했음에도 정세를 잘못 판단해 중국과 국경 교섭을 거부했을 뿐 아니라 무력으로 중·인 국경 문제를 해결하고자 기도했다고 지적하고 있다(曾, 2013: 341).

　물론 1960년대 초로 돌아갈 수는 없다. 그럼 어떻게 하면 좋을까? 쩡하오의 생각은 비관적이다.

　　양국 민중 사이에는 적시(敵視) 감정이 확대되고 있고 양국 민중은 모두 자신의 정부가 중·인 간 분쟁 중인 지구의 주권을 완전히 취득하는 것을 요구하고 있으며, 분쟁 중인 지구에 관해 절충적으로 국경선을 긋는 해결법은 양국 인민이 받아들이기 어렵다. 따라서 양국이 동부 국경의 선긋기 문제로 중·러 양국이 헤이샤쯔다오(黑瞎子島)의 귀속 문제로 분쟁 중인 영토를 등분(等分)한 것처럼, 나아가 중국·버마 국경 교섭처럼 중국의 큰 양보로 국경 분쟁을 평화적으로 해결하는 것은 불가능하다.

　국경선 획정이 어렵다면 당분간은 국경선의 최종적인 획정에 이르기 전 중간 단계에서의 합의를 지향하는 것이 합리적이다.

　1993년 9월 인도의 나라심하 라오(P. V. Narasimha Rao) 총리가 방중해 같은 달 7일 리펑(李鵬) 총리와 '중·인 국경의 실제 지배선 지구에서의 평화와 안녕을 보장하는 것에 대한 협정'이 체결되었다. 중·인 간 합의된 문서에서 "실제 지배선"이라는 말이 사용된 것은 처음이었다. 쌍방은 국경선 획정 문제가 해결되기 어렵다는 것을 인정한 뒤 '실제 지배선'을 존중하기로 약속한 것이다.

　중·인 관계 전문가 왕훙웨이(王宏緯)는 인도가 '실제 지배선'이라는 용어를 받아들인 것을 긍정적으로 평가하고 라오 총리의 결단을 칭찬하고 있다.

"쌍방 간 실제 지배선을 엄격하게 존중하고 준수한다"라고 결단하는 과정에서 인도 정부가 직면한 어려움은 중국이 직면한 어려움보다 일정 정도 컸을지도 모른다. 라오 총리는 용감하게 어려움을 정면 돌파해 당내 라이벌의 반대를 극복하고 억지하기 위해, 방중 전 주요 야당 지도자를 찾아가 대중(對中) 정책에 대해 협의하고 넓게 의견을 교환해 적지 않은 견해의 일치를 보았다(王, 2009: 328~329).

중국의 인도 연구자는 인도가 '민주정치' 국가이며 인도의 정치 지도자가 '야당'과 '여론'의 동향(대중 정책을 포함해)을 살피면서 정책 결정에 임하는 것을 이해하고 있다.

그 이후에도 양국 지도자는 왕래를 계속하며 중·인 관계 발전과 현안 해결을 위해 노력하고 있다. 최근에는 2013년 5월 리커창(李克强) 총리가 인도를 방문해 5월 20일 중·인 공동성명이 나왔다. 35개의 주제가 기입되어 있는 가운데 국경과 관련된 항목은 24, 25, 26 등의 3개 항목이다. 23번째 중·인 공동 군사훈련 실시에 관한 항목 뒤이다. 24번째 항목에서는 중·인 국경문제 특별대표 활동에 만족한다는 의사가 표명되어, 공평하고 합리적이면서 또한 쌍방이 모두 받아들일 수 있는 해결의 틀을 적극적으로 탐색하고 있는 것을 살펴볼 수 있다. 25번째 여권 통제(passport control)에 대한 협의에 만족감이 표명되었고 26번째 항목은 국경 하천에 대한 것이다.

현재 중·인 양국에서는 중국이 국경을 흐르는 강인 얄룽창포(Yarlung Tsangpo) 강 상류에 댐을 계획 중이며 그것을 둘러싼 논의가 일어나고 있다. 웨이웨이(魏葦) 주인도 중국 대사가 리커창 총리의 인도 방문 직전 5월 13일 ≪인민일보≫에 "신뢰를 증대시키고 의심을 풀고 공동으로 발전하자"라는 제목의 글을 게재했는데, 그중에서 댐 건설 계획이 인도 국내에서 "하류 수천만 명 인도 민중의 생활"에 영향을 미친다는 논의가 되어왔다고 논하고 있다. 그 후 강의 흐름은 상, 하류 양국 인민 공통의 생명 원천이며 연안 인민은 합리적으로 사용할 수 있고, 국경 하천 개발 이용에 관해 중국 측은 일관되게 책임 있는 태도를 취해왔으며 개발과 보호를 양립시키는 정책을 취해오고 있다고 논하고 있다.

이 문제는 5월 20일 양국 총리 회담에도 다루어져 만모한 싱(Manmohan Singh) 총리는 리커창 총리에게 인도 측에 영향을 미치지 않도록 요구했다. 중·인 공동성명에서는 중국이 인도에 하천 정보를 제공하는 것에 대한 사의(謝意)가 표명되어, 국경 하천에 관한 협력을 더욱 강화해간다는 것을 확인했다.

이 하천 협력을 추진하기 위해서는 하류의 어디까지가 얄룽창포 강이며 어디부터가 브라마푸트라(Brahmaputra) 강인가라는 논의는 뒤로 미룰 필요가 있을 것이다. 귀속 문제를 뒤로 미루면서 유역에 거주하는 양국 국민에게 이익이 될 수 있도록 개발이 진행된다면, 그것은 또한 중·인 국경문제 해결에 어떤 시사점을 주는 것은 아닐까 한다.

2013년 10월에는 싱 총리가 방중했다. 10월 23일 베이징 인민대회당에서 리커창 총리와 싱 총리 사이에 국경 지대에서의 군사 충돌 회피책을 담은 '국경방위협력 협정'이 조인되었다. 이 협정은 국경 지대에서의 무력 충돌 회피책에 더해 상호 간 신뢰감을 높이는 정보 교환 회합과 합동군사훈련 실시, 양국 군 간의 핫라인 개설 등도 약속하고 있다. 중국 매체에는 "용상공무(龍象共舞, 용과 코끼리의 춤)"라는 말이 부상했다. 용(중국)과 코끼리(인도)는 어떤 춤을 추게 될 것인가?

헝가리의 너지 동상

2001년 7월 필자는 부다페스트에서 등신대(等身大)의 너지 동상 옆에 섰다. 정확하게 말하면 필자 머리 정수리가 너지 어깨 주변에 올라갔기 때문에 실물보다 조금 큰지도 모른다. 너지는 도나우 강에 걸쳐 있는 철교의 모형 위에 서 있었다. 부근에 "NAJY IMRE 1896~1958"라고 기록된 표시가 있을 뿐 특별하게 설명이 적혀 있지는 않았다.

1956년 헝가리 사건 당시 중국공산당은 어떻게 대처했는가? 우렁시(吳冷西, 전임 당 중앙선전부장)가 집필한 『10년 논전(十年論戰)』이라는 회상록이 있다. 이 책에 따르면, 사건 당시 모스크바로 파견되었던 류사오치가 헝가리에서의 병력 철수를 결정한 흐루쇼프에 대해 10월 31일 병력을 철수한다면 '역사의 죄인'이 된다고 압박했고, 이에 소련의 방침이 하룻밤 만에 180도 변했다고 기록하고 있다(吳, 1999上: 53). 소련군의 재개입은 중국이 설득했기 때문이라는 것이다. 필자가 볼 때 이것은 우렁시의 '창작'으로 생각된다.

≪인민일보≫는 당초 헝가리의 민주화에 호의적이었다. 11월 1일 ≪인민일보≫는 10월 31일 자 신화사 뉴스라며 헝가리 정부의 주장으로 30일 오후 4시 소련군이 부다페스트에서 철수를 시작했다고 보도했다. 너지가 30일 방송 연설을 통해 민주화운동을 추진하기 위해 '단일당(單一黨) 제도'를 중지하고 민주당파(民主黨派)에 의한 정부, 즉 헝가리 노동자당, 독립소농업자당(獨立小農業者黨), 민족독립당 등의 대표를 집결한 정부 성립을 선언했다고 보도하며 너지가 연설 마지막에 자유, 민주, 독립의 헝가리를 쟁취하자고 호

소했다고도 보도했다.

그러나 이튿날부터 논조가 바뀐다. 2일 자에서 헝가리 사회주의노동자당 제1서기 야노스 카다르(Janos Kadar)가 10월 30일 노동자당의 '개조'를 시작했다고 선언한 보도를 신화사 11월 1일 자 프라하 전보 형태로 게재하고, 3일에는 "사회주의국가들의 위대한 단결 만세!"라는 제목의 사설에서 '극소수의 반혁명 음모'가 헝가리에서 '자본주의의 복벽(復辟)'을 행하고자 한다고 비난했다.

소련이 군을 재투입하려는 생각을 멈추고 '부다페스트의 봄'이 붕괴되지 않았다면, 그 이후 세계 상황은 크게 변했을 것임이 틀림없으며 네루도 중국에 대해 실망하지 않았을지도 모른다.

제4장

전바오다오 전투

중·소 국경전쟁

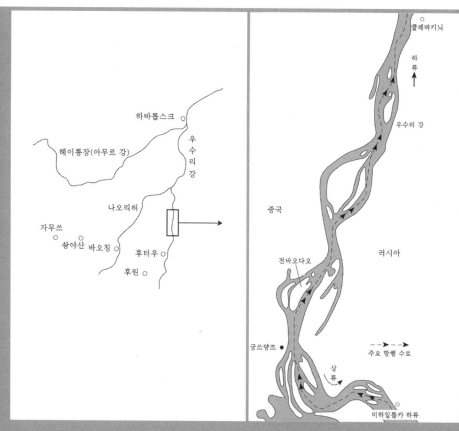

전바오다오 주변(外務省調査部, 1975 등 참조).

1969년 3월 우수리 강 중간에 위치해 있는 섬인 전바오다오에서 중·소 양국 국경 경비
대가 싸웠다. 3월 2일 전투에서는 중국 측이 소련 순찰대를 섬멸했다. 3월 15일 전투에
서는 소련 측이 전차를 선두에 세워 반격해왔다. 3월 우수리 강은 결빙했다. 왜 엄한의
우수리 강에서 양군 병사들은 피를 흘리지 않을 수 없었던 것일까? 필자는 1996년 8월
전바오다오, 그 이듬해 1997년 8월 헤이룽장성 바오칭현에 있는 중국 측 전사자를 모시
고 있는 열사능원을 각각 방문해 그 이유를 연구했다.

중·러 국경의 전투 흔적: 헤이허·장구펑

중국과 러시아의 국경 지대를 여행하면 전쟁의 흔적이 많이 남아 있는 것에 주목하게 된다. 20년도 지난 일이지만 필자는 1990년 12월 헤이허시(黑河市, 헤이룽장성)를 방문했다. 헤이허 공항에서 차량을 타고 질주해 헤이룽장성(黑龍江省) 쉰커현(遜克縣)으로 갔는데 도중에 제2차 세계대전 이전에 관동군 사단 사령부가 있었던 쉰우(遜吳)를 통과했다. 쉰우에 국한되지 않고 일본 관동군은 소련-만주국 국경 각지에 강고한 수비 진지를 구축했다.

헤이허의 헤이룽 강가에서는 1945년 8월 소련군이 헤이룽 강을 도하했을 때 포격해 파괴한 감시탑 잔해(콘크리트 벽 두께에 놀라게 된다)가 강물에 씻겨나갔다. 맞은편의 블라고베셴스크(Благовещенск) 사이에는(강의 폭은 700m) 다리가 없다(1990년 헤이허 세관의 조금 상류 지점에서 맞은편으로 다리를 건설한다고 들었는데, 그로부터 25년이 가깝게 지났지만 아직 건설되고 있지 않다). 일본이 패전해 관동군 병사가 여기에 모여 배를 연결한 가교(假橋)를 건너 시베리아로 끌려갔던 장소이다. 가교 위에서 소련군이 관동군의 소지품을 빼앗았다고 한다.

이 부근은 청조 시대에는 러시아를 대비한 헤이룽장 지역을 관할하는 장군의 소재지였는데, 1858년 러시아가 헤이룽장 지역에 함대를 집결시켜 포격하고 불평등조약인 '아이훈조약(愛琿條約)' 체결을 압박한 곳이다. 실제로 조약이 조인되었던 장소는 학교 부지 내에 있기 때문에 들어가지 못했지만, 러시아군이 불태운 헤이룽장 장군의 부지 내 "견증지송(見證之松: 살아 있는 증인으로서의 소나무)"이라는 표찰이 붙어 있는 오래된 소나무가 서 있었다. 당시 러시아군의 폭행을 목격한 소나무라는 것이다.

1992년 11월에는 지린성(吉林省) 옌볜조선족자치주(延邊朝鮮族自治州) 훈춘시(琿春市)를 방문했다. 러시아, 북한과 국경을 접하고 있고 옛날부터 '닭

이 울면 3개 국가에 들리고 개가 짖으면 3개 변경을 놀라게 한다'라는 뜻의 '계명문삼국(鷄鳴聞三國) 견폐경삼강(犬吠驚三疆)'이라고 불리던 곳이다.

훈춘은 예전부터 동북아시아 국제정치의 초점이 되었던 장소이다. 1860년 제정러시아는 청조에 대해 압박을 가해 '베이징조약(北京條約)'을 체결해, 그때까지 러시아·청조 양국의 공동관리 아래에 있었던 우수리 강 동쪽 바다에 이르기까지의 약 40만 km² 토지를 러시아령으로 편입했다. 그 결과, 중국은 동해로 나가는 통로를 상실했다.

그 직후인 1886년 청조의 흠차대신(欽差大臣) 우다청(吳大澂)이 교섭에 임하기 전에 전서(篆書)로 "용호(龍虎)"라는 두 글자를 새긴 돌을 안치한 정자가 있었다. '용호'의 기세로 교섭에 임하도록 자신을 격려하기 위해 새겼을 것이다. 옆의 설명하는 글에는 우다청이 애국적 입장을 견지하며 도리(道理)에 입각해 투쟁을 벌여 러시아의 침략을 저지하는 데 공헌했다며 그를 칭찬하고 있다.

차량을 타고 질주해 시 남쪽 끝 팡촨(防川)으로 향했다. 시 중심부에서 75km 떨어져 있다. 당시에는 중국과 구소련 국경 경비군이 서로 대치했었다. 팡촨의 약간 높은 구릉 위에 "동방전초(東方前哨)"라고 기록된 인민해방군 초소가 있었다. 감시탑에 올라 쌍안경으로 살펴보면 눈부신 빛을 반짝이는 동해가 보였다.

훈춘은 과거 일본과도 관계가 깊어 7세기에 일찍이 "일본도(日本道, 일본 길)"라는 항로를 열고 일본, 조선 등과 교역했으며 이것은 '바다의 실크로드'로 불렸다고 한다. 여기에서 도문강 하구(河口)까지 15km, 거기에서 니가타(新潟)까지 800km이다. 한편으로 일본이 가깝게 느껴졌다.

그런데 군의 초소부터 러시아와의 국경선에 펼쳐져 있던 철조망을 따라서 도문강을 1km 정도 내려가면 "토자패(土字牌) 광서 12년 4월(光緒十二年四月)"이라고 새겨진 성인의 키 정도 되는 비석과 마주하게 된다. 여기가 중국령의 남쪽 끝이다. 훈춘에서 바라볼 때 맞은편에 있는 도문강 오른편은 북한령, 왼편은 러시아령이다. 광서 12년이라는 것은 1886년 '훈춘동계약(琿春東界約)'이 체결된 해이다. 러시아·청조 양국은 국경이 되기 적당한 장소에 글자를 새긴 비석을 세웠으며, 이 비석 뒤에 '토(土, Tu)'와 동음의 키릴 문자 'T'가 새겨져 있음이 틀림없는데 확인하지는 못했다. 부근에서 경비하던 인민해방군 병사가 비석 안쪽은 러시아령으로 러시아군이 감시탑에서 보고 있다는 것을 이유로 안쪽으로 돌아가는 것을 저지했기 때문이다. 확실히 육안으로 몇 개의 러시아 측 감시탑이 보였다.

이 '토자비(土字碑)'의 수백 미터 하류인 도문강 위로 북한과 러시아를 잇는 극동철도(極東鐵道) 철교가 있다. 기차가 북한에서 철교를 건너 러시아로 향하는 것이 보였다. 북한 라진(羅津)과 러시아 하산(Хасан)을 잇는 것이다. 기차는 매일 10편이 왕래하고 있다고 들었다.

이 인민해방군 초소 가까이에 장구평(張鼓峰)이 보였다. 해발 155.1m밖에 되지 않지만 이 주변에서는 가장 높고 가까운 봉우리를 압도하고 있다. 여기는 1938년 7~8월 일본·소련 양군이 국경분쟁을 일으킨 곳이다. 공군 및 포병을 동원한 극동 소련군의 공격으로 일본군은 상당한 타격을 입었다. 기계화된 극동 소련군의 전투 모습은 당시 전혀 전해지지 않았다. 이듬해 1939년 5~9월 일본·소련 양군은 노몬한[Nomonhan, 일명 할힌골(Khalkhin Gol)]에서 다시 싸운다. 장구평 사건을 훨씬 상회하는 규모의 전투로 일본군은 커다란 손실을 입었다.

장구평에는 나무가 잘 자라지 않는 것처럼 보였다. 정상에 감시탑이 보였는데 인민해방군 병사가 지금도 장구평의 분수령이 국경선이며 정상의 감시탑은 러시아의 것이라고 가르쳐주었다. 정상에서 소련군 병사가 중국군 동향을 감시했던 것이다.

중화인민공화국 건국 이후 중·소는 짧은 우호 기간을 거쳐 긴 대결 시기가 계속되었다. 훈춘은 구소련과 대결하는 최전선이었다. 훈춘 주민에게서 1975년 중월전쟁 무렵까지 소련과 전쟁이 벌어질 위기를 느끼는 날들이 계속되었다고 들었다. 소련과의 전쟁에 대한 준비가 우선시된 결과, 이 지구의 경제 발전은 남방의 연해 지구에 비하면 크게 뒤처졌다.

긴장이 증가하는 중·소 국경

1960년대 중·소 관계 악화와 함께 국경선이 획정되지 않은 양국 국경 지대의 긴장이 증가했다. 1966년 문화대혁명이 일어나자 중·소 관계는 가일층 악화되어 우수리 강 유역에서도 소련 군용기의 중국 영내 정찰, 소련군에 의해 중국 어민의 어망이 파손되는 사건 등이 빈발했다.

1968년 8월 20일 소련을 위시한 바르샤바조약기구(WTO: Warsaw Treaty Organization) 군대(루마니아를 제외하고)가 체코슬로바키아의 자유화를 억지하기 위해 프라하에 진주했다. 그 직후 중국은 소련이 사회제국주의, 사회파시즘으로 진략했다고 비난하는 운동을 시작했다. 사회주의 공동체의 이익을 옹호하기 위해 사회주의국가에 대한 군사 개입이 허락된다는 논리로 체코슬로바키아에 대한 진주를 정당화하는 소련의 자세를 보고, 중국은 소련에 대한 군사적인 경계심을 강화했다.

이러한 중·소 대결의 절정은 1969년 3월 중·소 국경을 흐르는 우수리 강(그렇다고 해도 겨울철에는 완전히 결빙하지만)의 섬인 전바오다오에서 벌어진 중·소 국경 경비군 간의 전투이다. 전바오다오의 면적은 0.74km²이다. 하바롭스크(Хабаровск) 남방 300km 지점에 있다. 중국의 행정 구획으로는 헤이룽장성 후린현(虎林縣)에 속한다.

양국 모두 전바오다오가 자국 영토라 주장하며 싸웠지만 실제로는 국경선을 둘러싼 양국의 교섭(특히 동부 국경에 관해)은 1964년 시점에서 상당히 진척되었다. 같은 해 국경 교섭에서 소련 측 대표는 우수리 강의 경계와 섬의 귀속은 주요 항로의 중앙선으로 결정되어야 한다는 주장에 동의했다. 이 사고 방식에 따르면 중국 측에 가까운 전바오다오는 중국령이 된다.

그렇다면 왜 국경 교섭이 타결되지 않았는가? 헤이룽 강(아무르 강)과 우수리 강의 합류 지점 부근에 위치해 소련 극동군관구(極東軍管區, 현재의 동부군관구) 사령부 소재지 하바롭스크에 대단히 가까운 헤이샤쯔다오의 영유 문제를 둘러싸고 절충이 이루어지지 못했던 것이다. 헤이샤쯔다오의 면적은 약 300km²이다. 일본 아와지 섬(淡路島) 절반 규모의 면적이다. 소련 측은 하바롭스크의 방위를 이유로 강의 주요 항로 중앙에서 중국 측에 있는 헤이샤쯔다오의 영유권을 중국 측에 건네는 것을 거부했다. 중국 측에 건네주면 중국 측이 섬에 대포를 설치하고 하바롭스크를 폭격할지도 모르며 그 경우 하바롭스크를 지킬 수 없다고 우려했던 것이다. 결국 1964년의 양국 간 교섭은 어쨌든 좋지 않게 결렬되었다.

그 결과 다만스키 섬 영유권에 대한 주장은 원래 상태가 되었다. 즉, 우수리 강을 러시아·중국 간 경계로 정한 1860년 '베이징조약'에 추가된 1861년의 의정서에서 '국경선'은 지도상 빨간 선으로 표시되어 있다. 다만스키 섬 지구에서 '국경선'은 중국 측 강기슭을 따라 그어져 있으며 따라서 이 섬은 소련에 속한다는 것이다.

그렇지만 빨간 선이 그어진 지도의 원본을 소련 측이 제시하지 못했다. 아마도 양피에 적혀 있었을 것이지만 세월이 흘러 판독할 수 없게 되었던 것은 아닌가 한다. 실제로 빨간 선이 중국 측 강기슭을 따라 그어졌는지 여부는 알 수 없지만 소련 국경 경비군 병사에게 다만스키 섬은 지켜야 할 대상이다.

전바오다오를 향해

왜 엄한의 우수리 강에서 양국 군이 싸우지 않으면 안 되었을까? 전바오다오란 도대체 어떤 섬인가? 필자는 1995년 양국 군이 싸운 전바오다오 사건 관련 문헌을 사용해 정리한 적이 있다(石井, 1995). 그 이듬해 1996년 8월 전바오다오에 현지 조사를 하러 갔다. 전바오다오에서의 조사 및 1997년의 전바오다오 열사능원에서의 조사 결과에 대해서도 발표한 적이 있는데(石井, 1998), 그 이후 새로운 지견(知見)도 더해 이 사건에 대해 다시 한 번 고찰하겠다.

하얼빈발(發) 후린(虎林)행 야간 통행 열차에 탑승해 18시간이 걸려 8월 5일 후린역에 도착했다. 후린현 외사판공실(外事辦公室) 직원들의 마중을 받고 곧바로 전바오다오로 향했다. 150여 km 거리에 차량으로 약 2시간 30분 걸렸는데, 우수리 강 부근 후터우전(虎頭鎭)까지의 도로는 과거 일본군이 만든 철도를 따라 있는 듯하다(철도 레일은 패전 이후 소련이 가져가 버린 듯하다). 이 철도의 종착역이 관동군 후터우(虎頭) 요새이다. 과거 일본군은 후터우전에 몇 개의 지하 영구 요새를 구축했는데 그중 하나가 공개되었다. 전바오다오 부근에 대한 조사 이후 요새에 들어갔는데, 요새에 대해 먼저 기록하겠다.

이 요새는 1934~1939년 중국인 노동자를 사용해 비밀리에 만든 것으로 보인다. 지하 3층 요새로 탄약고, 식당, 목욕탕, 취사장, 수도 등의 설비가 있었다. 안내하는 분에 의하면 발전기도 있었는데 소련군이 가져버린 듯하다. 여기에서 경비대는 항복을 거부하고 1945년 8월 27일까지 계속 싸웠으며 요새 내부의 경비대 가족 및 개척민까지 더하면 사망자는 2000명을 넘고 생존자는 53명에 지나지 않았다고 한다.

이 요새에 대해서는 중·일 공동 학술 평화 조사단(中日共同學術平和調査

團) 일본 측 편집위원회가 엮어낸 『소련·만주 국경 후터우 요새(ソ滿國境虎頭要塞)』(靑木書店, 1995)에 조사 결과가 상세히 실려 있다. 후린현 후터우전 부근은 장기간 일·소 대결, 중·소 대결의 최전선이었던 곳이다.

이 부근 지형을 검토해보면 러시아 영내로 돌출한 혀끝으로 비유할 수 있다. 후터우전 구릉 위에서 맞은편 달네레첸스크 시(Дальнереченск, 중국명: 伊曼市)를 아래로 내려다볼 수 있다. 블라디보스토크에서 하바롭스크에 이르는 시베리아철도 우수리 지선 레일까지는 단 2km이다. 러시아에서 본다면 실로 러시아 연해주를 향해 돌출된 창끝이며 대단히 취약한 지점이다.

후터우전에서 전바오다오로까지의 경로에 대해 말해보겠다. 후터우전에서 전바오다오까지의 50~60km는 트럭 1대가 빠져나갈 수 있을 정도의 폭으로 조성된 군용 도로가 계속되었다. 이 군용 도로가 언제 만들어졌는지는 알 수 없다.

헤이룽장성 동부에 치타이허(七台河)라는 곳이 있다. 거기에서 태어나 자랐고 현재 일본 오비린대(櫻美林大) 교수로 중·일 관계를 연구하고 있는 스가누마 운류(菅沼雲龍)에게서 들은 적이 있는데, 스가누마는 6세 때 1968년 말부터 1969년 초에 걸쳐 보리(勃利) 방면에서 치타이허를 통해 미산(密山) 방향으로 향하는 말의 등에 기관총을 탑재한 수송대를 목격했다고 한다. 말의 눈과 귀는 천으로 가려져 있었다. 말이 놀라 도망가지 않게 하기 위해서이다. 미산의 앞은 후린이다. 전바오다오를 포함한 중·소 국경 지대는 가깝다. 이 무렵 무장 탄약은 말로 운반한 적이 많았던 듯하다.

그런데 이 후터우전에서 전바오다오에 이르는 도로 양측을 포함해 후린 일대는 '생산건설병단'을 개칭한 '칭눙(慶農) 농장' 등 국영 농장이 많으며 농민이 집단으로 일하고 있었다. 다만 호소(湖沼) 지대가 많아 개관한다면 대농지 지대가 될 가능성이 있을 것으로 생각된다.

전바오다오에 도착했다. 전바오다오 자체는 우수리 강의 수량이 증가해

그림 4-1 '209 고지'에서 내려다본 전바오다오
맞은편은 러시아령이다. 필자 촬영(1996.8.5).

상당히 수몰되었으며 지뢰도 철거되지 않고 있다는 이유로 상륙은 불가능했지만, 강 주변의 제일 높은 지점인 '209 고지'(산에 이름은 없고 높이가 해발 209m이기 때문에 이렇게 부른다)에 올라 전바오다오를 내려다 볼 수 있었다. 이곳은 사건이 발생했을 때 중국 측이 전선 지휘소를 설치한 곳이다.

전바오다오라고 해도 이 부근에 몇 개나 되는 섬 중 하나에 지나지 않다. 다만 확실히 섬 형태는 원(元)나라 시대 화폐인 원보(元寶)와 유사하기 때문에 그 명칭은 맞아떨어진다.

209 고지 정상에 서면 눈 아래로 전바오다오가 보이고 러시아 측 맞은편도 육안으로 확실히 보인다. 사건 당일 209 고지 전선 지휘소에서는 소련군 순찰대의 움직임을 손에 잡힐 듯이 파악할 수 있었음이 틀림없다. 우수리 강에서 보아서 209 고지 배면(背面)의 정상 부근에는 참호, 암거(暗渠)가 둘러 파져 있었다(이러한 참호, 암거는 소련 측 지역에서는 보이지 않는다).

다음에도 말하겠지만 1969년 3월 15일의 전투에서 러시아 측은 '그라드(Град)'라는 40연장 다연발 로켓을 발사해 맞은편 구릉 뒤편에 있는 땅이 2일간 불탔다고 전해진다. 그렇지만 그 후 27년이 지나(필자의 조사 시점에서) 수목도 커졌고 전투의 흔적을 발견할 수는 없었다.

209 고지에서 걸어 내려왔을 때 탑승했던 지프에 크고 많은 등에가 붙어서 널려 있는 것에 주목했다. 병사에게 이곳은 겨울에는 춥고 여름에는 벌레로 고통받으면서 전투를 하지 않을 수 없는 고통스러운 장소였다(노몬한

전투에서 병사는 방충 마스크를 착용하고 전투했다).

그 209 고지 뒤쪽 중턱에 3층 건물 병사(兵舍)가 있었다. 그 앞에 "자급자족"이라는 표어가 적힌 작은 간판이 서 있는 밭에서 젊은 병사가 농작업을 하고 있었다. 위장 복장이 채소의 녹색과 어우러져 한동안 병사가 움직이는 것을 알아차리지 못했다.

강 주변에는 순찰대 검문소가 있어 "전바오다오정조(珍寶島艇組)"라는 간판이 붙어 있었다. 강 주변에는 2척의 순찰정이 계류되어 있었다. 순찰정을 위한 연료 창고도 있었다. 그 검문소 병사에게 소련 측 움직임을 물어보자, "최근에는 특히 소련 측과의 문제는 일어나지 않고 있다"라는 대답이 되돌아왔다.

이 검문소 부근에 "임강선어관(臨江鮮魚館) 겸영(兼營): 연주(煙酒, 연은 담배를 지칭함), 소식품(小食品)"이라는 간판이 걸린 폐가처럼 보이는 건물이 있었다. 전바오다오를 찾는 관광객을 위해 우수리 강 물고기를 먹을 수 있도록 한 식당이었는데 영업은 하지 않았다. 그렇지만 어부 일가가 거주하고 있었으며 어망을 건조시키고 있었다. 이 주변은 "궁쓰량쯔(公司滾子)"라고 불리는 곳이다. '량쯔(滾子)'란 물고기를 잡는 함정이 설치되어 있는 곳을 의미하는 듯한데 일본의 야나(やな)*에 해당하는 것으로 보아도 좋다['궁쓰(公司)'는 촌의 명칭]. 물고기가 강을 내려가는 곳을 노려 강폭이 좁아지는 곳에 어망을 깔아 물고기를 잡는 것이다.

순찰대 검문소 옆에는 1993년에 만들어진 돌로 된 국경 표식이 보였다. 국경은 이 2개의 표식 중간점을 통과하는 것으로 중·러 쌍방은 합의했으며 전바오다오는 중국령, 국경선은 전바오다오와 러시아 측 강기슭을 통과하

---

* '야나'란 하천에 돌 등을 활용해 강물의 흐름을 막아 이를 통해 유도되어 헤엄쳐온 물고기를 포획하는 어구(漁具)를 지칭한다. _옮긴이 주

는 것에도 합의하고 있다.

중·소 간에는 1991년 5월 16일 '동부 국경 협정'이 체결되었고(이 시점에서는 헤이샤쯔다오 귀속 문제는 미루어졌다), 그것에 기초한 국경 표식을 세우는 작업이 이루어졌다. 전바오다오에는 1993년 표식이 세워졌다.

왜 전바오다오를 전쟁터로 선택했는가?

전바오다오에서 조사를 하면서 생각한 것이 있다. 우수리 강 양쪽에서 중·소 국경 경비군이 서로 응시하고 있으며 특히 11월부터 이듬해 4월은 강 수면이 결빙하기 때문에 양국 국경 경비대가 충돌을 일으키는 일도 있었다. 같은 우수리 강의 섬인 치리친다오(七里沁島)에서도 유혈 사건이 일어났다. 그렇다면 왜 전바오다오에서 전투가 일어났는가? 또한 이 전투는 우발적인 사건이었는가 아니면 계획적인 사건이었는가? 이에 대해서는 냉전 연구를 해왔던 리단후이(李丹慧)가 비교적 이른 시기에 밝혔다. 리단후이의 견해는 다음과 같다(李, 1996).

1968년 초부터 1969년에 걸쳐 중국 국경 경비대는 소련 측이 일으킨 국경 분쟁에 대해 절도 있게 대응했고 자기 억제의 태도를 취해왔지만, 1969년 1월 25일 헤이룽장성군구(黑龍江省軍區)가 전바오다오지구에서 반간섭 전쟁을 일으키도록 제기했다. 그것은 3개 중대 정도 병력을 동원해 일부 병력은 섬에 잠복시키고 전바오다오 부근 궁쓰라는 국경 검문소에 지휘소를 둔다는 것이었다. 이 안에 선양군구(瀋陽軍區)가 기본적으로 동의하고 2월 19일 총참모부, 외교부도 동의했다. 총참모부는 선양군구와 헤이룽장성군구에 회신을 통해 중점을 선택하고 미리 준비해서 단호하게 자위 반격을 하고 속전속결로 혼란이 일어나지 않도록 하라고 요구했다. 중공중앙도 전바오다오를 선택해 자위 반격의 중점으로 삼는 것에 동의했다.

현지에서 보니 중국 측이 유리한 지형을 선택해 전바오다오지구에서의 전투를 일으킨 것을 다시 확인할 수 있다. '궁쓰' 부근에는 앞에서 논한 대로 현지 지휘소를 설치한 "209 고지"라는 제일 높은 지점이 있다. 전바오다오는 바로 그 아래에 있다.

3월 2일 소련 순찰대가 기습 공격에 가까운 공격을 받은 것은 중국 정부 발표에서도 확인할 수 있는 것은 아닌가? 3월 2일 충돌 사건 직후 중국 정부는 같은 일자로 소련 정부에 항의 각서를 보냈는데 그중에서는 "3월 2일 오전 9시 17분 소련 경비대는 다수의 완전 무장한 군인, 4대의 장갑차와 자동차를 출동시켜" 전바오다오에 침입했다고 지적하고 있다. 따라서 전차를 출동시킨 것이 아니라 통상적인 순찰 정도의 태세였던 것이다.

3월 15일 충돌 이후 중화인민공화국 외교부는 중국 주재 소련 대사관에 각서를 보내고 소련 측이 다수의 장갑차, 전차, 무장 부대를 파견해 다시 전바오다오에 침입했다고 비난했다. 불의(不意)의 기습을 받은 소련 측이 태세를 다시 정비하고 전차를 선두로 반격한 것이다. 소련 측이 계획적으로 3월 2일에 공격을 했다는 중국 당국의 설명은 수긍하기 어렵다.

여기에서 중국군의 전투 배치에 대해 설명하겠다. 필자가 헤이룽장성에서 한 조사를 종합하면, 전바오다오 전투에서 정면에 배치되었던 것은 제46군 제133사단(사단장: 룽지창(龍繼昌))과 제23군 제77사단(사단장: 황하오(黃浩))으로 전선의 작전 지휘는 선양군구 부사령원 샤오취안푸(肖全夫)가 맡았다. 제46군은 원래 제4야전군의 주력으로 당시 린뱌오(林彪) 국방부장 계통의 부대였다. 중국군 1개 사단은 통상적으로 3개 연대로 구성되며 사단에서 출동 명령이 나오면 원래 주둔지에 1개 연대를 남기고 2개 연대가 출동한다. 사단 병력 2분의 3이 현지로 향하는 것이다. 이 정면의 부대 배후에 후비(後備) 병력으로 2개 사단이 동원되었으며, 인민해방군이 치밀한 사전 준비를 한 뒤에 '자위 반격전'에 나섰다는 것을 다시 인식하게 되었다.

필자는 전바오다오 전투에서 마오쩌둥이 대외적인 위기를 만들어내서 중국 인민의 감정을 외적(外敵)에게 향하도록 만들어 하나로 단결시키고, 그 힘을 대내적인 정치 목표를 달성하기 위해 방향 설정하는 정치 수법을 본다. 1958년 타이완해협 위기(타이완 문제는 내정 문제로 규정되었지만) 시 진먼다오를 탈취할 의도가 없었음에도 포격을 가해, 중국 인민의 싸우고자 하는 의사(意思)가 고조되자 이를 대약진운동의 추진 방향으로 설정했다. 중·인 국경전쟁 때도 인도군을 격파하고 승리를 거두어 마오쩌둥 자신의 권위를 재확립하는 데 기여하도록 했다.

1969년은 장기간 열리지 않았던 중국공산당 제9차 당대회가 개최될 예정이었다. 마오쩌둥은 '반소(反蘇)'를 이용해 문화대혁명에 의한 혼란을 수습하고 국내 지지를 확보하려고 한 것이다. 3월 2일 충돌이 일어난 후 이튿날인 3일부터 중국 전역에서 '소련 수정주의'의 무장 도발에 반대하는 시위와 항의 집회가 시작되었다. 3일부터 12일 사이 시위와 항의 집회 참가자는 4억 명을 넘었다고 보도되었다. 3월 4일 ≪인민일보≫와 ≪해방군보≫의 공동사설은 소련 지도자를 "신차르", 즉 "차르의 옷을 계승한 배반자 집단"이라고 부르며 격렬하게 비난했다.

소련에서도 18개 도시에서 중국에 반대하는 시위가 일어나 모스크바에서는 10만 명이 중국 대사관에 몰려들었다고 보도되었는데, 중국 쪽에서 훨씬 조직화된 반소 운동이 벌어졌다. '위로부터의 동원'이었다는 것은 틀림없으며 4억 명의 항의 집회 및 시위 참가는 중화인민공화국 역사상 전례가 없다. 전바오다오에서 '전투영웅'이 제9차 당대회에 출현하는 시나리오도 사전에 고려되었을 것이다. '반소' 감정이 고조될 때 '단결의 대회', '승리의 대회'를 연출할 필요가 있었던 것이다.

전바오다오 열사능원 참관 1: '10대 전투영웅'

마오쩌둥의 의도와 달리 중
국 국경 경비군은 전바오다오
에서 어떤 전투 방식을 선택했
을까? 이를 알아보기 위해 전바
오다오 시찰 이듬해인 1997년
전바오다오 사건 전사자를 모
시는 능원을 방문했다.

그림 4-2 **전바오다오 사건 전사자의 묘**
필자 촬영(1997.8.7).

8월 6일 이른 아침 하얼빈에
서 자무쓰(佳木斯)로 비행하고(비행시간 1시간 20분) 거기서 차량으로 바오칭
현으로 향했다. 도중에 탄광마을 솽야산시(雙鴨山市)에서 점심을 먹고
약 5시간이 걸려 바오칭현에 도착했다. 이튿날 7일 바오칭현 중심부에서
동남쪽 방향으로 차로 약 15분 달려 완진산(萬金山) 산기슭에 있는 전바오다
오 열사능원에 도착했다. 바오칭현 민정국(民政局)에서 나온 직원이 안내해
주었다.

능원은 우수리 강 지류인 나오리허(撓力河) 강가에 있다. 강물이 불어나
면 섬이 드러나는데 마치 전바오다오 주변 상황과 유사했다. 전바오다오에
서는 직선거리로 100km 이상 떨어져 있어 소련군이 중국령에 침입해오더
라도 곧 황폐해질 가능성은 낮다고 한다. 인민해방군 선양군구의 지도자가
장소를 이곳으로 선정해, 유족도 만족스러운 의사를 표명한 것으로 생각된
다. 열사의 묘는 1972년에 만들어져 각각의 묘 옆에는 소나무가 1그루씩 심
어져 있다. 1997년에 보았을 때 소나무는 대단히 크게 자라 있었다. 관재(棺
材)에도 소나무가 사용되는 듯하다.

능원 가운데 열사 기념관이 있었다. 기념관은 1984년에 공사를 시작해

1986년에 완성되었다. 그 기념관 옆에 바오칭현 중국공산당 위원회와 바오칭현 인민정부가 기념탑을 세우고 있었다. 거기에는 다음과 같이 새겨져 있었다.

> 1969년 3월 소련군이 두 차례 헤이룽장성 전바오다오지구에 침입해 중대한 유혈 사건을 일으켰다. 우리 변방 부대는 수세에 처해 자위 반격해 우리나라의 신성한 영토를 지켰다.
>
> 1984년 8월 1일 건립

기념관에는 간단한 전투 경과와 함께 다음 5명의 전투영웅에 대한 설명이 전투 모습 사진과 함께 첨부되어 기록되어 있었다.

쑨정민 열사

쑨정민(孫征民) 동지는 중국인민해방군 모부 공병과 부과장으로 원적은 산둥성 예현(掖縣) 수이난촌(水南村)이다. 1936년 출생, 1951년 입대, 1962년 중국공산당에 입당했다. 1969년 3월 15일 전바오다오 자위 반격전 전후에 수차례 지뢰를 매설하고 (소련 측) 지뢰를 철거해 전바오다오 자위 반격전 승리를 위해 중요한 공헌을 했다. 3월 20일 병사들을 이끌고 다시 섬으로 올라가 (소련 측) 지뢰를 철거하던 중에 영광스럽게 희생되었다. 1969년 4월 선양군구는 일등공을 증정했다. 같은 해 7월 중앙군사위원회는 '전투영웅'이라는 영광스러운 칭호를 수여했다.

양린 열사

양린(陽林) 동지는 중국인민해방군 모부 75포병 소대 분대장으로 원적은 지린성 더후이현(德惠縣)이다. 1945년 출생, 1962년 입대, 1968년 중국공산당에 입당했다. 1969년 3월 15일 전바오다오 자위 반격전에서 탁월한 전공을 세우고 최후에는 장렬하게 희생되었다. 1969년 4월 선양군구는 일등공을 증정했다. 같은 해 7월 중앙군사위원회는 '전투영웅'이라는 영광스러운 칭호를 수여했다.

천사오광 열사

천사오광(陳紹光) 동지는 중국인민해방군 모부 정찰중대 부중대장으로 원적은 쓰촨성 이빈현(宜賓縣) 진핑구(金坪區) 진사대대(金沙大隊)이다. 1936년 출생, 1959년 3월 입대, 1961년 6월 중국공산당에 입당했다. 삼등공 3차례, 이등공 1차례를 받은 적이 있다. 1964년 3월 레이펑(雷鋒) 동지를 학습하는 모범 병사가 된다. 1969년 3월 2일 조국의 신성한 영토인 전바오다오를 지키는 전투에서 중요한 공헌을 하고 최후에 장렬하게 희생되었다. 1969년 4월 선양군구는 일등공을 증정했다. 같은 해 7월 중앙군사위원회는 '전투영웅'이라는 영광스러운 칭호를 수여했다.

왕칭룽 열사

왕칭룽(王慶容) 동지는 중국인민해방군 모부 부중대장으로 원적은 쓰촨성 싼타이현(三台縣) 량허궁쓰(兩河公司) 량허가(兩河街)이다. 1938년 출생, 1959년 입대, 1968년 중국공산당에 입당했다. 1969년 3월 2일 전바오다오 자위 반격전에서 탁월한 전공을 세우고 장렬하게 희생되었다. 1969년 4월 선양군구는 일등공을 증정했다. 같은 해 7월 중앙군사위원회는 '전투영웅'이라는 영광스러운 칭호를 수여했다.

위칭양 열사

위칭양(于慶陽) 동지는 중국인민해방군 모부 특무중대 전사로 원적은 랴오닝성 진현(金縣) 퉁이궁쓰(同益公司) 쑹수좡대대(松樹莊大隊)이다. 1944년 출생, 1963년 입대했다. 1969년 3월 2일 전바오다오 자위 반격전에서 장렬하게 희생되었다. 1969년 4월 부대 당 위원회는 그의 생전 소원에 따라 중국공산당원이 되는 것을 추인하고 선양군구는 일등공을 증정했다. 같은 해 7월 중앙군사위원회는 "전투영웅"이라는 영광스러운 칭호를 수여했다.

이러한 '전투영웅'이 전사하게 된 상황을 좀 더 상세하게 기록하겠다. 5명 중 천사오광, 왕칭룽, 위칭양은 3월 2일 전투에서 전사했다. 중국군 정찰중대는 3월 1일 밤부터 우수리 강기슭에 잠복했다. 그들은 영하 30도를 넘는 추위를 견뎌내기 위해 알코올 도수가 대단히 높은 바이주(白酒) 작은 병을 지녔고 또한 소련 측이 눈치채지 못하도록 기침을 멈추게 하는 약을 휴대했다. 아울러 얼굴을 가리고 눈만 드러낸 채 방한모(防寒帽)를 썼다.

술에 대해서는 3월 2일 전투 이후 전쟁터에서 소련 측이 습득한 목록에 "병(여러 개), 중국제, 비어 있는 것도 반이 비어 있는 것도 알코올로 가득 차 있는 것도 있다"라고 기록되어 있기 때문에, 한 병을 다 마신 자도 있는가 하면 마시지 못한 자도 있었을 것이다. 잠복 중 맹렬한 추위에서 바이주를 한 모금씩 마시는 것은 이해될 수 있는데 이것이 과학적이지 않다는 설도 있다. 류옌(劉岩)과 리웨(李嶽)는 음주는 일시적으로 따뜻해지는 느낌을 주지만 엄한이라는 조건에서 강한 술은 혈관을 넓게 하고 체내 열을 급속히 상실하게 만들어 동상에 걸리는 일이 있다고 기록하고 있다(劉岩·李嶽, 2013: 172). 무엇보다 류옌과 리웨도 전바오다오 사건 당시 이러한 민간의 처방이 부대 잠복 시 내구력을 증가시켰던 것은 인정하고 있다.

이 정찰대는 막 선발된 병사들로 구성되었다. 기념관 전시에는 전투영웅이 소속되어 있던 부대 번호는 기록되어 있지 않았지만, 필자의 조사에 의하면 천사오광은 제46군 제133사단 정찰중대 부중대장이며 1964년 선양군구 대비시(大比試, 무예 대회)에서 우수한 성적을 거두었고 170cm 이상의 장신이었다.

왕칭룽은 제23군 제77사단 제217연대 제1중대 부중대장이었다. 위칭양은 죽더라도 돌격을 멈추지 않았다고 칭찬받았던 병사로 기념관에는 모친이 병사들의 앞에서 위칭양의 생전 활동에 대해 말하는 사진과, 여동생이 위칭양의 철포(鐵砲)를 이어받고 조국을 지키는 영광스러운 활동에 대해 말하는 설명이 첨가된 사진이 붙어 있었다.

양린도 제23군 제77사단 포병 소대 소대장으로 포수였다. 3월 15일 전투에서 사망했다.

쑨정민은 지뢰 전문가였다. 지뢰는 설원에 매설되더라도 바람이 불면 노출된다. 중국 측은 만터우(饅頭)를 포장한 수건에서 힌트를 얻어 바람이 불어도 발견되지 않도록 지뢰를 수건에 싸서 설원에 매설한 것으로 보인다.

3월 15일 전투가 벌어지기 전날 밤 쑨정민이 매설한 지뢰가 소련 전차와의 전투에서 위력을 발휘했다. 15일 전투에서 소련군은 4대의 T-62형 전차를 선두로 전바오다오 서쪽 결빙된 물길, 즉 중국 측으로 접근해왔는데 그 선두 전차가 지뢰와 접촉해 주행 불능 상태가 되었다.

이 T-62형 전차는 1965년 모스크바의 붉은 광장 열병식에서 처음으로 공개되어 당시 서방세계를 놀라게 한 신식 전차로 1km 내에 있는 350mm 장갑을 관통시키는 능력이 있었다. 소련 측은 다수의 전차, 장갑차를 동원해 주저앉은 전차를 회수하려고 했지만 역부족이었고 중포(重砲)로 집중 사격해 얼음을 깨뜨려 우수리 강에 전차를 침몰시켰다. 그렇지만 후에 중국 측은 이 전차를 인양해서 베이징으로 운반해 시창안가(西長安街)의 중국인민혁명군사박물관(中國人民革命軍事博物館)에 진열했다.

중국 측 척탄통(擲彈筒)과 75mm 대전차포는 소련 전차의 장갑을 관통시키지 못해 고전했다. 대전차 무기의 문제점이 명백해졌다. 그 때문에 쑨정민의 공적은 가일층 빛났는

그림 4-3 전바오다오에서 노획되어 중국인민혁명군사박물관에 전시되고 있는 T-62형 전차 필자 촬영(1997.8).

데, 소련 측이 매설한 지뢰 철거 작업 중 부근에 있던 다른 병사가 지뢰를 밟아 사망했다.

중국군은 이러한 5명의 전사한 전투영웅 외에 쑨위궈(孫玉國), 저우덩궈(周登國), 렁펑페이(冷鵬飛), 위훙둥(于洪東), 화위제(華玉傑) 5명에게도 전투영웅 칭호를 수여했다. 전사자에서 5명, 생존자에서 5명을 선발한 것이다.

쑨위궈는 국경 경비대 전바오다오의 초소장으로 3월 2일 전투 시 중국 측 순찰대 2대(隊) 가운데 1대를 지휘해 전투했으며 15일 전투에도 참가했다. 그 전투 상황은 본인 인터뷰를 포함해 정리한 류즈칭(劉志淸)의 『쑨위궈 부침록(孫玉國浮沈錄)』(華夏出版社, 1990)에 상세하게 기록되어 있다.

저우덩궈는 쑨바오궈와 다른 순찰대에 있었지만 소련 측 순찰대를 이끌었던 이반 스트렐니코프(Иван Стрельников) 상급 중위를 사살했다. 다만 저우덩궈는 사격 면이 너무 넓어 아군 순찰대를 이끌었던 소대장을 오인 사격해 부상을 입힌다. 그 때문에 전공을 인정해야 할 것인지 여부가 문제가 되었는데 결국 전투영웅 칭호가 부여되었다. 저우덩궈는 10년 후 중월전쟁에 참가했다.

렁펑페이는 제23군 제77사단 부대대장이었다. 3월 15일 전투에서는 그의 지휘 때문에 소련군 진격을 저지했다고 중국에서 칭찬받고 있다.

위훙둥은 3월 2, 15일 양일 전투에 참가했으며, 15일에는 지뢰로 움직일

수 없게 된 전차에 수류탄을 던졌다.

화위제는 15일 전투에서 소련 장갑차에 육박해 8m 지근거리에서 로켓포를 사격해 장갑차를 파괴했다.

그런데 문제는 누구를 전바오다오 전투영웅으로 해서 제9차 당대회 단상에 세울 것인가였다. 렁펑페이를 보낼까, 쑨위궈를 보낼까 하는 논의가 있었던 듯한데 렁펑페이는 부상 후 급성 간염에 걸려 선발에서 제외되었다. 그런데 그것은 전화위복이었다. 그 이후 렁펑페이는 군에서 점차 승진했다.

중국공산당 제9차 당대회는 4월 1일에 시작되었다. 쑨위궈가 베이징에 초대되어 14일 전체회의에서 전바오다오 전투에 대해 보고했다. 전체회의는 3회밖에 열리지 않았다. 개회식, 폐회식, 14일 회의뿐이었다. 그러한 중요한 회의에서 발언할 기회를 부여받은 것이다. 마오쩌둥은 보고에 주목하고 쑨위궈에게 연령, 군력(軍歷), 출신지를 물었다. 쑨위궈가 답하자 마오쩌둥이 달려가 경례하고 악수했다.

이 시기 쑨위궈는 중앙 지도자들의 미묘한 관계에 주목했다. 쑨위궈는 계속 마오쩌둥 우측에 앉아 있는 저우언라이와 악수하려고 했는데 저우언라이는 신속히 일어나 좌측을 가리켰다. 저우언라이와 악수하지 못한 것이다. 이미 린뱌오가 마오쩌둥의 후계자, 2인자인 것은 주지의 사실이었다. 쑨위궈는 이를 이해하고 린뱌오가 있는 곳으로 가 경례하고 악수했다. 린뱌오는 우측을 가리키며 "총리"라고 말했다. 좌측으로 나아가야 한다고 생각했던 쑨위궈는 곧 우측으로 되돌아와 저우언라이와 악수하고 그 상태로 우측에 나란히 있는 원로들과 악수하려고 했는데, 저우언라이는 다시 좌측을 가리켰다. 쑨위궈는 좌측으로 돌아와 천보다(陳伯達) 등과 악수했다. 쑨위궈는 거기에서 퇴장하려고 했지만 저우언라이는 또다시 우측을 가리켰다. 쑨위궈는 다시 우측으로 돌아와 원로들과 악수했다.

이때 주석단 한가운데 마오쩌둥이 앉아 있었고 그 왼쪽에는 린뱌오, 천보다, 캉성(康生), 장칭, 장춘차오(張春橋), 야오원위안(姚文元) 등 문화대혁명 추진파의 면면이 나란히 있었고, 오른쪽에는 저우언라이, 둥비우(董必武), 류보청(劉伯承), 주더(朱德), 천윈, 리푸춘(李富春), 천이 등 원로급이 나란히 있었다. 통상적인 당대회에서는 당내 서열에 따라 앉지만 제9차 당대회는 이례적이었다. 마오쩌둥 좌측에 당과 국가의 실제 지도자가 앉고 오른쪽에는 이른바 '옵서버'가 앉아 있었던 것이다.

1969년 중국 정치는 이 두 계파의 균형(balance) 위에 성립되었다. 쑨위궈는 후에 '4인방'이라고 불리게 된 그룹에 몸을 던졌다. 1969년 ≪홍기≫ 제3, 4기 합병호에 게재된 "죽음을 맹세하고 조국의 신성한 영토를 지키자"라는 글이 그의 중앙 데뷔 논문이었다. 동북군구(東北軍區)에서 승진을 거듭한 '낙하산 간부'의 전형이었다. 중국공산당 제10차 당대회에서는 중앙후보위원으로 발탁되었다. 인민해방군 부총참모장 후보에 오르기까지 했는데 1976년 9월 '4인방' 체포로 실각했다.

전바오다오 열사능원 참관 2: 68명의 중국 측 전사자

화제를 열사능원으로 돌려보자. 능원에서 더욱 깊숙이 들어가면 열사 기념관 안쪽이 묘지였다. 전면에 5명의 전투영웅 묘가 있으며 그 뒤로 열사의 묘가 늘어서 있었다. 각각 성명과 사망한 연월일이 새겨져 있었다. 사망한 연월일 순으로 환산해 나열하면 〈표 4-1〉과 같다.

이 목록을 보면서 느낀 것을 기록해두고자 한다. 3월 2일 전투에서 중국 측은 20명의 전사자를 냈다. 당일 소련 측 움직임에 대해 언급해둘 필요가 있다. 소련은 전바오다오 부근 2개소에 초소를 설치했다. 섬의 상류 6km 지점인 미하일롭카 하류(Lower Mikhaylovka)에 스트렐니코프 상급 중위가

〈표 4-1〉 전바오다오 사건의 중국 측 전사자

구분	이름	전사일
전투영웅	왕칭룽	1969.3.2.
전투영웅	천사오광	1969.3.2.
전투영웅	위칭양	1969.3.2.
열사	천리자오(陳立釗)	1969.3.2.
열사	양원빈(楊文斌)	1969.3.2.
열사	원덩진(文登金)	1969.3.2.
열사	샹즈청(向志成)	1969.3.2.
열사	천징리(陳景利)	1969.3.2.
열사	리훙번(李洪本)	1969.3.2.
열사	리찬룽(李燦榮)	1969.3.2.
열사	둬진룽(多金榮)	1969.3.2.
열사	천밍둬(陳明多)	1969.3.2.
열사	리중룽(李仲榮)	1969.3.2.
열사	선왕정(沈王正)	1969.3.2.
열사	궈중이(郭忠義)	1969.3.2.
열사	저우궈수(周國樹)	1969.3.2.
열사	메이윈쉬안(梅雲軒)	1969.3.2.
열사	루위안샹(陸園祥)	1969.3.2.
열사	왕산구이(王善貴)	1969.3.2.
열사	양순궈(陽順國)	1969.3.2.
열사	천중쥔(陳仲君)	1969.3.14.
열사	둥수환(董書環)	1969.3.14.
열사	뤼원후이(呂文輝)	1969.3.14.
열사	왕즈유(王志有)	1969.3.14.
전투영웅	양린	1969.3.15.
열사	위안치파(袁啓發)	1969.3.15.
열사	우원쥔(吳文俊)	1969.3.15.
열사	커루다(渴汝達)	1969.3.15.
열사	주차오위(朱朝玉)	1969.3.15.
열사	천융차이(陳永財)	1969.3.15.
열사	샹이리(向以禮)	1969.3.15.
열사	리상례(李尙烈)	1969.3.15.
열사	리펑샹(李風祥)	1969.3.15.

열사	정다오쉰(鄭道訓)	1969.3.15.
열사	야오피루(姚丕路)	1969.3.15.
열사	장정팡(張正方)	1969.3.15.
열사	자오허우터우(趙後頭)	1969.3.17.
열사	안바오펑(安保豊)	1969.3.17.
열사	탕정즈(唐正志)	1969.3.18.
열사	탄쭈팡(潭祖方)	1969.3.18.
전투영웅	쑨정민	1969.3.20.
열사	장인화(張印華)	1969.3.24.
열사	가오웨이한(高維翰)	1969.3.26.
열사	루중원(蘆忠文)	1969.4.2.
열사	자쥔양(賈俊陽)	1969.4.3.
열사	천쥔루(陳俊儒)	1969.4.7.
열사	둥밍춘(董明春)	1969.4.12.
열사	장룽콴(張榮寬)	1969.4.16.
열사	푸런위안(付仁源)	1969.4.21.
열사	천치잉(陳其英)	1969.5.9.
열사	장궈칭(張國卿)	1969.5.25.
열사	리시차이(李喜財)	1969.6.7.
열사	류나이더(劉乃德)	1969.6.16.
열사	리융파(李永發)	1969.6.16.
열사	쑹잔위안(宋占元)	1969.7.4.
열사	류옌위(劉延宇)	1969.8.16.
열사	쑹인캉(宋蔭康)	1969.9.23.
열사	리푸춘	1969.11.27.
열사	챠오융칭(鄔永清)	1969.11.30.
열사	린둥파(林東法)	1970.4.19.
열사	장수취안(張書泉)	1970.5.30.
열사	리전칭(李振清)	1970.7.3.
열사	가오밍위안(高明元)	1971.6.7.
열사	황원청(黃文成)	1971.6.7.
열사	량뎬치(梁殿啓)	1971.6.7.
열사	천궈화(陳國華)	1971.6.7.
열사	런둥성(任東勝)	1972.4.27.
열사	류커친(劉克勤)	1972.6.21.

자료: 石井(1998: 133).

이끄는 소대가 배치되었고, 하류 18km 지점인 쿨레뱌키늬(Кулебякины)에 비탈리 부베닌(Виталий Бубенин)이 이끄는 소대가 배치되었다. 당시 부베닌의 계급은 알 수 없는데 스트렐니코프와 동등했을 것으로 보인다. 그는 전바오다오 전투에서의 공로를 평가받아 소련 영웅 칭호를 받았으며 그 후 국경 경비대 동북관구 부사령관이 되었다.

이 부베닌의 인터뷰 기사가 1992년 3월 ≪러시아의 동방≫지에 게재되었다(Беседовал Вадим Обехов, 1992). 이 기사에 의하면 우선 중국 국경 경비대와 싸웠던 것은 스트렐니코프 소대였다. 부베닌의 소대는 뒤에 전투에 참가했다. 스트렐니코프 소대 32명은 대장을 포함 전원 전사했고 부베닌 소대는 전투에 참가한 32명 중 9명이 전사했다. 그렇다면 출동한 64명 중 41명, 즉 3분의 2가 전사한 셈이다(石井, 1995: 108). 소련 측 지원군이 오지는 않았다. 하지만 잠시 후 미르(Мир) 헬리콥터가 날아와 부상자를 나르기 시작했다고 기록되어 있다.

우크라이나에는 『다만스키의 신화』라는 제목의 대작을 쓴 드미트리 랴부시킨(Дмитрий Рябушкин)이라는 연구자가 있다(Рябушкин, 2004). 전바오다오(다만스키 섬) 사건에 대해 세부 사항까지 자세하게 연구해 다만스키 섬 사건 전문가라고 말해도 좋은 분이다. 그 랴부시킨이 3월 2일 전투에서 전사한 스트렐니코프 소대 31명의 사체 검안서(군의가 기록한 것)를 국경 경비대 문서관에서 찾아내어 공표했다(Ryabushikin, 2012: 166~169).

이 문서는 전사자의 성명, 민족명, 생년, 사망 원인에 대해 기록하고 있다. 민족명은 우크라이나 사람 3명, 타타르족 1명, 우드무르트족[볼가 연안 연방 관구 소속 우드무르트 공화국(Udmurt Republic)에 다수 거주하고 있다] 1명, 그 외에는 러시아인이다.

소대장인 스트렐니코프에 대해 다음과 같이 기록하고 있다.

상급 중위 스트렐니코프 이반 이바노비치. 러시아인. 1939년 출생. 하지(下肢)에 총탄에 의한 상처(복수). 안면에 총탄에 의한 상처(단수). 뇌 손상으로 사망.

스트렐니코프는 가즈(ГАЗ-69, 소련제 사륜구동)에 탑승해 선두로 나갔다. 그것을 저우덩궈가 노려서 사살되었다는 것은 앞에서 논했다.

검안서에는 또 1명의 상급 중위가 등장한다.

상급 중위 비네비치 니콜라이 미하일로비치(Буйневич Николай Михайлович). 러시아인. 1944년 출생. 하지, 흉부, 두부에 총탄에 의한 상처(복수). 흉부 및 뇌 손상으로 사망.

이 상급 중위는 부대장 격이 아니었을까 하는 생각이 든다. 부대는 지휘관을 상실한 상태로 전투를 계속했을 것이다. 검안서에 의하면 나머지 29명은 1947년생 4명, 1948년생 13명, 1949년생 9명, 1950년생 3명으로 20세 전후로 젊다. 그 가운데 1명만은 가슴과 복부를 찔려 사망했는데 나머지 28명은 모두 총탄 세례를 받았다. 검안서의 개별 사망 원인에 대한 기술(記述)은 대단히 처참하기 때문에 그 이상의 소개는 그만두는데, 전사한 사체의 전반적인 상황에 대해서는 다음과 같이 기록하고 있다.

거의 모든 사체에는 칼날 및 둔기로 엉망진창이 되어버린 치명상과 심각한 부상 흔적이 있다. 19명은 총탄 혹은 유산탄(榴散彈)에 의해 부상당한 이후(그때는 도울 수 있는 상태가 아니었지만) 총검(나이프), 총의 개머리판, 지근거리에서 발사된 총탄에 의해 신체가 심하게 훼손되어 사망했다.

총격으로 부상을 당한 자(죽지 않은 자)에게는 총검 등으로 확인 사살했던 상황이 부각되어져 있다.

또한 검안서에는 31명의 전사자에 대해 기재되어 있다. 스트렐니코프 소대 32명은 전원 전사했다고 기록되어 있는데 나머지 1명은 어떻게 되었을까? 부베닌의 회상에 의하면 아쿠로프(Акуроф)라는 병사가 있었다.

…… 중상을 입은 아쿠로프 외에는 모두 죽었다. 중국인들은 그를 끌고 가서 2개월이나 지난 후 고문의 흔적이 있는 사체를 인도했다. 몸의 뼈가 부러지고 심장도 위장도 생식기도 없었고 총검에 의한 상처가 아주 많았다.

저자가 전쟁터에서 평정을 되찾았을 때 아쿠로프에게는 아직 숨이 붙어 있었다고 한다. 그래서 중국군이 그를 자기 진영으로 끌고 갔지만 돕지 못했다는 내용이 아닌가 생각한다. 어쨌든 스트렐니코프가 이끄는 소대는 전원 전사했다.

3월 2일 전투에서 소련 측은 불의의 타격을 받았지만 격렬하게 응전해 중국 측도 상당한 사상자가 발생한 전투였다고 할 수 있다.

3월 15일 전투

다음은 3월 15일 전투에 대한 것인데, 필자가 작성한 목록에서 중국 측은 12명이 전사했다. 한편, 부베닌은 같은 날 중국 측 전사자에 대해 수천 명이라고 기록하고 있다. 왜 그 정도로 큰 차이가 생긴 것일까? 원래 부베닌은 3월 2일 전투에서 부상을 당했기 때문에 소식을 전해 듣는 입장이었을 것인데 말이다. 부베닌은 3월 2일 전투에서 중국군 사망자가 250명이라고 했는데(필자의 조사로는 20명), 그가 말한 숫자는 너무 과장되어 있다.

부베닌이 3월 15일 전투의 특징으로 강조하는 것은 소련 측이 강력한 무기를 투입했던 것이다. 예를 들면 부베닌은 '그라드'라는 40연장 로켓포가 15일 전투에 투입되었다고 말하고 있다. '그라드'란 싸락눈, 우박이라는 의미의 러시아어이다.

> 다연장 로켓포는 (중국 측 강기슭의) 구릉 뒤에 배치되어 있던 중국 포병부대를 노리고 집중적으로 발사되었다. 그 이후 구릉 뒤의 땅은 2일 동안 불탔다.

제2차 세계대전에서 소련군은 유럽 전선에서 '카추샤(Катюша)'라는 애칭으로 알려진 다연장 로켓포를 사용했다. 필자는 〈유럽의 해방〉 등의 소련 영화에서 영화관을 뒤흔드는 듯한 효과음을 수반하며 카추샤가 독일 나치군을 향해 불을 품는 장면을 본 적이 있다. 카추샤는 확실히 8연장은 아니었나 하고 생각한다. 그라드는 그 후속 무기이다.

그라드는 40연장이다. 40발 연사하는 데 1분이 채 걸리지 않는다. 그사이에 빗발처럼 로켓 포탄이 계속 하강하며 터진다. 다만 유도 장치가 없어 명중률은 별로 높지 않다. 일정한 범위 내에서는 집중적으로 피해를 줄 수 있다. 적군을 살상한다기보다 공포감을 심는 데 효과적이다. 앞에서 언급한 바와 같이 '209 고지'의 뒤쪽 일면으로 참호가 파져 있었다. 그 참호 속에 은신하고 있으면 중국 측 피해는 그다지 크지 않았던 것은 아닐까?

화제에서 대단히 벗어나는 감이 있지만 이 다연장 로켓포는 현재도 '사용되는 무기'로서 건재하다. 중동의 이슬람교 시아파 조직 헤즈볼라(Hezbollah)도 그라드를 갖고 있는 것으로 알려져 있다.

2013년 7월 27일 평양에서 한국전쟁 정전 60주년을 기념해 군사 퍼레이드를 했다. 일본의 TV에서 미국 본토까지 도달할 수 있을 것으로 보이는 북한 장거리 미사일 영상을 방영했는데 일순간 다연장 로켓포가 나타났다. 로켓포를 견인하는 것은 트랙터 같아 보였다. 확실히 18연장이 아니었나 생각한다. 대포와 달리 연속 발사에 시간이 걸리지 않는다. 연속 발사한 후 포신(砲身)을 내리고 전쟁터를 이탈한다면 적이 발사 지점을 특정해 반격하기가 어렵다. 실로 농경용(農耕用)으로 위장하면 가일층 반격이 어렵다. 북한군은 2010년 11월 23일 연평도 포격에서도 다연장 로켓포를 사용했다. 포격의 주요 목적이 살상이 아니라 위압감을 주기 위한 것이었다면 충분히 효과적인 무기이다.

2013년 9월 9일 북한은 건국 65주년 기념일에 민병조직 '노농적위군(勞農赤衛軍)'에 의한 행진을 했다. 그때 다시 앞에서 언급한 다연장 로켓포가 등장했다. 지난 7월 행진 때는 보조 역할이었지만 이날은 주역급으로 취급되었다. 한국 측에 전쟁할 태세에 있다는 것을 각인시키려는 노림수가 있었던 것은 아닐까?

전바오다오 전투는 치고받기

2006년 7월 홋카이도대(北海島大) 슬라브연구센터에서 정례적으로 개최되는 하계(夏季) 국제 세미나에서 이곳의 이와시타 아키히로(岩下明裕) 교수가 전바오다오 사건을 재고하는 세션을 기획했다. 앞에서 언급한 우크라이나의 랴부시킨이 발표하고(Ryabushikin, 2007), 필자가 논평했다.

랴부시킨과 나의 견해가 달라서 어떻게 해도 공통의 인식에 도달하는 것이 불가능했는데 특히 3월 15일 전투의 평가, 특히 중국 측 인적 손실에 대해서 서로 의견이 일치되지 못했다. 필자의 주장은 12명 + α, 랴부시킨은 다수라는 견해였다.

전바오다오 열사능원에는 68명의 전사자 묘가 있으며 3월 15일 사망자는 12명이다. 그 이래 사망자가 32명이다. 이 32명에는 3월 15일 이전 전투에서의 부상이 원인이 되어 사망한 사람도 있을 것이다. 따라서 12명 + α, 즉 수십 명이라는 것이 필자의 견해이다. 랴부시킨은 믿을 수 없다는 표정을 지었다. 부베닌처럼 중국 병사 수천 명이 죽었다는 기술도 있기 때문에 알 수 없는 것은 아니지만, 바오칭현 이외의 장소에 전바오다오 열사능원이 있을 것이라고는 생각하지 않는다. 능원은 바오칭현에만 있다고 하며 거기에 매장되지 않은 전사자가 있다면 유족이 침묵하지 않을 것이다.

부베닌의 회상에는 또 한 가지 간과할 수 없는 기술이 있다. 3월 15일 전투에서 소련 측이 국경 경비대가 주력이 되어 싸웠다는 것을 강조하고 있다는 점이다.

각지에서 모인 각 관구(管區) 국경 경비대 합동 예비대가 구성되었다. 국경 경비대 후방에는 정규군의 국경 원호사단(援護師團)이 대기했다. 동 사단은 전투에는 거의 참가하지 않고 다만 때때로 적의 토치카(tochka)를 제압하면서 원호 사격을 했다. 다만스키 섬에서의 전투에는 국경 경비대만이 투입되었던 것이다.

구소련에서 국경 경비는 KGB(국가보안위원회)의 소관 사항이었다. 그 산하(傘下)에 국경 경비대(국경 경비군으로 번역하는 편이 적절하다)를 갖고 있었다. 과거 소련에 출입국할 때 여권 통제에 웃음도 짓지 않는 담당관과 만난 사람이 많았을 것이다. 출입국을 점검하는 것도 KGB의 업무였다. 그들은 스파이의 출입국을 저지한다는 직무를 수행한 것이다. 구소련 사회에서 KGB는 절대적인 권력을 갖고 있었다. 일반 기관은 사용할 수 없는 주파수를 상호 간 통신에서 사용해 특수한 형태의 안테나로 송수신했다. 어디

<표 4-2> 전바오다오 전투의 사상자 수

손실 종류	국경 경비대		정규군		총계	
	계	그중 장교	계	그중 장교	계	그중 장교
전사·부상에 의한 사망	49	4	9	-	58	4
부상·타박상	61	7	33	2	94	9
계	110	11	42	2	152	13

자료: В. М. Андроников и др., *Гриф Секретности Снят: Потери Вооруженных Сил СССР в Войнах, Боевых Действиях и Военных Конфликтах*(Москва: Военное Издательство, 1993), стр. 399.

에도 지부 간판은 없었지만 높은 곳에 올라가 안테나를 탐색해보면 KGB 소재지를 알 수 있다고 했다. 자부심이 높은 엘리트 집단이었다.

3월 15일 전투는 2일에 국경 경비대가 섬멸되어 무너져 버린 KGB의 체면을 걸고 수행한 반격전이었던 것은 아닐까? 다만 부베닌은 KGB 부대 단독으로 싸웠던 것처럼 기록하고 있지만 이것은 정확하지 않을 것이다.

구소련의 군사 행동에서의 사상자 통계집에 의하면 3월 2~21일 동안 다만스키 섬에서 벌어진 전투에서 발생한 사상자 수는 <표 4-2>와 같다.

국경 경비대에서 사망한 자는 49명, 2일 전투에서 사망한 41명을 빼면 8명이 된다. 이 8명은 전원 15일 전투에서 사망했다고 한정할 수 없지만 대부분은 15일에 전사했을 것이다. 정규군 9명도 아마도 대부분 15일 전투에서 사망했을 것이다. KGB 부대가 전면에 나서 싸웠던 것은 사실이겠지만, 후방에 있던 정규군도 전투에 참가해 전사자가 나온 것이다. 15일 전투에서는 이미 언급한 바와 같이 선두의 소련군 전차가 주저앉는 등, 중국 측에 큰 피해를 주었다고 말할 수 없는 상황이었다.

결국 전바오다오 전투에서 소련 측은 58명이 사망했고(부상 원인으로 사망한 자 포함), 중국 측은 68명이 사망했다. 전사자 수로만 본다면 서로 치고받은 것이다.

중국 측 전사자 목록을 보고 또 한 가지 주목한 것이 있다. 부상을 입은 병사가 조금씩 사망하고 있다는 점이다. 그 수는 전사자의 절반에 가까우며 전투의 비참함을 다시 한 번 느끼게 한다.

마오쩌둥 입장에서는 단기 결전으로 소련을 격파하고 '반소' 분위기가 고조되자 당대회를 열어 자신의 체제 강화를 도모할 수 있었다. 지금도 중국은 '전바오다오 자위 반격전'에서 승리했다는 것이 현재 중국의 공식적인 견해이다.

확실히 전바오다오 전투는 종결되었다. 그렇지만 중·소 국경 지대에서의 대결 상황이 사라진 것은 아니다. 소련의 KGB 국경 경비대의 체면이 뭉개진 상태로 아직 회복되고 있지 않다. 그들은 새로운 전투의 장(場)을 구하며 기회를 엿본다.

신장 테레크티 사건

1969년 8월 13일 오전 중국 외교부는 중국 주재 소련 대사관에 각서를 보내 소련 측이 헬리콥터 2대, 전차, 장갑차 수십 대로 신장웨이우얼자치구 위민현 테레크티지구에 12km 침입해 중국 국경 경비대원 다수를 살상했다며 강경한 항의와 함께 침입한 군대의 철수를 요구했다.

같은 날짜로 소련 외교부도 중국 외교부에 각서를 보내 8월 13일 오전 7시 40분(현지 시간) 중국군 몇 팀이 카자흐공화국 세미팔라틴스크(Семипалатинск)주의 좔라나시콜(Жаланашколь)지구 동쪽 10km 지점에서 소련 국경을 침범해 소련 영토에 침입했으므로 소련 국경 경비병이 저격했다고 발표했다. 그때 중국군 2명이 소련 영토에서 체포되었으며 약간 명의 사상자가 발생했다고 지적하며 무력 도발에 엄중한 항의를 표명했다.

충돌 이후 소련 측 매체는 소련 국경 경비대가 얼마나 영웅적으로 싸우고 승리했는가를 상세히 보도했다. 전투에 승리한 고양감(高揚感)에 넘친 보도였다(外務省調査部, 1974: 125~131). 조국 소비에트의 초병들이 다시 군건함, 용기, 대담성, 영웅주의 속에서 베이징의 모험주의자들에 의한 그 어떤 침해에도 조국 소련 영토를 헌신적으로 방위할 각오를 보였다고 전했다. 국경 경비대 병사의 이름까지 들면서 그 전투 모습을 칭찬했다.

특히 칭찬받았던 사람은 전투를 지휘했던 니키첸코(Никитченко) 중좌였다. 수보로프(Суворов) 사관학교를 졸업하고 국경 경비대에서 경력을 쌓은 인물이었다. 중좌는 충돌하기 하루 전날인 8월 12일 국경 지대에 도착했다. 니키첸코 중좌는 단시간에 '습격자들에 대한 단호한 공격'을 준비했다. 그는 마오쩌둥주의자들이 있는 고지를 점거했다. 국경 경비대는 막강한 화력으로 국경 침범자들을 이동하지 못하게 견제하면서, 한편으로 장갑차로 고지를 양익(兩翼)에서 포위해 격렬한 공격을 가했다고 보고되었다. 전체 전투는 거우 1시간도 걸리지 않았다. 동부 국경 경비관구 정치부장의 '국경 경비대 지휘관의 고도의 기능(技能)'에 대한 칭찬의 말도 전해졌다. 니키첸코 중좌에게는 소련 국경 방위훈장이 수여되었다.

한편 중국 측은 이 전투에 대해 거의 보도하지 않았다. 중국 국경 경비대가 섬멸된 것이다. 어떻게 패배한 것인가? 신장군구에 책임이 있다는 것이 류옌과 리웨의 주장이다. 류옌과 리웨는 당시 상황에 대해 다음과 같이 기록하고 있다(劉·李, 2010: 175).

1969년 6월 이래 이 지역에서 긴장이 높아져 소련 측은 전차, 장갑차, 나아가 헬리콥터까지 출동시켰다. 전선 부대의 보고를 받았지만 신장군구는 소련군의 주요 목적은 위협에 있다며 중시하지 않았다. 8월 12일 신장군구 작전부장 멍쿠이우(孟魁悟)는 타청 군분구(軍分區)에서의 소련군 행동에 일상적이지 않은 점이 있다는 두 번째 전보를 받고 바로 신장군구 지도자에게 보고했지만,

회신이 없었다. 같은 날 밤 왕신광(王新光) 정치위원이 직접 신장군구 작전 당직실에 전화해 소련군이 중대한 행동을 일으킬 가능성이 있다고 보고하고 이튿날 순찰을 중지하도록 요구했지만, 당직 참모의 대답은 다음과 같았다. "군구의 수장(首長)은 이미 여러 분의 보고를 받고 있지만 정찰을 취소하는 건에 대해서는 명확한 지시가 없었다."

8월 13일 오전 8시 중국 측 순찰대는 테레크티지구에서 통상적인 순찰을 시작했다. 그러자 소련 국경 경비군이 헬리콥터 2대, 전차 및 장갑차 수십 대, 보병 300여 명을 출동시켜 테레크티지구에 침입해 중국 국경 경비대를 돌연 습격했다. 중국 국경 경비대는 중대장 판진중(範進忠), 지도원 양정린(楊政林)의 지도 아래 분기(奮起)해 반격하고 4시간의 격렬한 전투를 거쳐 소련군의 3차례에 걸친 공격을 물리쳤다. 그렇지만 싸우기 전에 준비가 이루어지지 않아 병력 및 화력상의 차이가 너무 커서 판진중 등을 포함해 정찰대 장병 38명은 거의 모두 희생되었으며, 제5분대 부분대장 청구러(程古樂) 1명만 살아서 돌아왔다. 이 외에 소련 국경 경비군은 중국 민병 3명을 살해하고 증원에 나섰던 중국 국경 경비대원 12명이 부상당했다.

정찰대 전원이 전투에서 희생되었기 때문에 당시 구체적인 전투 상황에 대해 알 수 있는 방도가 없으며, 보통 휴대용 무선 통화기를 통해 그들이 후방에 통보한 소련군 병력과 진격 상황만 알 뿐이었다.

보름이 지난 후 사건의 진상을 확실히 하기 위해 중앙군사위원회 조사팀이 우루무치에 도착했다. 작전의 책임 문제에 대해 한 사람씩 군구 사령원 이하 약 100명을 조사했다. 군구의 지도자는 처분을 받았다.

이것이 류옌과 리웨가 말하는 '사건'의 진상이다. 당시 군구 사령원의 이름을 밝히고 있지 않다. 신장은 1954년 왕언마오(王恩茂)가 군구 사령원이 되어 그 이래 위세를 발휘해왔지만, 문화대혁명으로 비판받아 1969년 4월 제9차 당대회에서 중앙후보위원으로 격하되었다. 당시 신장의 정치·군사 상황이 아직 혼란스러웠던 것은 아니었을까 하고 생각된다.

이 테레크티 사건의 희생자 수에 대해 35명설, 38명설, 50여 명설 등 여러 가지 설이 있다. 죽지 않고 살아서 돌아온 청구러는 79명설을 취하고 있는 듯하다(張, 2011: 1010). 필자는 38명 순찰 대원 중 2명이 소련 측에 끌려갔고 1명(청구러)이 살아 돌아왔기 때문에, 35명이 전사했고 거기에 살해된 민병 3명을 더해 사망자는 38명이라고 생각한다.

8월 13일 전투에서 소련 국경 경비대 사상자에 대해서는 앞에서 언급한 통계 자료에 2명이 전사했고 5명이 부상했다고 기록되어 있다(B. M. Андроников и др., 1993: 399). 전바오다오에서의 3월 2일 전투와 완전히 반대로 소련 측이 계획적으로 중국 측 국경 경비대를 공격해 전멸시킨 것이다. 필자는 KGB가 복수에 성공했다고 생각하고 있다.

신장에 갈 때 테레크티 사건에 대해 이야기를 들어보려 했는데 알고 있는 사람이 없었다. 그 38명은 어디에 묻혔을까? 열사능원에서 모시는 전바오다오 사건의 사상자와 큰 차이점이 보이는 부분이다.

린뱌오의 '1호 명령'

테레크티 사건 후에도 국경에서의 긴장 상태는 계속되었는데 중·소 양국 지도부는 어떻게 대응했을까?

1969년 9월 베트남의 혁명과 건국의 지도자 호찌민(Ho Chi Minh)이 사망했다. 중·소는 하노이(Hanoi)에 조문 사절을 보냈다. 베트남이 중개해서 중·소 지도자를 한자리에 모이게 하려고 했지만 성사되지 않는다. 알렉세이 코시긴(Алексей Косыгин) 총리가 하노이를 떠나 소련 영내 중앙아시아

두샨베(Душанбе)에 도착했다. 그곳에서 모스크바로부터 베이징에 가서 저우언라이와 만나도록 지시받는다. 코시긴은 북상해 이르쿠츠크를 경유해 베이징으로 향했다.

9월 11일 베이징 공항에서 열린 저우언라이·코시긴 회담에서는 국경 교섭 재개 등의 합의에 도달했다. 이때의 합의에 기초해 10월 20일 베이징에서 국경 교섭이 시작되었다. 이렇게만 쓰면 중·소 간 대화 통로가 만들어졌으며 일촉즉발의 위기에서 벗어났다고 생각하게 될 것이다.

그러나 당시 중국 지도자는 중·소 관계가 완화되고 있다고 생각하지 않았다. 소련이 국경 교섭을 서두르는 것은 가짜 모습이고 진정한 노림수는 전쟁에 있다고 생각했다. 마오쩌둥은 전국 인민에게 전쟁에 대한 준비를 호소했다. 건국 20주년 국경절(國慶節) 표어에 "전 세계 인민은 단결해 그 어떤 제국주의, 사회제국주의가 침략 전쟁을 시작하는 것에 반대하라. 특히 원자폭탄을 무기로 삼는 침략 전쟁에 반대하라. 만약 이러한 전쟁이 일어난다면 전 세계 인민은 혁명전쟁으로 침략 전쟁을 소멸시키자. 지금부터 준비하자"를 추가로 써넣었다. 단순한 표어가 아니라 실로 동원령이었다.

9월 20~29일 베이징에서 전군 전비(戰備) 회의가 열려 전쟁에 대한 준비가 논의되었는데, 마오쩌둥은 회의를 국경절 전에 중지하고 각 군구 수장에게 국경절에는 베이징에서 보내지 말고 자신의 책임 지역으로 돌아가 전쟁에 대비하도록 제안했다. 국경절 전날 밤인 9월 30일 밤 린뱌오는 소련에 인접한 '삼북[三北: 동북(東北), 화북(華北), 서북(西北)]의 육·해·공군 부대에 대해 같은 날 밤부터 임전(臨戰) 상태에 들어가도록 지시했다.

10월 중순 마오쩌둥은 중앙의 지도적 동지가 베이징에 집중되는 것이 좋지 않고 1발이라도 원자폭탄이 떨어진다면 많은 사람이 죽기 때문에 분산되어야 한다며, 고참 동지는 외지로 소개(疏開)해도 좋다고 제안했다. 마오쩌둥의 위임을 받아 린뱌오가 정치국 회의를 열고 소련이 전쟁을 일으킬 가능성에 대해 논의했다. 출석자는 소련은 교섭에는 성의가 없고 기습을 가해올 가능성이 높다면서 마오쩌둥의 지도자는 소개하라는 지시에 찬성했다. 정치국 회의 논의를 거쳐 중공중앙이 베이징에 있는 당과 국가의 지도자에게 소개하라는 통지를 보냈다.

가장 먼저 베이징을 떠나 소개한 사람은 마오쩌둥이었다. 10월 14일 전용 열차로 베이징을 출발해 이튿날 15일 후베이성 우창(武昌)에 도착했다 (中共中央文獻研究室, 2013: 271). 16일에는 린뱌오·예췬(葉群) 부부가 쑤저우(蘇州)로 소개했다. 계속해서 중앙의 지도자가 차례로 베이징을 떠났다. 둥비우, 주더, 예젠잉(葉劍英)은 광둥으로, 천윈, 덩샤오핑, 왕전(王震)은 장시로, 천이는 스자좡(石家莊)으로, 네룽전(聶榮臻)은 한단(邯鄲)으로, 쉬샹첸(徐向前)은 카이펑(開封)으로 각자 소개했다.

문화대혁명에서 '자본주의의 길을 걷는 실권파', '중국의 흐루쇼프'로 매도되어 중난하이에 유폐되었던 류사오치도 이 시기에 소개되었다. 중병에 걸린 류사오치는 17일 밤 들것에 실려 비행기로 허난성 카이펑시로 운반되어 카이펑시 혁명위원회 감옥에 들어갔다. 그로부터 1개월이 채 지나지 않은 11월 12일 옥사했다. 그때 주위에 친족은 아무도 없었다. 부인 왕광메이(王光美)는 베이징 친청(秦城) 감옥에 있었다. 가족이 류사오치의 옥사를 알게 된 것은 그로부터 3년 후인 1972년이었다. 유골은 찾았지만 그전에 어디에 있었는지는 알 수 없었다고 한다.

베이징에 남은 것은 저우언라이와 중앙군사위원회 판사조(辦事組) 조원으로 린뱌오의 부하인 황융성(黃永勝), 우파셴(吳法憲) 등이었다. 저우언라이가 남은 것은 당연할 것이다. 곧 모스크바에서 국경 교섭 대표단이 올 것이기 때문이었다.

10월 17일 오후 9시 30분 린뱌오의 전투 준비 명령이 중앙군사위원회 판사조를 통해 전군에 통달되었다. 이는 린뱌오의 '1호 명령'으로 불린다. 주요 내용은 다음과 같다(徐, 2011: 75).

① 최근 2일 동안 미국 제국주의, 소련 수정주의 등에 많은 이상한 상황이 보인다. 소련의 이른바 교섭 대표단은 내일(19일) 베이징에 도착할 예정이다. 우리는 100배로 경계심을 높이고 소련 수정주의의 기만술을 방지하지 않으면 안 된다. 무엇보다 19, 20일 이틀 동안에는 특히 주의를 기울이지 않으면 안 된다.

② 각 군구, 특히 삼북(동북, 화북, 서북) 각 군구는 전차, 비행기, 대포 같은 중무기를 바로 분산·은폐시키도록 하라.

③ 연해 각 군구도 준비를 강화하고 미국 제국주의, 소련 수정주의의 있을 수 있는 기습을 방어하지 않으면 안 된다.

④ 신속하게 40mm 로켓 발사대와 무반동포, 85mm 대전차포를 포함한 대전차포 등 대전차무기 생산에 나서도록 배려하라.

⑤ 즉시 유능한 지휘 그룹을 조직하고 전시(戰時) 지휘 체제로 들어가라.

⑥ 각급(各級)이 모두 노력해 수장은 자신의 부서에 위치해 적의(適宜) 상황을 장악하라. 집행 상황을 신속하게 보고하라.

④의 대전차무기 생산을 지시하는 것은 3월 15일 전투에서 중국군 대전차무기가 소련 전차 장갑을 관통하지 못한 것에 대한 반성이 있었기 때문일 것이다. 1969년 가을 국무원은 '대전차무기 긴급 전비 과학 연구 생산 회의'를 열고 서둘러 대전차무기 성능을 향상시키도록 했다. 다만 이때부터 대전차무기를 개발 및 생산하는 것으로 눈앞의 소련군에 대항할 수 없었다.

어쨌든 소련의 국경 교섭 대표단이 베이징으로 도착하기 전날 밤 전비 준비 명령을 내린 것은 이상하다. 대표단이 베이징에 도착한다면 베이징을 폭격하는 일은 없다고 판단하는 것이 보통일 것이다. 그것을 대표단의 파견은 연막이며 대표단이 베이징에 도착하는 것과 동시에 공격할 가능성이 대단히 높다고 판단했기 때문이다. 소련에 대한 불신감이 이 이상 높을 수 없다고 할 정도로 높았던 것이다.

명령을 받은 각 부대는 바로 분산 배치에 나섰다. 18일 밤중에 육군 90여 개 사단, 520여 개 연대, 함정 430여 척, 항공기 4100여 대를 분산 배치했다.

중앙에서 일상적이지 않은 사태가 일어나고 있다는 '소문'은 확산되었을 것이다. 이 무렵 베이징에 거주했던 분들에게서 이야기를 들은 적이 있는데 훌륭한 가구를 팔려고 싸구려 가구 가격으로 내놓았다고 한다. 무엇보다 실제로 안전한 곳으로 소개할 수 있던 사람들은 매우 일부에 지나지 않았을 것이다.

계속 대결하는 중·소 관계

그 이후 소련군이 공격해오는 일은 없었지만 중·소의 심각한 군사적 대결 상황은 계속되었다.

마오쩌둥은 전바오다오 사건을 일으켰을 때 소련과의 관계가 더욱 긴장될 것을 예상하지 못한 것은 아니었을까? 그런데 중·소 국경 전쟁 이후 소련은 중국에 더욱 심각한 대결 자세를 취했고 중·소 전쟁의 위기가 발생했다. 이에 따라 중국은 대소 군비 증강을 도모하지 않을 수 없게 되었다. 중국의 국방비는 1968년이 94.1억 위안이었는데 1969년에는 일거에 100억 위안을 넘어 126.2억 위안(전년 대비 34.2% 증가)이 되었다. 1970년에는 143.3억 위안(전년 대비 15.1% 증가), 1971년에는 169.5억 위안(전년 대비 16.7% 증가)이었다(姜·王, 2012: 345).

이 무렵 전국 인민은 소련의 기습에 대비해 방공 시설 건설에 동원되었다. 1970년 제1사분기까지 전국 27%의 중대형 도시에서는 시구(市區)의 전체 인구를 피난시킬 수 있는 방공 시설이 있었고, 70%의 중대형 도시에서는 시구 절반 이상의 인구를 피난시켜 수용할 수 있는 시설이 있었다. 동북에서는 1969년 11월 상순까지 21개의 인구 20만 명 이상 도시에서 700만여 m² 방공 시설이 만들어져 1100만 명(도시 인구의 72%)을 수용할 수 있게 되었다.

베이징은 전국적인 방공의 중점 지구가 되었는데 방공호(防空壕) 135만여 m², 방공동(防空洞) 18만여 개, 합계 74만 m², 1인이 몸을 숨길 수 있는 곳 13만여 개를 팠다. 일본에서는 방공호와 방공동은 같은 것으로 생각되지만, 중국에서는 방공호라면 장방형 공간을 지칭하는 듯하다. 그와 동시에 원래 있었던 방공 시설을 보수했다. 영구적 방공동이 1637개가 있는데 그 면적은 25만여 m²이다. 방공동으로 사용되는 지하실이 124개, 그 면적은 11만여 m²이다. 이것도 전부 사용할 수 있는 상태로 보수했다고 한다(姜·王, 2012: 435). 베이징도 소련의 핵 공격을 염두에 둔 방공 체제를 마련한 것이다.

장기간 미국을 주요 적으로 간주한 중국은 새로운 위협인 소련과 또 다른 전면전을 할 힘은 없었다. 그 이후 중국이 소련에 대항하기 위해 미국에 접근한 것은 주지하는 바와 같다.

그런데 중국 인민에게 대동원령을 내리고 전국에 판 방공호는 어떻게 되었을까? 필자는 1970년대 말부터 중국 각지를 참관 여행하게 되었는데 각지에서 방공호 참관이 일정에 들어가 있었다. 가로(街路)에 면해 있는 보통의 가옥 일각에 입구(지하로 내려가는 입구로 전혀 생각되지 않는다)가 있으며, 그 가운데는 지하상가라고 해도 좋을 넓이로 제분(製粉) 공장이 가동되고 있던 곳도 있었다.

지금 베이징에서는 이 지하호(地下壕)에 거주하는 자가 다수 있다. 지방에서 왔지만 경제적 이유로 지상에 주거를 마련할 수 없는 자들이다. 그들은 일명 '쥐족'이라고 불린다.

그림 4-4 **베이징의 지하 방공호**
필자 촬영(1997.7).

마지막으로 그 후의 전바오다오와 그 곳 열사능원에 대해 언급하도록 하겠다. 전바오다오 사건 이후 중국 TV 전국 기상예보에 전바오다오의 기상예보가 나오게 되었다. 지금도 계속되고 있다. 중국인은 매일 TV로 전바오다오의 경치를 배경으로 해서 날씨가 맑은지, 비가 내리는지, 구름이 많은지 그곳의 온도에 대해 듣는다. 전바오다오의 이름을 알지 못하는 중국인은 없다고 해도 무방할 것이다.

필자가 전바오다오 열사능원을 참관한 지 11년이 지난 2008년 인터넷을 보니, 2007년 6월 13일 자로 바오칭현 당 위원회와 바오칭현 인민정부가 연대 서명을 냈던 능원을 수리하고 확장하고자 하니 기부를 바란다고 호소하는 문서를 발견했다고 한다(中共保清縣委·保清縣人民政府, 2007). 그것에 의하면 2001년 국무원에 '국가급 중점 열사 기념 건축물 보호단위'로 인정받은 것이 기록되어 있고, 그 뒤 능원을 건설한 지 38년이 지나 개수(改修)가 필요해 2000만 위안이 소요되는데 그중 1000만 위안은 모았기 때문에 나머지 1000만 위안의 기부를 요구했다고 한다. 개수 계획에는 현재의 3.6만 m²를 10만 m²로 확장하고 전성(全省)에서 최대의 애국주의 교육기지로 만든다고 기록되어 있었다. 열사의 묘 옆에 한 그루씩 심긴 소나무는 지금도 자라고 있을 것이다.

중국·몽골 국경의 귀국 화교

1982~1983년 필자는 모스크바의 일본 대사관에서 전문 조사원으로 근무했다. 1983년 4월 보름 간 울란바토르(Ulan Bator)에서 베이징·하얼빈을 거쳐 이르쿠츠크까지 열차 여행을 했다. 움직이기 시작한 중·소 관계의 동향을 조사하기 위해서였다.

4월 10일 울란바토르 역에서 베이징으로 향하는 열차에 탔는데 플랫폼에는 귀국하는 화교(華僑)가 많이 모여 있었다. 울란바토르 주재 중국 대사관원이 마중 나왔다. 몽골 당국에 의한 '화교 추방' 사건이 매체에서 보도된 것은 5월 말 이래로 그때는 무슨 일이 일어나고 있는지 알 수 없었다.

탑승한 차량에서 화교 삼남매(누나, 여동생, 남동생)와 알게 되었다. 갑자기 소련 및 동유럽제로 생각되는 라디오 카세트를 꺼내 국경 통과 중에 맡아주면 좋겠다는 부탁을 받았다. 외교 여권을 가지고 있는 필자의 화물은 검사받지 않기 때문이다. 필자는 "할 수 없다"라고 딱 잘라 거절했다.

중국과 국경이 가까워지자 화교 청년 1명이 나타나 소련 및 동유럽제로 생각되는 쌍안경을 꺼내 "부친이 아프셔서 간병하러 가는 중인데 지금 돈이 없습니다. 국경인 얼렌하오터(Erenhot, 중국명: 二連浩特)에서 하차하는데 이 쌍안경을 팔아 돈을 마련해 표를 살 것입니다. 따라서 국경 통과 중에 부탁드립니다"라는 부탁을 받았는데 필자는 거절했다.

열차는 중국·몽골 국경을 넘어 11일 오전 0시 30분 중국 측 국경역 얼렌하오터에 도착했다. 역 구내에는 중국의 식당차가 대기하고 있었는데(열차 발차 시에 연결된다), 심야에 중화요리를 먹을 수 있었다. 중국 세관 공무원 5~6명이 들어와 식사하면서 '전과(戰果)'를 서로 다투고 있었다. 화교에게서 전기 제품을 몰수했다든지, 시계 2개를 몰수했다든지, 현금을 얼마나 몰수했다든지 하는 이야기들이 오고갔다. 필자는 화교가 소련 및 동유럽 제품을 국내에 들여와 암시장에 유포시키는 것을 세관이 단속하는 것은 아닌가 하고 생각했다. 특히 전기 제품은 소련과 중국 모두 전압이 220V로 같아 사용하기 좋다.

또한 앞에서 언급한 화교 청년이 11일 오전 식당차에서 어떤 남자와 담소하면서 아침 식사를 하는 모습을 보았다. 얼렌하오터에서 내려 돈을 마련해 부친 간병을 위해 간다는 그의 이야기는 결국 거짓말이었다.

제5장

베트남 전쟁에서
중·월 10년 전쟁으로

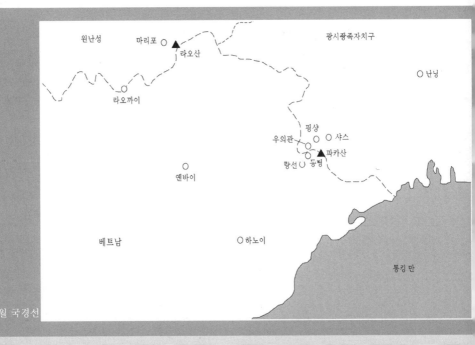

윈난성　　마리포 ○ ▲라오산　　　　　　　광시壯族자치구

　　　　　　　　　　　　　　　　　　　　　　　　○난닝

　　　　○
　라오까이

　　　　　　　　　　　　　　　　　　평샹
　　　　　　　　　　　　　　　우의관 ○ ○ 샤스
　　　　　　　　　　　　　　　　　○
　　○　　　　　　　　　　　　　랑선 ○ ○동빙 ▲파카산
예바이

베트남　　　　　　○하노이

　　　　　　　　　　　　　　　　　　　　　통킹 만

중·월 국경선

중국은 베트남의 항불(抗佛) 전쟁, 미국과 싸운 베트남 전쟁 시 막대한 인적·물적 지원을 했다. 베트남 각지에는 중국인 열사 묘지가 있으며 사망한 지원 부대 병사가 잠들어 있다. 하지만 1979년 2월 17일 중국인민해방군은 광시·윈난 국경에서 베트남 침공 작전을 시작했다. 중국군은 1개월 후 철수했는데 전투가 끝난 것은 아니었다. 중·월 양국 군은 국경 지대에서 대치했다. 중·월의 전투는 중·월 10년 전쟁으로 불려야 한다. 왜 양국 군의 병사는 국경의 동굴에 들어가 고통스러운 전투를 계속하지 않으면 안 되었을까?

옌바이의 중국인 열사 묘지

2012년 2월 21일 필자는 하노이의 베트남사회과학원 중국연구소에서 개최된 중·월 관계에 대한 워크숍에 출석했다. 22일 도쿄외국어대 아시아·아프리카언어문화연구소 구리하라 히로히데(栗原浩英) 교수와 함께 중국연구소 도티엔삼(Do Tien Sam) 소장의 전용 차량으로 하노이 서북쪽에 있는 옌바이(Yên Bái, 중국명: 安沛市)로 향했다. 옌바이의 중국인 열사 묘지를 방문하기 위해서였다.

시 중심부를 벗어나자 농민이 밭농사를 짓는 모습이 눈에 들어왔다. 가족 단위로 손으로 심고 있었다. 조용한 전원 풍경이었다. 그와 함께 한국 현대그룹의 탱크로리 차량을 발견했다. 일본제 탱크로리 차량을 발견하지 못한 것은 아니지만 현대그룹 차량이 압도적으로 많았다. 시내 식당이나 공항에서도 한국인의 목소리가 들려 한국의 존재감 증대에 다시 한 번 주목했다.

옌바이는 하노이에서 170km 떨어져 있고 차량으로 4시간이 소요되었다. 윈난성과 베트남의 경계인 라오까이(Lào Cai, 중국명: 老街市)에서도 170km 떨어져 있다. 옌바이는 하노이·라오까이 중앙에 위치해 있다. 중국인 열사 묘지는 옌바이 교외에 있었다. 옌바이까지 50km라는 도로 표식이 있었다. 이곳은 소수민족인 먀오족이 많이 거주하고 있다. 농촌 지대로 도로 양측 경사면의 차밭이 눈에 들어왔다.

묘지 정면으로는 베트남어로 "중국인 열사 묘지"라고 쓰여 있었다. 묘지는 열쇠가 채워져 있었지만 묘지 앞 도로를 옆으로 건너면 잡화점이 있었고, 그곳 주인이 가까이에 있는 열쇠를 갖고 있는 분을 데려와 문을 열어주었다. 묘는 6열로 나란히 있었고 총 44개가 있었다. 묘 양측에 상당히 높은 소나무가 서 있었다. "중국 후근부대(後勤部隊)"라고 적혀 있었으며 성명이 기록되어 있던 묘, "중국 후근부대"라는 글자만 판독할 수 있는 묘도 있었

그림 5-1 **옌바이의 중국인 열사 묘지**
"베트남 인민은 공적을 잊지 않는다"라
고 기록되어 있다. 필자 촬영(2012. 2.
22).

는데, 대부분은 성명을 알 수 없는 무명전
사의 묘였다. 다만 사망한 날짜는 기록
되어 있었는데 필자가 적은 메모에 의하
면 '1966년 3월 1일', '1967년 2월 15일',
'동년(同年) 3월 3일', '3월 6일', '6월 8일',
'7월 11일', '7월 18일'(2명), '9월 16일'
(2명), '11월 4일'(3명), '11월 21일'이었
다. 1967년 여름부터 가을에 걸쳐 사망한
자의 묘가 많다는 것을 알 수 있다.

잡화점 주인, 열쇠 관리자, 우연히 잡
화점에 있었던 손님과도 교류하며 묘지
가 만들어진 경위를 물었다. 그들에 따르
면 묘지가 만들어지기 시작한 것은 1966

년이다. 눈앞의 도로는 중국이 만들어준 것이며 미군의 공중폭격으로 중국
인이 사망했는데 처음에 묘는 4개뿐이었다. 그 이후 특히 중·월 관계 정상
화 이래 묘가 모여 현재의 모습이 되었다고 한다. 중·월 관계는 1991년에
정상화되었다. 그 무렵부터 옌바이 주변에서 사망하고 그 땅에 매장되었던
중국인 유골을 파내 열사 묘지로 함께 이장한 것이다. 이전에 한 베트남 유
학생에게서 조부가 베트남 전쟁 시 중국 병사가 30kg이 넘는 자재를 들고
와서 도로를 만들어준 것에 감사한다고 말했다는 것을 들은 적이 있다.

중국 병사는 왜 베트남 땅에 '무명전사'로 매장되었을까? 중국의 베트남
에 대한 인적·물적 지원은 중화인민공화국 건국 초기로 거슬러 올라간다.
1950년부터 중국은 정치 고문단과 군사 고문단을 파견해 베트남의 항불 전
쟁을 지원했다. 1954년 디엔비엔푸(Dien Bien Phu, 중국명: 奠邊府城) 전투에
서도 중국의 지원하에 싸웠다. 1951년부터 1976년까지 프랑스에서의 독

립을 목적으로 한 항불 전쟁과 미국과 싸운 베트남 전쟁 기간에 중국의 베트남 지원 요원 1446명이 사망했다("中國駐越南大使館祭掃援越中國烈士墓", 2009). 베트남 전쟁 시 중국 지원 부대 사망자가 약 1100명이었기 때문에 항불 전쟁 시 사망자는 346명을 조금 상회한다. 필자가 보지 못했지만 디엔비엔푸 동쪽 산기슭에는 중국인 열사를 모시는 능원이 2개 더 있으며, 디엔비엔푸 북쪽에 디엔비엔푸 전투 전사자를 모시는 능원이 있고, 디엔비엔푸 남쪽에 베트남 전쟁 전사자를 모시는 능원이 있다고 한다.

베트남 전쟁에서 사망한 중국 베트남 지원 요원은 베트남 북부 및 중부 57개 열사능원에 모셔져 있다. 2009년 청명절에 해당하는 4월 4일 베트남 북서부의 다 강(Sông Đà, 중국명: 沱江, 영문명: Black River) 상류의 라이쩌우(Lai Châu)에서 거행된 열사능원 개관식에 중국 대사가 참석했다. 여기에 52명의 열사 묘가 나란히 있으며 각각 성명, 출신지, 생전 소속 단위, 사망 날짜가 새겨져 있다고 한다. 옌바이의 묘지 대부분은 '무명전사'로 매장되어 있었는데 그렇지 않은 능원도 있는 듯하다. 이와 함께 미군의 폭격이 북베트남 깊숙한 곳 중·월 국경 가까이까지 미쳤다는 것이 주목된다.

중국 후근부대의 파견

여기에서 베트남 전쟁 시 중국이 베트남에 지원 요원을 보내게 된 경위를 살펴보겠다. 1954년 디엔비엔푸 전투가 베트남군의 승리로 끝난 이후 북위 17도선을 잠정 군사경계선으로 해 그 북쪽은 베트남 인민군이, 남쪽은 프랑스군이 지배 지역으로 삼는 제네바 휴전협정이 체결되었다. 인도차이나에 휴전을 가져온 제네바회의의 최종 의정서는 2년 후인 1956년 선거를 통해 남북 통일을 도모할 것을 약속했지만, 남베트남 측은 이 의정서에 서명을 거부했다. 선거는 실시되지 못했고 미국은 남베트남의 응오딘지엠(Ngo Dinh Diem) 정권에 대한 지원을 강화했다.

1960년 12월 남베트남 민족해방전선이 결성된다. 이 전선은 1962년 2월 16일 제1차 회의를 개최하고 미 제국주의의 주구 응오딘지엠 정권을 타도하고 남부에 민족민주연합 정부를 수립한다고 발표했다. 그들은 북베트남의 직접 지원과 중·소 등의 원조를 받아 남부 해방 전투를 진행했다.

남부에서의 전투에 어려움을 겪게 된 미군은 1965년 뒷방패인 북베트남을 치기 위해 '북폭'을 시작했다. 1965년 4월 18일 중국인민해방군 총참모부는 중국인민지원공정대(中國人民志願工程隊)를 조직해 베트남에 파견해 도로·철도·비행장 건설과 방어 시설 공사 등에 종사시키기로 결정했다. 당 중앙·국무원·군 관련 부문에 의해 '중앙 국무원 베트남 지원소조'[『국무원 원월영도소조(國務院援越領導小組)』라고 적힌 책도 있다]를 만들었다[조장: 양청우(楊成武) 제1부총참모장]. 전국적으로 베트남에 지원 부대를 파견하게 되었다.

1965년 6월 9일 중국인민지원공정대 제2지대(支隊) 제1제단이 광시좡족자치구의 우의관(友誼關)에서 베트남으로 들어갔다. 각 제단에는 차량 50대가 배속되었다. 병사는 베트남 인민군복을 착용하고 국경을 넘었다. 우의관은 명나라 시대에는 진이관(鎮夷關)이라고 불렸으며 청나라 초기에 진남관(鎮南關)으로 개칭되었다. 중북 국경 단둥이 옛날에 안둥이라고 불린 것과 마찬가지로 '남방 지배'라는 의미이다. 중화인민공화국 건국 이후 1953년에 목남관(睦南關)으로 개칭되었는데 우의관이라는 지명은 친밀감을 높이기 위해 1965년 개명된 것이다.

이 단계에서 지원 부대는 "중국인민지원공정대"라고 불렸는데 곧 '중국 후근부대'(후방 지원 부대)로 개칭된다. 인민해방군에는 공정병이라는 병과가 있다. 일본의 관점에서는 공병(工兵)이다. 공정대는 공병 부대로 실제 포병 부대도 지원했으므로 '중국 후근부대'가 실태에 부합한다. 혹은 당초 중국인민지원공정대라고 명명한 것은 한국전쟁 시 인민지원군처럼 어느 단계에서 중국이 지원 부대를 보내고 있다는 것을 공표할 의도가 있었을지도 모른다.

실제로 중국이 베트남에 지원 부대를 보낸 것은 장기간 비밀이었다. 중국이 지원 부대를 보낸 사실을 공식적으로 인정한 것은 1979년 11월 20일 자 ≪인민일보≫에 게재된 "베트남의 항불, 항미 투쟁기의 중월 관계"라는 제목의 평론원(評論員) 논문이 최초였다. 이 논문은 베트남 전쟁 시 방공부대, 공병, 철도병 등 지원부대를 연인원 32만여 명, 가장 많을 때는 17만여 명을 보냈다고 기록하고 있다. 중국의 물적 원조는 1978년 국제시장 가격으로 계산하면 200억 달러에 달하는 것으로 되어 있다. 1979년 2월 중월전쟁이 시작되어 중국은 베트남이 배은망덕하다는 사실을 알리기 위해 지원부대를 파견한 사실(史實)을 공표한 것이다.

1990년대에 들어서자 베트남에 파견된 후근부대 지휘원의 회상이 발표되었는데, 특히 중국인민해방군 당대전사총서(當代戰史叢書) 제1권으로 발행된 『원월항미: 베트남에서의 중국 지원부대(援越抗美: 中國支援部隊在越南)』(曲·鮑·肖, 1995)는 지원부대의 전투 모습을 상세히 소개하고 있다. 이 책에 의하면 지원부대 파견은 2단계로 나뉘었다.

제1단계는 1965년 6월~1970년 7월이다. 방공(防空) 임무, 도로 건설, 철도 건설, 비행장 건설, 방어 공사 등에 해당한다. 제1단계 작업은 미군의 북폭 중단 성명이 공표된 이후 철수했다.

제2단계는 1972년 5월~1973년 8월이다. 미국의 리처드 닉슨(Richard Nixon) 정권이 남북 베트남에 대한 폭격을 재개한 이후 지대공 미사일 부대, 기뢰 처리대(處理隊), 자동차 수송부대를 파견했다.

제1단계 지원부대 편성에 대해 기록하면 우선 중국 원월(援越) 고사포 부대가 편성되었다. 주력은 공군이었다. 회상록에는 제31지대, 제37지대, 제61지대, 제63지대, 제64지대, 제65지대, 제67지대 등 부대 번호가 나온다.

최후의 제67지대는 제61지대의 임무를 계승해 파견되었다. 상당한 병력이 파견되었던 것으로 생각된다.

다음으로 파견된 중국인민지원공정대 제1지대는 철도병으로 편성된 부대로 철도 건설을 맡았다. 철도병이란 인민해방군의 한 병종으로 철도 건설과 군사 수송에 종사했다. 1982년 국무원 철도부와 합체되었는데 그 이후에도 철도부 자체로 준(準)군사집단이라는 의식이 남아 있어 행정 개혁을 위한 교통부와의 합병을 요구하는 목소리를 계속 거부하고 있다. 그렇지만 2011년 저장성 원저우시(溫州市)에서 '고속 철도' 열차 사고가 일어나 비판받게 되었다. 2013년 철도부는 해체되고 행정 부문은 교통부에 합병되고 철도 운송 부문은 중국철로총공사(中國鐵路總公司)가 되었다.

베트남 전쟁 시 철도병은 인민해방군의 일익을 담당하고 있다는 긍지 높은 집단이었으며 베트남 지원에서도 필두 지대를 편성한다는 영예를 받았다. 제1지대 3만 명의 병사는 1965년 6월 26일 윈난·광시 두 방면에서 베트남으로 들어가 철도 건설에 종사했다.

제2지대는 공정병 부대로 선양군구·베이징군구(北京軍區)·지난군구(齊南軍區) 및 고사포, 지상포(地上砲), 해군, 통신병 등의 단위에서 차출된 부대로 구성된 합성 부대로 2만 명의 병력을 갖고 있었다. 베트남 동북부에 방어 시설 건설, 항구 부두 건설, 해저 전선 케이블 부설, 통신선 부설 등 임무를 수행했다. 제2지대 제1제단이 중국인민지원공정대의 선봉에 나서며 1965년 6월 9일 우의관을 넘은 것은 앞에서 말한 바와 같다.

제3지대에 대해서는 회상록에 그 부대 번호가 나오는데 존재는 했겠지만 그 편성 모체, 임무 등은 알 수 없다. 수수께끼 부대이다.

이 외에 중앙군사위원회 공정병부(工程兵部)가 책임을 지고 원월항미 도로건설 지휘부를 조직해 그 아래에 제4지대, 제5지대, 제6지대가 편성되었다. 도로 건설을 주요 임무로 하는 부대였다. 제4지대는 광저우군구가 편성했다. 제5지대는 선양군구가 편성했다. 제6지대는 쿤밍군구(昆明軍區)가 편성했는데 그 내역은 철도병 4개 대대와 쿤밍군구 2개 대대였다. 쿤밍군구는 윈난성과 함께 민공총대(民工總隊, 2대 대대로 구성)를 조직했는데 이 2대 민공 대대는 제5지대와 제6지대에 각각 1개 대대씩 배속되었다. 나아가 교통부와 공정병이 중심이 되어 측량총대(測量總隊)가 편성되었다.

또한 제2지대가 1966년 9~10월 국내로 철수한 이후 그 뒤를 이어 제7지대가 편성되어 같은 해 12월 15일 우의관에서 베트남으로 들어왔다. 이 지대는 3개 대대, 3개 고사포 중대로 구성되었다. 임무는 훙하(Sông Hồng, 중국명: 紅河, 영문명: Red River) 삼각주 지대 방어 공사를 담당하고, 특히 하노이, 하이퐁(Haiphong, 중국명: 海防市)의 방어 능력을 제고시키는 것이었다. 이 지대는 3년 동안 베트남에 남았고 1969년 11월 철수했다.

회상록을 읽으면 중국의 지원부대는 다른 기후 풍토에 고통을 겪으면서도 임무를 수행한 것을 알 수 있다. 병사들 사이에서 "베트남, 베트남, 정말 갈수록 힘겹다[越南(yuenan), 越南(yuenan), 眞是越來越難(yuenan)]"라는 말이 유행한 듯하다. 베트남과 '갈수록 힘겹다'의 발음이 같은 것이다. 뱀, 쥐, 모기에게 고통당하는 일이 흔했는데, 특히 가장 힘들었던 것은 독사였다. 독사를 때려죽이기 위해 각각 곤봉을 갖고 있었다. 50m×40m의 주둔지 텐트에서 1개월에 60마리의 독사를 죽였다거나 주방에 놓아두었던 계란을 모두 뱀이 먹어버렸다고 기록되어 있다. 실로 '담사색변(談蛇色變: 뱀이라고 말하면 안색이 변하는)'이라고 할 만한 상황이었다.

회상록에는 다양한 뱀이 등장한다. 10m 이상 되는 큰 뱀을 비롯해 금환사(金環蛇)·은환사(銀環蛇)라든지, 안경왕사(眼鏡王蛇)라든지 다양한 뱀이 나온다. 일반적으로 뱀이 먼저 사람을 공격하는 일은 없다든지, 뱀에게 물린 자는 그렇게 많지 않았다고 냉정히 기술한 자도 있다. 또한 뱀을 먹은 경위를 기록한 자도 있고, "뱀 고기는 고급 요리이다"라고 칭송한 자도 있다.

어쨌든 중·월 국경 지대는 뱀의 보고(寶庫)이다. 식용 뱀도 있었는데 필자는 난닝(南寧)에서 광시사회과학원(廣西社會科學院)의 동남아시아 연구자 덕분에 2차례 사과(蛇鍋: 뱀을 썰어 야채 등과 함께 넣는다)를 먹었던 적이 있다. 다만 야영 중에는 독사를 발견하면 때려죽이지 않으면 안 된다(독이 없는 뱀은 놓아주어도 좋지만). 그렇게 하지 않으면 편안히 잠을 잘 수 없기 때문이다. 필자의 경험으로도 독사인 살모사는 눈이 마주쳐도 도망가지 않고 쏘아본다. 따라서 죽일 수밖에 없다.

그로부터 10여 년 후 중·월 관계는 악화되어 1979년 중월전쟁이 일어나 중국 병사는 다시 베트남 전쟁터에 나타난다. 그때 다시 한 차례 뱀으로 고통을 당하게 된다.

그런데 앞에서 논한 바와 같이 베트남 전쟁 시 중국의 베트남 지원부대 사망자는 약 1100명에 달했다. 그 숫자를 회상록에서 추출해보면 제1지대 사망자 297명, 제2지대 사망자 수십 명이다. 제3지대는 알 수 없다. 원월항미 도로건설 지휘부 산하 제4, 제5, 제6지대 사망자는 450명(제4지대 사망자가 120여 명이고, 제6지대 사망자가 95명이다. 그렇다면 제5지대 사망자는 235명 정도가 된다). 제2지대의 임무를 계승한 제7지대는 북위 20도선 부근 전투에서 사망자 3명을 냈다. 이렇게 보면 각 지대 중 철도병으로 편성된 제1지대 사망자가 가장 많아 약 30%를 차지한다. 고사포 부대 사망자에 대해서는 숫자가 없지만 1100명 가운데 각 지대 사망자를 빼면 약 300명이 사망한 것으로 추정된다.

랑선에서 우의관으로

2008년 8월 15일 하노이에서 차량으로 랑선(Lang So'n, 중국명: 涼山)으로 향했다. 이때도 도쿄외국어대 구리하라 히로히데 교수와 함께했다. 랑선은 하노이에서 북동쪽으로 약 150km 떨어져 있고 중국 국경까지 약 15km의 장소에 위치해 있다.

랑선은 1979년 중·월 양국 군의 격전이 있었던 곳이다. 같은 해 2월 17일 중국인민해방군이 광시·윈난 국경을 넘어 베트남으로 공격해 들어왔다. 10일 후인 2월 27일 중국군 9개 사단은 포병·전차 부대를 동원해 하노이에 이르는 요충지인 랑선을 공격했다. 3월 2일 랑선 북부를 점령했다. 4일 오전 7시 시내를 흐르는 강을 강행 도하해서 시 남부를 향했고 5일 남부의 고지를 제압했다. 하노이를 향하는 대문은 뚫렸고 같은 날 오후 2시 40분 랑선 상공에 2발의 하얀 신호탄을 발사해 전군에 승전보를 전했다. 같은 날 중국 정부는 베트남과의 전투는 초기의 목적을 달성했으며 같은 날 부대를 철수시킨다는 성명을 내고, 국경 지대가 우기로 들어가기 전에 중국군은 전면 철수했다(철수 완료는 3월 16일).

필자는 1979년 1년 동안 홍콩중문대(香港中文大)에서 유학했으며 중월전쟁이 시작되어 한참 동안 홍콩의 한 영화관에서 〈랑선을 직접 공격하다(直搗涼山)〉라는 중월전쟁의 사진 영화를 본 적이 있다. 2월 17일 여명이 트기 전 베트남군 진지에 포격을 시작한 이후 육군 부대가 진격했다. 베트남군 병사가 들어가 있는 동굴을 화염방사기로 불태웠는데 화염방사기 화염이 공중을 '날아가는' 모습을 보고 경악했던 것이 지금도 기억난다.

1979년 5월 베이징을 방문했을 때 중월전쟁에서 중국 병사의 영웅적인 전쟁 모습을 전시품으로 보여준 전람회를 참관했다. 6월 중월전쟁의 후방 지원 기지였던 난닝과 쿤밍으로 출발했다. 두 지역 모두 중국군 병사의 승리 귀환을 축하하는 표어가 내걸려 있었다. 쿤밍은 '윈난성 참전·전선 지원 축하 대회' 개최를 축하하는 표어가 곳곳에 붙어 있었다. 그 표어 위에는 마오쩌둥과 화궈펑(華國鋒)의 사진이 붙어 있는 것도 있었다(사진은 맞은편의

그림 5-2 랑선 열사능원 베트남군 전사자
필자 촬영(2008.8.15).

왼쪽이 마오쩌둥, 오른쪽이 화궈펑이었다. 좌우를 혼동해서는 안 된다). 아직 덩샤오핑의 사진은 없었다. 쿤밍의 명승지 스린(石林)에서는 베트남에서 돌아온 중국 병사가 유람하고 있었다. 모두 젊다. 그리고 단정한 군복을 입었다. 통신병이라는 것은 알았다. 말을 걸었는데 대답을 듣지는 못했다. 당시 외국인은 난닝, 쿤밍에서 남하해 국경에 접근하는 것이 허락되지 않았다.

여기서 화제를 랑선으로 돌리면 중월전쟁 시 랑선시 내부는 중국군에 의해 상당히 파괴되었음이 틀림없는데 지금은 시내에서 전쟁의 흔적을 찾기 어렵다. 하지만 정비된 열사능원이 있으며 중월전쟁 시 전사한 베트남군 병사를 모시고 있고 성명, 사망 날짜 등이 새겨져 있다. 새로운 선향(線香)이 바쳐진 묘가 여럿 있었다. 일부는 중월전쟁 전사자가 아닌 사람도 모셔져 있다.

랑선에서 1박을 하고 8월 16일 중국과의 국경으로 향했다. 도로는 중·월을 잇는 철도 가까이를 통과했다. 철도는 단선으로 레일은 3개였다. 표준궤(標準軌)의 중국 열차도, 협궤(狹軌)의 베트남 열차도 달릴 수 있도록 되어 있었다. 중국 열차는 중·월 국경에서 열차 차량을 바꾸는 일 없이 전진해 랑선을 지나 하노이 근교 역까지 운행할 수 있다. 중월전쟁 시에도 레일 개수를 줄이지는(중국 열차가 들어오지 못하도록 하지는) 않았다고 한다.

국경 마을 동당(Đồng Đăng)에서 출경(出境) 수속을 마치고 우의관에서 중국 측 통관을 수속을 진행했다. 당시는 베이징 올림픽 중이었기 때문인지 경계는 삼엄했고 디지털 카메라로 과거에 촬영한 사진을 하나씩 확인받았다. 감시원은 익숙한 손놀림으로 확인했다. 국경 무역이 행해지는 곳에서 베트남 측에서 중국 영내를 찍은 사진이 발견되었다. 국경에서 상대국 내부를 촬영해서는 안 된다는 규칙을 "알지 못했다"라고 해명하자, 한동안 설교를 들었지만 사진 삭제는 요구받지 않았다.

필자는 1992년 지린성 훈춘(琿春)에서의 조사 여행 중 도문강 연안의 사퉈쯔(沙坨子) 세관을 방문했다. 그곳의 뜰에서 눈앞의 북한 측을 촬영하는 것을 경관이 발견해 엄청나게 혹독한 꾸지람을 받고 필름을 빼내도록 요구받은 적이 있다. 이때도 "북한 측 촬영이 금지되어 있다는 것을 알지 못했다"라고 반복해서 해명해 어쨌든 필름 압수는 면했다. 국경에서의 촬영에는 '신중함'이 필요하다.

중·월 국경을 넘다

통관을 마치고 "우의관"이라는 액자[제자는 천이 장군]가 걸린 문을 지나자 핑샹시(憑祥市)가 나왔다. 핑샹은 옛날부터 중·월 간 교역의 거점이었는데 1939년 12월 일본군이 중·월 간 국제 교통선을 절단하기 위해 핑샹에 침입한 이래 몇 차례 점령했다. 그 때문에 교역은 중단되었는데 신중국이 성립되자 교역은 새로운 발전을 보였다. 1953년 초 핑샹시 정부가 성립하고 대월(對越) 소액무역 연합판사처(連合辦事處)가 만들어졌다. 같은 해 1월 20일 정식으로 대월 개방이 실시되어 인적·물적 교류가 확대되었다.

1954년 2월 중·월 양국 정부는 국경 무역에 관한 의정서에 조인했다. 이에 따라 1만 위안 이하 소액 거래는 세금을 지불할 필요가 없게 되었다. 대약진 정책이 실패한 이후 중국은 심각한 식량 부족에 빠졌다. 1959~1962년 국경 지대 베트남인이 닭 두세 마리, 돼지고기 1, 2kg를 들고 비밀리에 '지름길[近道]'을 통해 중국에 왔다고 한다. 일종의 밀무역이다. 1979년 중월전쟁으로 교역은 중단되었다. 핑샹시가 국경 무역을 재개하고 발전을 도모하기 시작한 것은 1988년 4월이었다. 중·월 양국은 1995년부터 국경 무역과 국가 간 무역을 함께 발전시키게 된다.

현재 밀무역은 확실히 금지되어 있다. 그렇지만 중·월 국경의 베트남 측에서 산림이 있는 쪽으로 승용차가 정차되어 있는데, 그곳에서 '동물이 다니는 길'처럼 보이는 길이 산림 속을 향해 있는 것을 발견했다. 증거를 잡았던 것은 아니지만 지금도 밀무역을 하고 있는 '밀매꾼'이 있는 것은 아닐까?

핑샹에서는 중월전쟁 전사자를 모시는 열사능원을 조사할 계획이었다. 중국 인터넷상에는 어떤 사람이 중월전쟁 전사자를 모시는 열사능원을 조사하고 전사자 수를 기록한 목록이 게재되어 있다. 능원 명칭은 알 수 있지만 전사자 수의 기재가 없고 다른 인터넷상의 문서와 전사자 수에서 차이가 있었다. 핑샹의 난산(南山) 열사능원에 대해서는 모셔져 있는 열사의 수가 기재되어 있지 않았다. 그 부근 장즈[匠紙, 거즈(戈止)] 열사능원의 열사 수는 1118명설과 936명설 두 가지가 있다.

그래서 우선 난산 열사능원을 참관했는데 한창 기록하는 중에 공안(경찰) 차량이 다가와 광시쫭족자치구 지도자가 참배하러 온다는 이유로 퇴거를 요구받았다. 어쩔 수 없이 주변 장즈 열사능원으로 이동했는데 택시가 능원에 도착하자마자 공안 차량이 뒤따라와 또 퇴거를 요구해 조사를 단념했다.

그러나 조사를 포기하지 않고 같은 해 12월 구리하라 히로히데 교수와 함께 핑샹을 재방문했다. 난산 열사능원 전사자 묘가 641개, 장즈 열사능원 전사자 묘는 1000개가 넘었다. 이 두 능원에 묻힌 1979년 대월 자위 반격전에서의 전사자이다.

이 시기 핑샹 방문 중에 파카산(法卡山) 열사능원도 방문했다. 이 능원은 핑샹시 내부에서 20km 떨어진 샤스(夏石)에 있다. 1981년 5월 광시·베트남 국경의 파카산 전투 사망자 154명을 모시고 있다. 능원은 작은 구릉 위에 있었다. 파카산과 유사한 지형을 선택해 능원을 만든 것으로 보인다. 기념비에는 57일 동안이나 지속된 격전 가운데 적 705명을 사살하고 512명에게 부상을 입혔다고 새겨져 있었다.

1981년 5월에는 윈난·베트남 국경 커우린산(扣林山) 전투에서도 131명의 전사자를 냈는데, 그들은 다음에 다루게 되는 마리포(麻栗坡) 열사능원에 모셔져 있다.

중국 측은 1979년 3월 5일 예기했던 목적을 달성했다며 같은 날 철수한다는 성명을 내고

그림 5-3 **파카산 열사능원**
필자 촬영(2008.12).

군을 철수시켰음이 틀림없지만, 베트남군은 중국 국경으로 돌아가 침입한 중국군을 격퇴시켰다며 전쟁에 승리했다고 선전했다. 1981년에도 국경 지대에서의 양군 대치 상황은 변하지 않았고 때때로 전투가 일어났다.

중월전쟁의 개전 경위

여기에서 중국이 중월전쟁을 결단한 경위에 대해 되돌아보도록 하겠다. 1975년 5월 남베트남 수도 사이공(Saigon)이 함락되고, 그 이후 베트남의 남북 통일이 실현되자 중·월 간 갈등이 표면화되었다.

이 사이 중국에서는 권력 교체를 둘러싼 정치적 혼란이 일어났다. 1976년 9월 9일 '위대한 지도자' 마오쩌둥이 사망했다. 그로부터 1개월도 지나지 않은 10월 6일 화궈펑이 군 내부 원로 간부와 연계해 중앙경비부대를 이용해 '4인방'을 구속했다. 마오쩌둥의 통치를 밑받침해왔던 그룹의 내부 분열이었고 정치국 내부에서 열세였던 화궈펑이 예방 쿠데타를 일으킨 것이다.

1976년 4월 톈안먼 사건(제1차 톈안먼 사건이라고 한다)에 연좌되어 모든 직무에서 해임된 덩샤오핑의 처우에 대해, 화궈펑은 덩샤오핑이 과거 언동을 자기비판하고 당 중앙이 이를 받아들이는 형태로 부활을 인정했다. 덩샤오핑의 자기비판서는 1977년 4월 10일 자로 당 중앙과 화궈펑에게 보내졌고 7월 중국공산당 10기 3중전회에서 당 부주석, 국무원 부총리로 복귀했다. 그때 덩샤오핑은 다시 인민해방군 총참모장을 겸무하게 되었다.

군 일인자에 해당하는 당 중앙군사위원회 주석은 화궈펑이었지만 군 내부에서의 영향력은 덩샤오핑에게 미치지 못했다. 중월전쟁에 참군한 적도 있는 니촹후이(倪創揮)의 대저 『10년 중월전쟁(十年中越戰爭)』에 의하면 1978년 2월 중국공산당 11기 2중전회가 열렸다. 당시 화궈펑이 중앙위원회 주석이었으며 정치국 상무위원은 예젠잉, 덩샤오핑, 리셴녠(李先念), 왕둥싱(汪東興)이었다. 이때 중앙 상무위원회에서 베트남 진공 작전 지휘권을 덩샤오핑에게 건네는 것을 결정했다고 한다(倪, 2010上: 84).

그러나 이 시점에서 베트남에 대한 진격을 정식으로 결정했다고는 생각되지 않는다. 북으로는 소련의 위협, 남으로는 소련에 호응하는 베트남의 움직임에 대비한 포석을 깔았던 것이 아닐까 한다. 다만 중국과 베트남 관계의 긴장도가 높아지고 있었던 것은 사실이다.

1974년 이래 중·월 국경에서 마찰이 증가했다. 1977년 5월 4일에는 우의관과 하노이를 잇는 철도의 국경 통과 지점에서 대규모 충돌이 일어나, 중국의 주장에 따르면 중국 측 부상자 51명(그중 중상자 6명)이 나왔다고 한다. 국경선에 대한 이해에 서로 차이가 있었기 때문이다.

여기에서 중·월 간 국경 문제에 대해 언급하면 육상 국경선, 통킹 만(바크 보 만) 영해선(領海線), 시사군도(西沙群島, 호안사 제도)·난사군도(南沙群島, 추온사 제도) 영유권 문제가 있었다. 중국 측 주장에 의하면 1957~1958년 중·월 양국은 국경의 현상 유지를 약속한 서간을 교환했다(齊, 2013: 343). 양국은 1887년과 1895년 청불조약(淸佛條約)에서 결정된 국경선을 존중하는 것에 합의했다. 육상 국경에 대해 말하면, 양국이 영유권을 주장하는 '분쟁지구'가 있었던 것은 아니며 일부 국경선이 불명확한 곳이 있었다.

1977년부터는 구남베트남에 거주하는 화교의 대우를 둘러싼 대립이 불거졌다. 중국 측은 베트남 당국이 화교에 대해 베트남 국적을 취득하도록 강요했다고 비난했다. 베트남 측은 베트남 주재 화교를 사회주의 건설에 동원하려는 노림수가 있었을 것이다. 베트남이 유통 기구 국유화 등 사회주의화를 추진하자 베트남 주재 화교는 중국으로 도망가기 시작했다. 중국 측은 베트남이 화교를 학대하고 있다면서 비난을 격화시켰다. 화교 중에는 베트남을 탈출해 보트피플이 된 자도 생겼다.

국경 문제, 베트남 주재 화교 문제에 더해 중·월 관계에 균열이 생긴 요인으로 캄보디아 문제가 있다. 캄보디아에서는 1975년 4월 17일 폴 포트(Pol Pot)파가 친미 성향의 론 놀(Lon Nol) 정권을 타도하고 권력을 잡았다. 그들은 프놈펜(Pnompenh) 주민을 지방으로 퇴거시켰다. 철저한 집단화가 행해져 사람들을 공동 식당에서 식사하도록 강제했다. 대약진 시대 중국을 연상시킨다. 그 과정에서 100만 명 혹은 200만 명이라고도 하는 사람들이 사망했다. 폴 포트의 학살이다. 필자는 프놈펜에서 캄보디아인에게서 폴 포트파가 가시가 있는 나무로 머리를 잘라(톱으로 자르는 것처럼) 주민을 살해한 적도 있었다는 말을 들었고 그 학살 양태에 전율한 적이 있다.

1978년 12월 2일 폴 포트의 숙청에서 도망쳐 베트남으로 망명한 군인들이 구국민족통일전선을 결성했다. 그들 1만 5000명과 베트남 병사 15만 명은 같은 달 25일 캄보디아로 공격해 들어가 1979년 1월 9일 프놈펜에 입성했다. 캄보디아에는 캄보디아인민공화국[헹 삼린(Heng Samrin) 정권이 수립되었다. 이전부터 폴 포트파를 지원했던 중국은 이것을 베트남에 의한 "캄보디아 침략"이라며 격렬하게 비난했다. 중국은 이러한 일련의 움직임을 베트남이 '대(大)패권주의'(소련)의 지원 아래에서 '소(小)패권주의'를 실행하는 것으로 파악했다.

캄보디아 문제나 베트남 주재 화교의 귀국 문제로 중·월 관계가 악화 일로를 걷는 가운데 1977년 10월부터 계속되었던 외무차관급의 국경 교섭이 성과를 거두지 못한 상태로 1978년 8월 중단되었다.

국경 문제 해결을 위한 외교 통로가 닫히게 된 이 무렵부터 구체적인 대월 작전 준비가 진행된 것으로 보인다. 니창후이에 의하면, 1978년 9월과 11월 22일 중앙군사위원회는 두 차례 작전회의를 개최하고 대월 작전을 위해 군 배치를 검토했다. 같은 해 10월부터 광저우군구, 쿤밍군구의 야전부대가 야영 훈련 명목으로 중·월 국경지대로 이동하기 시작했다. 12월 8일 중앙군사위원회는 광저우군구, 쿤밍군구에 대해 정식으로 대월 자위 반격 작전 준비의 서면 명령을 하달했다. 같은 시기 소련·몽골과 국경을 접하고 있는 선양군구, 베이징군구, 란저우군구(蘭州軍區), 신장군구에 대해서도 임전 상태에 들어가도록 명령을 내렸다(倪, 2012上: 84~85).

1979년 1월 1일 중앙군사위원회는 쿤밍군구 사령원 왕비청(王必成)과 우한군구(武漢軍區) 사령원 양더즈(楊得志)를 교체하는 인사 발령을 했다. 양더즈는 자위 반격전 서선(西線, 윈난 방면 작전) 총지휘를 맡았다. 그가 베트남 전쟁 시 베트남에 체재한 적이 있고 베트남의 군사 정보에 정통해서 이동된 것으로 보인다. 양더즈는 1월 7일 쿤밍에 도착했다. 그런데 12일 윈난 허커우에서 적정(敵情)을 시찰하던 중 발병해 베이징으로 돌아온다. 서선의 작전 준비는 전임인 왕비청이 추진한 것으로 양더즈는 5일 정도밖에 작전 준비에 관여하지 못했다. 자위 반격전 이후 동선(東線, 광시 방면 작전)의 총지휘를 맡은 쉬스유(許世友)가 제1선으로 나오고 양더즈는 총참모장으로 승진했다. 1980년대 중월전쟁은 양더즈 총참모장의 지휘로 싸우게 된 것이다.

양더즈의 공과는 논외로 하고 1월 10일 광시·윈난의 대월 국경에 중국은

9개 군 22만 5000명의 전투 부대를 집결시켰다. 같은 달 23일 중앙군사위원회는 최종적인 대월 작전회의를 개최하고 작전 행동안을 확인하는 것과 함께 2월 15일까지 전투 준비를 종료하도록 지시했다.

2월 14일 중공중앙은 「대월 자위 반격·국경 방위 전투에 관한 통지」를 발표하며 전쟁 목적에 대해 "국경 지대의 평화와 안전을 얻는 데 있으며 그것에 의해 4개 현대화(농업·공업·국방·과학기술의 현대화)의 순조로운 진전을 유리하게 하는 것"이라고 내세웠다. 그 뒤에 2월 17일 광시·윈난 두 방면에서 베트남 영내로 공격해 들어갔다. 육군 위주의 전투였고 공군은 중국 국경 지역에서의 순찰이 주된 임무였으며, 광시 방면은 광저우군구 사령원 왕하이가 지휘를 맡았다. 그는 한국전쟁 전투영웅이었다. 윈난 방면은 쿤밍군구 공군지휘소 주임 허우수쥔(侯書軍)이 지휘를 맡았다.

공군은 고사포 부대, 지대공 미사일 부대도 출동시켰다. 우의관 부근 레이더 기지가 공격받았을 때는 이를 지켜내 '강철 레이더 중대'라는 칭호를 수여받았다.

해군은 통킹 만의 중·월 중간선의 중국 측 해역에서 활동했다.

국가 재정을 압박한 자위 반격전

덩샤오핑 아래에서 군이 대월 전쟁 준비를 추진하던 때 화궈펑은 무엇을 하고 있었을까? 바로 '양약진(洋躍進)'이다. 1950년대 후반 대약진운동이 중국의 재래 기술로 선진국을 따라잡고 추월하고자 했던 반면, 양약진운동은 외국 기술과 플랜트에 의존해 중국 경제의 '고속 발전'을 도모하고자 했다.

중국에서는 흔히 1978년 12월 중국공산당 11기 3중전회를 기점으로 '개혁개방' 시대가 시작되었다고 한다. 하지만 이는 사후의 설명이다. 11기 3중전회 코뮤니케(communiqué)에는 '개방'이라든지 '대외개방'이라는 단어는 나오지 않았다. '개혁'이라는 말은 있다. '경제 관리 체제와 경영관리 방법'의 개혁 필요성이 주장되어 있는데, 어디까지나 '국가의 통일계획'이 전제가 된 논의로 계획경제 체제에 칼을 댈 의도가 있었던 것은 아니었다.

11기 3중전회에서는 실제로 무엇이 논의되고 결정되었을까? 3중전회 코뮤니케는 1979년 활동 중심을 사회주의 현대화로 이행하는 것과 함께 화궈평 동지를 비롯한 당 중앙 주변에 굳게 단결하자고 호소하고 있다. 여기에서 말하는 현대화는 화궈평이 추진하고자 한 현대화이다. 필자는 코뮤니케에 입각해 3중전회의 의의를 고찰해야 한다고 생각한다(石井, 2009c: 10~12).

3중전회는 식량의 통일 구매 가격을 20% 인상하며, 면화·착유(搾油) 작물 등 구매 가격도 상응해 인상하고, 농업 기계·화학 비료 등은 10~15% 인하하며, 또한 도시 노동자·직원의 생활수준이 내려가지 않도록 식량 판매 가격은 변경하지 않는다는 결정을 내렸다. 중국 인민의 생활을 향상시켜 그 지지를 얻으려는 노림수가 있었다고 생각되는데 화궈평은 아낌없이 아량을 베푼 것이다.

이러한 정책은 당연히 국가 재정에 큰 부담이 되었다. 구매 가격 인상을 위해 책정한 40억 위안으로는 충분하지 않았고 65억 위안이 필요했다. 농업세 등의 감면으로 인해 10억 위안을 책정했지만 17억 위안이 필요했다. 또한 지식인 청년 등의 취업 문제가 심각해져 그 때문에 30억 위안을 책정했지만 35억 위안이 필요했다.

결과적으로 아낌없이 아량을 베푸는 것은 무리였다는 것이 판명되었는데 이와 같이 정책 결정을 했던 것은 국고에 돈이 있었기 때문이다. 문화대혁명을 추진한 '4인방' 때문에 국민경제가 붕괴했다든지, 붕괴에 내몰렸다는 표현이 중국에서는 흔히 이루어진다. 특히 문화대혁명 피해자는 그와 같이 주장한다. 그렇게 주장하고 싶은 기분은 이해할 수 있지만 실제 경제 상황은 나쁘지 않았다. 지금은 그 나름대로 경제 발전을 이루었던 문화대혁명기 연구와 많은 중국인에게 피해를 입힌 문화대혁명이라는 운동을 서로 구별해야 한다는 목소리가 강해지고 있다.

1978년 재정 수입은 1132억 위안이었다. 현재 가치로는 미미한 액수지만 당시로는 차관 상환도 없는 상당한 액수였다. 같은 해 국방비는 167.8억 위안으로 재정 지출의 15.1%였다. 중월전쟁을 일으킨 1979년 국방비는 222.7억 위안으로 증가했다. 재정 지출에서 차지하는 비중은 17.5%였다(姜·王, 2012: 346). 그 후에는 1988년까지 200억 위안을 넘는 일은 없었다.

덩샤오핑과 군은 국고에는 중월전쟁을 할 수 있는 돈이 있다며 전쟁에 나섰지만 중월전쟁의 전비는 국가 재정을 압박했다. 당시 국가계획위원회 주임 위추리(余秋里)의 평전을 기록한 레이리(雷勵)는 ① 11기 3중전회에서의 아낌없이 베풀기, ② 지식 청년의 취업 대책비 증가, ③ 중월전쟁 전비로 인해 중국의 국민경제는 '조정'에 내몰리게 되어 1979년 기본 건설 투자를 457억 위안에서 360억 위안으로 감소하게 되었다고 기록하고 있다(雷, 2007: 192). 1979년 경제 위기는 화궈펑의 아낌없는 베풀기와 덩샤오핑의 중월전쟁에 그 책임의 일단이 있다.

그 이후 화궈펑은 '양약진'이 교착 상태에 빠진 가운데 1980년 8월 30일부터 열린 전국인민대표대회 제5기 제3차 회의에서 총리 사임을 표명했고 이것이 수리되었다(9월 10일 공표). 화궈펑이 영향력을 상실해가는 것과 대조적으로 덩샤오핑은 사실상 '최고지도자'의 위치를 굳혀갔다.

중·소, 중·월 관계 타개를 향해: 덩샤오핑의 이니셔티브

중월전쟁은 1979년의 자위 반격전으로 종결되었던 것이 아니다. 중국군 철수 이후 베트남군은 중국 국경까지 다시 밀고 올라가 자위 반격전 이전과 동일한 상황으로 되돌아갔다. 필자는 중월전쟁은 10년 전쟁으로 파악해야 한다고 생각하며, 중월전쟁 30주년이었던 2009년에 집필한 글에서 "중월전쟁은 10년 전쟁"이라고 기록했다(石井, 2009b: 4). 2010년 앞에서 말한 바와 같이 니창후이가 『10년 중월전쟁』이라는 제목의 대저를 출판해 자위 반격전은 장기간 계속된 전쟁의 출발점이었다는 것을 밝혔다.

여기에서 자위 반격전 이후 중·월 양국의 움직임을 검토해보도록 하겠다. 중·월 간에는 국경 문제를 논의하는 외무차관급 회담이 1979년 4월 18일~5월 18일 하노이에서, 같은 해 6월 28일~12월 19일 베이징에서 행해졌는데 아무런 성과도 올리지 못하고 중단되었다.

중·월 국경에서의 양국 군 대치 상황이 계속되는 가운데, 1980년 하반기 이래 베트남 외교부는 수차례 중국 외교부에 대해 국경 문제 해결을 위한 외무차관급 회담 개최를 요구해왔다. 그렇지만 중국 측은 응하지 않았다. 그 이후 1991년 중·월 관계 정상화까지 국경 교섭이 이루어지지 않았다.

이 사이 최고지도자 덩샤오핑은 무엇을 생각했을까? 마오쩌둥이 남긴 어두운 유산, 즉 중·소 간의 비정상적인 상태와 스스로 초래한 중·월 대결 상황을 중·소 교섭에서 타개한다는 구상이었다. 그때 단기간 교섭으로는 해결이 어려운 '역사 문제', 즉 국경 문제는 뒤로 미루고 중국의 안전보장에 위협을 주지 않는다고 중국이 인식하는 문제, 즉 '현실 문제'를 중심으로 교섭한다는 생각이었다. 이렇게 하면 쌍방은 국경·영토를 둘러싼 쓸모없는 응수(應酬)에서 해방되고 국가 관계의 정상화 작업에 착수할 수 있게 된다.

덩샤오핑은 1982년 8월 중국 외교부의 위홍량(于洪亮) 소련·동구(東歐) 국장을 모스크바에 파견해 중국의 요구 사항을 전했다. 3개월 전 같은 해 5월 소련의 레오니트 브레즈네프(Леонид Брежнев) 서기장이 중앙아시아 타슈켄트(Tashkent)에서 한 연설에서 서로 이익의 상호 존중, 상호 내정 불간섭, 호혜에 기초하며 그리고 제3국에 손실을 주는 일이 없이 쌍방에 의해 받아들여지는 개선 조치에 대해 합의할 용의가 있다고 논했다. 이른 바 타슈켄트 제안이다. 덩샤오핑은 소련 측이 보내온 이 화해 신호에 주목하고 응답했다. 위홍량 국장은 모스크바에서 다음과 같이 말했다.

> 중국 측은 우선 소련이 베트남에 권고해 캄보디아에서 철병시키는 것부터 시작하도록 제안하는데 양국 관계에 영향을 주는 기타 문제, 예를 들면 중·소 국경 지대 무장력을 감소시키는 것부터 시작해도 상관없다. 그와 동시에 쌍방은 관계 각 방면이 함께 받아들일 수 있는 형태로 해결 방법을 모색하고 몽골인민공화국에서 소련이 철병하는 문제를 해결하는 것을 고려해야 한다. 중국 측은 아프가니스탄 문제에 관해서도 합리적인 해결 방법을 모색할 것을 바라고 있다.

중·소 관계 정상화를 방해하는 '3대 장해(障害)'가 있는데(영토 문제는 빠져 있다), 캄보디아에서의 베트남군 철수 문제, 중국 국경·몽골에서의 소련군 철수 문제, 아프가니스탄에서의 소련군 철수 문제를 들며 우선 캄보디아 문제를 언급한 것이다.

1982년 10월부터 연 2회 중·소 양국 수도에서 번갈아 가며 외무차관급 협의가 행해졌다. 제1회 협의 시 중국 대표는 소련이 베트남을 지지하는 것을 중단하고 베트남군의 캄보디아 지역에서의 자주적 철수를 촉구하도록 요구했다. 하지만 소련 측은 제3국이 결부된 문제는 토론하지 않는다는 태도를 보였다. 그 후 매회 중국 대표는 캄보디아 문제에 대해 같은 발언을 반복했다.

필자는 중·소 차관급 협의 코뮤니케 문언(文言) 변화에 주목해 중·소 관계 정상화 과정을 검토한 적이 있다(石井, 2007). 캄보디아 문제의 토의를 거부해왔던 소련 측 태도에 변화가 보인 것은 제9회 협의(1986년 10월 6~14일)였다. 협의 후 나온 짧은 코뮤니케에 "함께 관심을 모은 중요한 국제 문제와 지역 문제에 대해 의견을 교환"이라고 되어 있다. 소련이 캄보디아 문제에 대한 협의에 동의한 것이다.

소련 측은 왜 태도를 바꾸었을까? 1년 전인 1985년 미하일 고르바초프(Михаил Горбачёв)가 소련공산당 서기장이 되어 페레스트로이카(перестройка)가 시작되었다. 같은 해 10월 9일 덩샤오핑은 루마니아의 니콜라에 차우셰스쿠(Nicolae Ceauşescu) 대통령과 회견했을 때 고르바초프에 대한 전언(傳言)을 의뢰했다. 즉, "중·소 간에 베트남이 캄보디아에서 군대를 철수시키는 일에 양해가 가능하고 또한 실현될 수 있다면 고르바초프와 만나고 싶다. 자신의 외국 방문 사명은 끝났지만 이 문제는 예외"라고 말이다.

1986년 7월 28일 고르바초프는 극동의 블라디보스토크까지 와서 연설했다. 명백히 중국을 향해서였다.

소련군 부대의 상당한 부분을 몽골에서 철수시키는 문제를 몽골 지도부와 검토 중이다.

아프가니스탄 정부와 협의해 소련 지도부는 1986년까지 아프가니스탄에서 6개 연대를 본국으로 귀환시키는 결정을 채택했다.

중·소의 국경문제에 관해서는 "머지않은 장래에 우리를 격리시키고 있는(연결하고 있다고 말하고 싶다) 국경이 평화와 우호의 지대가 되는 것을 희망하고 있다", "공식적으로 국경은 주요 항로를 통과하게 될 것이다"라고 했다.

이러한 고르바초프의 연설 내용을 검토해 중국은 소련 측 태도에 중요한 변화가 있다고 판단하고 '국경 교섭' 재개에 동의했다. 관계 정상화 교섭과는 동떨어진 형태로 외무차관급 교섭을 재개하게 된다. 1987년 2월 9~23일 모스크바에서 국경 교섭이 이루어져 그 이후 양국 수도에서 번갈아가며 교섭이 행해졌다.

다만 베트남·캄보디아 문제에 관해 고르바초프 연설은 "중국과 베트남의 관계 정상화 과정에서 해결을 도모해야 할 것이며 중·월 쌍방의 문제이기에 소련으로서는 중·월이 대화를 회복하는 것을 희망할 뿐이다"라고 논했다.

베트남은 이 단계에서 중·소 관계 정상화 자체에는 반대하지 않는다는 입장을 취했는데, 고르바초프 연설 직후 8월 13일 자 ≪인민(Nhân Dân)≫은 이 연설 중 "우리의 관심은 그 어떤 특권이나 특별한 지위의 요구가 아니라 타인을 희생시켜 자신들의 안전을 강화하고자 하는 이기적인 의도도 없으며 타인에게 손실을 준 뒤의 이익 추구도 아니다"를 인용해 소련에 대해 "타인에게 손실을 준 뒤의 이익 추구를 하지 않는다"라며, 베트남의 이익을 희생시키지 말라고 못을 박았다.

중국 측은 확실히 고르바초프 연설에서 긍정적인 측면은 평가했지만, '3대 장해' 제거 요구와는 거리가 있으며 특히 베트남의 캄보디아에서의 병력 철수에 대해 언급하지 않았던 것에 불만을 품고 있었다. 1986년 9월 2일 덩샤오핑은 CBS TV 등의 인터뷰에서 거듭 소련이 캄보디아 문제의 해결을 위해 영향력을 발휘해줄 것을 요구했다.

3대 장해의 중심은 베트남의 캄보디아 침략이다. 중·소 양국은 현실에서 분쟁과 대립 상태에 있기 때문이다. 다만 이것은 베트남군과 중국군이 대립하는 형태를 취하고 있다. 만약 소련이 베트남군의 캄보디아 철수를 원조할 수 있다면 중·소 관계의 주요 장해는 제거된다. 이 문제가 제거된다면 나는 고르바초프와 만날 용의가 있다.

이러한 경위를 거쳐 전술한 바처럼 제9회 협의 시 소련 측은 캄보디아 문제 토의에 동의했다. 제10회 협의(1987년 4월 14~20일) 시 코뮤니케에는 "양국 관계의 정상화, 지역 충돌 및 함께 관심을 갖는 기타 문제에 대해서 ……
여기에서 토의했다"라고 되어 있다. '지역 충돌'이란 캄보디아 문제, 아프가
니스탄 문제를 지칭한다. 소련 측은 아프가니스탄에서 소련군을 철수시키
는 것을 결정한 이후 캄보디아 문제의 해결에 더욱 적극적이 되었다.

베트남도 소련의 페레스트로이카 정책을 배워서 1986년부터 도이머이
(Đổi mới, 쇄신) 정책을 추진하게 되었다. 그것을 위해서는 지역의 평화적
인 환경이 필요하게 된다. 1987년 5월 응우옌반린(Nguyen Van Linh) 서기
장이 인솔하는 베트남 당·정부 대표단이 소련을 방문했다. 응우옌반린은
인도차이나 3개국은 아시아·태평양 전략에서 소련과 제휴해 중국 및 이 지
역의 각국과 평등, 상호 독립, 주권, 영토 보전 존중 및 상호 이해를 기초로
캄보디아 문제의 정치적 해결을 고려하고 있다고 논했다.

같은 해 10월 5~16일 중·소 간 제11회 협의 코뮤니케에는 "캄보디아 문
제의 정치적 해결 방안에 대해 각각의 입장을 상세하게 서로 논했다"라고
기록되어 있다. 처음으로 '캄보디아 문제'라는 말이 사용되었다. 다만 "각각
의 입장을 함께 논했다"라는 표현 방식은 외교 용어로 합의가 이루어지지
못했다는 취지이다.

1988년 6월 13~20일 제12회 협의의 코뮤니케도 제11회와 마찬가지로
"캄보디아 문제에 대해 중점적으로 토의하고 각각의 입장을 서로 논했다"라
고 기록되어 있다. 제12회 협의에서 소련 측은 캄보디아 문제와 관련된 협
의를 진행하고 싶다고 제안했고 중국 측은 이에 동의했다. 그 결과 1988년
8월 27일~9월 1일 베이징에서 양국 외무차관에 의한 캄보디아 문제에 대한
협의가 이루어졌다. 이 협의로 쌍방의 차이가 해소된 것은 아니지만 일정한
내부 이해에 도달했던 것으로 전해지고 있다. 그 이후 중·소 간 협의는 교섭
자 수준을 올려 외교장관급에서 대화가 이루어졌다.

1988년 12월 1~3일 첸치천(錢其琛) 외교부장이 소련을 방문했다. 쌍방은

1989년 6월 말~12월 말 사이 베트남이 캄보디아에서 군대를 철수한다는 시간표를 확정하는 것에 합의했다. 이듬해 1989년 2월 1~4일에는 에두아르트 셰바르드나제(Эдуард Шеварднадзе) 소련 외교장관이 베이징을 방문해, 캄보디아 문제에서의 중·소 양국 간 인식 차이를 줄이고 캄보디아 문제에 대한 중·소 공동성명과 중·소 정상회담 일정을 동시에 발표하는 데 합의했다.

2월 5일 베이징에서 '캄보디아 문제 해결에 대한 중·소 양국 외교장관 성명'이 발표되었다. 이 성명은 캄보디아 문제에 관해 중·소 간 9개 항목의 합의를 열거하고 있다. 제3항에서는 베트남이 늦어도 1989년 9월 말까지 캄보디아에서 전면 철수하는 결정을 내렸다는 것에 주의를 기울이고 있다. 제4항에서는 캄보디아의 정체(政體)에 대해 중·소 쌍방의 견해를 병기하고 있다. 즉, 중국 측은 "시아누크(Sihanouk) 전하를 수반으로 4개 파 대표가 참가하는 캄보디아 임시 연합정부 수립을 지지한다"라고 기록하고 있으며, 소련 측은 "캄보디아 4개 파와 시아누크가 주재하고 4개 파 대표가 참가하는 임시 기구 수립에 관해 의견 일치가 이루어진 것을 지지한다. 이 기구는 캄보디아의 그 어떠한 1개 파에도 속하지 않으며, 그 임무는 캄보디아 각 파가 달성한 다양한 합의 및 자유선거를 실시하는 것에 있다"라고 기록하고 있다.

중·소 쌍방의 견해가 병기되었던 것은 물론 쌍방의 생각이 달랐기 때문이다. 소련 측 문장에서 시아누크에 대해 존칭 없이 불러서 특별히 경의를 표할 의사가 없다는 것, 그리고 특정 정치세력이 캄보디아 정치를 장악하는 것에 대한 경계심이 강한 것 등의 특징을 살펴볼 수 있다. 소련 측은 중국 방안은 폴 포트 정권의 부활을 저지하는 방벽 역할을 수행해온 캄보디아 국가 기구를 해체하는 것이라고 보아왔다. 그렇지만 소련 측은 캄보디아의 각 세력 간 대화의 활성화는 환영하며 거기에서 정리된 합의는 지지한다는 태도를 취하게 되었다. 중·소 양국 외교장관의 성명은 이 양론(兩論)을 병기한 문헌 위에 중·소 양국은 캄보디아의 장래 자유선거 결과를 존중한다고 기록하고 있다. 중·소 양국은 긴 협의를 거쳐 캄보디아 문제 해결에 관해 결국 공통의 문서를 작성하는 데까지 이르렀다.

이리하여 중·소 관계 정상화의 최대 걸림돌이었던 캄보디아 문제의 해결을 기대할 수 있게 되었다. '캄보디아 문제 해결에 대한 중·소 양국 외교장관 성명'이 공표된 같은 날 신화사는 다음과 같은 짧은 뉴스를 냈다.

중화인민공화국 주석 양상쿤(楊尚昆)의 초청으로 소련 최고간부회 의장, 소련 공산당 서기장 고르바초프가 올해 5월 15일부터 18일까지 중국을 정식으로 방문한다.

이 성명대로 5월 15일 고르바초프가 방중해 덩샤오핑과의 중·소 정상회담이 열리고 중·소 간 국가 및 당 관계가 정상화된 것을 확인했다. 중·소 간 '현실 문제' 해결을 감안해 '역사 문제', 즉 국경 문제 해결에 대한 움직임도 가속화되었다. 1991년 5월 16일 중·소 동부 국경협정이 체결되었다. 소련이 붕괴된 이후인 1994년 9월 3일에는 중·러 서부 국경협정이 체결되었다. 2004년 10월 14일 중·러 동부 국경 보족(補足)협정이 체결되어 그때까지 해결되지 못한 헤이샤쯔다오를 포함한 동부 국경 3개 섬의 귀속 문제가 해결되었다. 이것으로 중·러 간 모든 국경 문제가 해결된다.

여기에서 중·월 관계에 대해 다루어 보면, 중·월 양국도 중·러 관계와 마찬가지로 우선 국가 관계의 정상화 과정을 추진하고 양국 간 양호한 관계를 만든 뒤 영토 문제 해결을 도모했다. 1991년 중·월 관계가 정상화되고 1993년 영토·영해 교섭에 대한 기본 원칙에 관한 합의가 이루어졌다. 거기에서 육상 국경은 청조와 프랑스가 조인한 1887년과 1895년 2개 의정서를 교섭의 기초로 삼는다고 규정했다.

1997년 당시 베트남공산당의 도므어이(Đỗ Mười) 서기장이 방중해 중국공산당 장쩌민 총서기와 회담했다. 그때 기한을 정하고 합의를 지향할 것을 약속했다. 노력 목표로서 1999년 말까지 육상 국경을 획정하고 2000년 말까지 통킹 만 영해를 획정한다는 방침을 결정했다. 돌이켜보면 이 목표는 대체적으로 달성되었다고 할 수 있다. 1999년 12월 육상 국경 획정 조약이 조인되었다. 2000년 7월 이 조약은 비준서가 교환되어 발효되었다. 통킹 만 영해 획정 조약이 체결된 것은 2000년 12월이었다. 이 조약은 비준에 시간이 걸려 2004년 6월 15일 베트남 국회가 비준하고 그 직후 중국 전국인민대표대회 상무위원회도 비준해 6월 30일 비준서가 교환·발표되었다.

다만 이것으로 중·월 간 영토·영해 문제가 모두 해결된 것은 아니다. 시사군도, 난사군도 영유권 문제는 여전히 남아 있다.

중·월 국경의 열사능원

외교적인 교섭이 이루어지는 동안에도 중·월 국경에서의 전투는 계속되었다. 이번에는 중월전쟁에서 중국 병사가 얼마나 사망했는지 검토하도록 하겠다. 인터넷에서는 능원의 명칭과 모셔져 있는 전사자 수의 일람이 있는데, 니촹후이의 책에 기록되어 있는 〈표 5-1〉에 제시한 숫자가 신뢰성이 있는 것으로 여겨진다(倪, 2010下: 1021~1022)(〈표 5-1〉 참조). 필자의 조사 기록에 따르면 난산의 묘에는 641구의 시신이 묻혀 있었지만 말이다.

중·월 국경 1400km 전선에 걸쳐 능원이 산재해 있다. 중월전쟁 시 중국군은 광시, 윈난 두 국경에서 서로 다투듯이 공격해 들어왔는데 이 목록을 보면 광시 방면에 전사자가 많다는 것이 주목된다. 광시 방면의 전사자가 6761명, 윈난 방면의 전사자가 4598명으로 합계 1만 1359명이다. 전쟁터에서 부상을 입어 후방으로 이송된 이후 사망해 국경 지대 능원에 매장되지

<표 5-1> 중·월 국경의 열사능원

구분	열사능원		인원(명)
광시 방면	① 팡청(防城)		309
	② 닝밍(寧明)		692
	③ 핑샹시		
		샤스	154
		난산	643
		장즈(匠止)	984
	④ 룽저우(龍州)		1879
	⑤ 충쭤(崇左)		38
	⑥ 징시(靖西)		1089
	⑦ 나포(那坡)		936
	⑧ 난닝		37
윈난 방면	① 푸닝(富寧)		81
	② 시처우(西疇)		134
	③ 원산(文山)		82
	④ 마리포		937
	⑤ 마관(馬關)		
		마바이(馬白)	158
		런허(仁和)	439
	⑥ 허커우		
		마황포(螞蝗坡)	22
		차오터우(橋頭)	2
		수이터우	356
		샤오난시(小南溪)	270
	⑦ 진핑(金平)		693
	⑧ 멍쯔(蒙自)		428
	⑨ 핑볜(屛邊)		
		다룽수(大龍樹)	102
		수이충쯔(水沖子)[동원(東園)]	466
		수이충쯔[서원(西園)]	428

못한 병사도 약간은 있겠지만, 이 숫자가 기본적으로 중월전쟁에서 중국 측 전사자의 수일 것이다.

다음에 말하겠지만, 각 군구가 돌아가면서 라오산(老山) 방어에 부대를 증편하게 되자 유족의 의향으로 전사자를 화장한 후 유골을 원대(原隊)로 돌려보내 매장한 사례도 있었던 듯해, 전사자 수는 이 숫자를 약간 상회할 것이다.

전사자의 시신은 손상된 것이 많다. 화장 처리되기 전에 사망하면 화장(化粧)을 하는데, 필요하다면 흉부나 복부에 면이나 포(布)를 채워 넣는다. 의족(義足)을 착용시키는 경우도 있는데, 사람에 따라 길이가 다르기 때문에 각종 형태를 준비했다. 간부는 간부 복장, 병사는 전사 복장을 입힌다. 가능한 한 아름다운 모습으로 유족에게 보내져 사진을 찍는 것으로 보인다.

그런데 이러한 능원 가운데 필자가 방문한 것은 광시 방면의 샤스, 난산, 장즈, 윈난 방면 마리포의 4개소이다. 묘에는 전사자 연령도 기록되어 있는데 20대 초반 젊은이가 많고 19세도 있었다. 1955년 7월 30일 제정된 '병역법'에 의하면 그해 6월 30일에 만 18세가 된 남성 공민이 징병 대상이었다(1984년 5월 31일 '병역법' 개정으로 매년 12월 31일 이전에 만 18세가 되는 남성 공민이 징병 대상이었다). 중월전쟁 당시는 아직 병역법이 제정되지 않았기에 몇 살에 입대했는지 알 수 없다. 그렇지만 19세에 전사했다는 것은 군인이 된 지 얼마 되지 않았다는 것이 명백하다. 그 가운데 36세의 대대장이라고 적힌 묘도 있었는데 30대는 예외인 경우이다.

마리포 열사능원 참관

2009년 12월 22일 윈난성 쿤밍에서 원산좡족먀오족자치주(文山壯族苗族自治州)에 위치한 현급시(縣級市) 원산(文山)을 거쳐 마리포로 향했다. 원산에서 마리포까지 구간은 도처에 도로 공사 중이었다. 도로 공사와 암석

그림 5-4 **마리포 열사능원의 전사자 묘**
올리브 가지를 물은 비둘기가 새겨져
있다. 필자 촬영(2009.12.23).

채취가 병행 중이어서 큰 돌이 도로에 떨어졌다. 각처에서 교통 지체가 일어났다.

마리포에 접근하자 '37' 밭이 점점 많아진다. '37'이란 오가목과(五加木科)의 다년초 식물인데, 뿌리에 비타민과 미네랄 성분이 많으며 중국 의학에서는 심장병과 고혈압 치료에 사용된다. 중국 약국(藥局)에 가면 앞쪽에 나란히 있는데 몇 센티미터 크기의 덩어리로 대단히 딱딱하다. 윈난과 광시에 걸쳐 고지에서 재배되며 "북방 고려(高麗) 인삼, 남방 37 인삼"이라고 불릴 정도로 진귀하게 여겨지고 있다.

그러나 원산 일대는 산맥이 많아 경지 면적이 적고 '37'의 재배만으로는 생계를 도모할 수 없기 때문에(토양 관계로 어디에서나 '37'을 재배할 수 있는 것은 아니다), 고향을 떠나는 자가 많은 것으로 보인다.

마리포 열사능원에 도착했다. 능원은 마리포 현성 서북쪽 산지(山地) 경사면에 있었다. 중월전쟁이 시작된 1979년 2월 건설이 시작된 듯한데 완성된 것은 1988년 8월이다. 1999년 대규모의 보수가 행해졌다.

여기에는 1979년 2~3월 자위 반격전 시기 전사자 97명, 1981년 5월 커우린산 전투 전사자 131명, 1984년 4월 이래 라오산, 바리허둥산(八里河東山) 전투 전사자 632명, 기타 전쟁터 전사자 77명, 합계 937명이 매장되어 있다. 그 가운데는 민병 전사자도 포함되어 있다.

경사면 정상에 돌로 쌓은 광장이 있으며 대리석 기념탑(높이 19.9m)이 서 있는데, 정면에 마오쩌둥의 글씨로 '인민 영웅은 영원히 불후(不朽)하다'는 뜻의 "인민영웅영수불휴(人民英雄永垂不休)"가, 뒷면에는 덩샤오핑의 글씨로

'조국의 변경 방위를 위해 희생된 열사는 영원이 불후하다'가 새겨져 있다.

기념탑 아래쪽 경사면에 전사자의 묘가 늘어서 있었는데 각각의 묘석 상부에 인민해방군을 나타내는 붉은 별이 있다. 그 양측으로 올리브 가지를 물고 있는 비둘기가 묘사되어 있다. 평화를 가져오는 비둘기가 새겨진 묘를 본 것은 처음이었다. 성명, 생년, 출신지, 소속 부대 번호, 전사한 날짜가 새겨져 있었다. '학력'이 기록되어 있는 것도 다른 능원과 다른 부분인데 그중에는 "문맹"이라고 적혀 있는 것도 있었다. 거기까지 쓸 필요가 있는가 하고 생각했는데, '문맹'이었다고 해도 조국을 위해 싸우고 목숨을 바쳤다고 생각하는 편이 좋은 게 아닌가 하고 다시 생각했다. 가장 아래 열에 늘어서 있는 것이 민병의 묘였다.

열사능원 옆으로 '라오산 작전기념관(老山作戰紀念館)'이 건설 중이었는데, 2010년 1월 31일 완성 예정이라는 간판이 서 있었으나 공사가 진전되는 상황을 감안하면 제때 완성될 수 있을 것으로는 생각되지 않았다. 그 이후 기념관이 완성되었는지 여부는 확인하지 못했다.

열사능원을 참관한 이후 차량으로 부근의 라오산 주봉(主峰)으로 향했다. 라오산은 윈난성 원산저우(文山州) 마리포 현성 남쪽 25km 지점에 위치해 있다. 산들이 연결되어 있고 주봉 높이는 1422.2m이다. 주봉의 북방은 중국, 남방은 베트남에 속한다. 도로 옆으로 해골 마크가 보인다. 지뢰 처리가 아직 끝나지 않은 것이다.

주봉 정상은 중국 측이 관리하고 있는데 여기에도 기념관이 존재하며 라오산 전투의 개략을 보여주는 전시가 있었다. 술을 마시고 출격하는 사진도 있었다. 술은 바이주가 아니면 안 된다. 출격하는 날 미명(未明)에 단번에 바이주를 마시고 베트남 측 지뢰밭으로 들어가는 모습이 눈에 떠오른다.

중월전쟁의 르포를 읽으면 흔히 "묘이동(貓耳洞)"이라는 말이 자주 나온다. 통상적으로는 '여우 동굴'로 옮기면 좋은데 여기에서는 '묘이 동굴(貓耳

洞窟)'로 번역하겠다.

중·월 국경 지대는 카르스트(karst) 지형으로 천연 동굴이 많다. 중·월 양국 군은 근접 거리의 동굴에 잠복해 서로 응시했다. 천연 동굴에 더해 병사가 스스로 파서 들어간 동굴도 있다. 중국군 병사가 파서 들어간 동굴을 '묘이 동굴'이라고 부르는 것이다. 입구가 고양이 귀처럼 작고 가늘다. 혼자 파서 들어가는 것도 있고 몇 명이서 함께 파서 들어간 것도 있다.

'묘이 동굴'은 중월전쟁에서 처음 등장한 것이 아니라 국공내전 시기 쑤이 등이 대량의 묘이 동굴을 파서 국민당의 포격 및 공습을 피했다고 한다.

라오산 주봉 가까이에도 묘이 동굴과 유사한 동굴이 있었는데 입구는 폐쇄되어 있었다. 그 대신 정상의 전람관(展覽館)에 묘이 동굴 모형이 있었다. 확실히 입구는 좁지만 속에는 몇 명이 들어가는 것이 가능해보였다.

취사는 할 수 있었을 듯한데 문제는 물 공급이었다. 어느 회상록에 의하면, 베트남 병사의 감시 아래 1인당 하루 1000~1500cc 공급하는 것을 노력 목표로 삼았는데, 이것으로는 목욕 시 몸을 행구는 따뜻한 물 혹은 국수를 만드는 데 사용하는 것이 최선이었다고 한다.

또한 동굴에 들어가서 10일 동안 태양을 보지 못했다는 용맹한 자도 있었다고 한다. 담배 소비량이 증가해 "담배가 없어지는 것은 식량이 없어지는 것보다 고통스럽다"라는 말을 내뱉는 자도 있었다고 한다. 매월 10여 위안, 가장 많게는 20여 위안이 수당으로 지급되는데 모두 담뱃값으로 소비했다는 자도 있었다.

베트남군과 장기간 대치하자 문서에 '조인'한 것은 아니지만 '암묵적 이해'도 가능해졌다. 한 가지는 석양이 질 때의 휴전이었다(야습은 있었다). 석양이 질 때 지뢰밭 사이에서 댄스를 즐겼던 일도 있었다고 한다. 또 한 가지는 여성 병사를 쏘지 않는 것이었다. 이것은 2번의 예외가 있었는데 한 번은 라오산을 탈환했을 때 4명의 여성 병사가 동굴로 들어가 투항을 거부했기 때문에 화염방사기로 불태워 죽였다고 한다. 또 한 번은 임무 교대를 하고 목욕을 하던 여성 병사 6명에게 포격을 가한 일이었다.

또한 베트남 전쟁 시와 마찬가지로 뱀과 쥐에게 고통당한 것도 회상록에 흔히 나온다. 그 동물들로서는 동굴은 원래 그들의 거처였고 오히려 인간이 무단 침입자인 셈이다. 병사 중에는 베트남군 이상으로 뱀을 두려워한 자도 있었다고 한다. 다만 뱀은 동면한다. 하지만 따뜻해지면 모기와 뱀이 나타나기 때문에 모기와 뱀에게 물릴 때 바를 약을 항상 지참하도록 했다고 한다.

사람과 뱀 그리고 쥐의 '불안정한 삼각형 구조'를 지적하는 회상도 있었다(金·張·張, 1990: 103). 일종의 먹이사슬로 뱀은 쥐를 먹고, 쥐는 사람을 먹고(사람의 발이나 손가락을 갉아먹는다), 사람은 뱀을 먹는다는 것이다.

쥐에 대해서는 재미있는 일화가 있다. 예를 들면 쥐를 사용한 '신식 무기'이다. 쥐의 꼬리에 빈 캔을 줄로 묶어달고 기름을 발라 불을 붙여 쥐 대가리를 베트남군 동굴이 있는 방향으로 향하게 한다. 쥐가 날아가듯이 뛰어 베트남 측 동굴로 향하면 베트남군은 당황해 동굴 바깥을 향해 발포한다. 쥐가 방향을 바꾸면 이번에는 다른 동굴의 베트남군이 중국군의 기습이라고 생각하고 발포한다. 쥐 한 마리가 야간에 홀로 끊임없이 베트남군을 농락하는 것이다. 베트남군은 당시 중국군이 어떤 '신식 무기'를 사용했는지 알지 못했다고 한다.

또 다른 한 가지는 동굴 안에서 이상한 냄새가 나 베트남군이 독가스를 사용했다고 판단해 전투태세에 들어갔는데 중국군이 공격해 들어오지 않았다. 악취의 원인은 죽은 쥐였다고 한다. 동굴 안에 민병이 가져온 쥐약이 있었는데 그것을 맡고 죽은 쥐의 기이한 악취 때문에 고통스러워했다고 한다.

라오산 전투

1979년의 전투 이후 라오산은 베트남군이 방어 공사를 행해 거점으로 삼 았다.

중앙군사위원회의 명령을 받들어 1983년 12월 5일 쿤밍군구 제14군(참 전 인수는 1만 8297명), 제11집단군(참전 인수는 8932명)이 라오산 방면으로 이동했다. 제14군은 1984년 2월 20일 마리포 현성 서남쪽 50km 지점에 도 착했다.

라오산 작전은 다음 3단계로 나뉘었다. 제1단계는 4월 2~17일 포병이 베트남 주요 군사시설에 대해 화력 공격을 가한다. 제2단계는 4월 28 일~5월 1일 라오산지구 진지를 공략한다. 제3단계는 5월 2일~8월 30일 라 오산을 방위하면서 적이 일으킨 진격에 타격을 입힌다.

실제 전투는 이러한 작전 계획대로 이루어졌다. 4월 2일 이른 아침에 3발 의 적색 신호탄을 쏘아 올렸다. 그것을 신호로 중국군 포병의 포격이 시작 되었다. 포격은 27일까지 26일 동안 계속되었다. 제2단계 전투 배치는 제14군 제118연대가 제1제단 우익단(右翼團)을 이끌며 주봉을 공격했고 제119연대는 제1제단 좌익단(左翼團)을 이끌고 다른 고지를 공격했다.

제118연대 제2대대 제5중대가 1984년 4월 28일 오전 1시 30분 공격을 개 시했다. 제118연대는 베트남군이 확보한 1072 고지 쟁탈을 둘러싸고 베트 남군과 격전을 벌였다. 오후 5시 20분 1072 고지를 점령했다. 계속해서 주봉 도 점령했다. 제119연대도 4월 28일 662·6 고지를 공략해 임무를 달성했다.

중앙군사위원회는 특히 제118연대의 분투에 대해 '라오산 영웅 연대' 칭 호를 수여하며 칭송했다. 그렇지만 라오산 전투에서 중국군 646명이 전사 했고(일설에는 939명), 전선 지원 중 민공(民工) 64명이 사망했다. 희생도 컸 던 것이다.

라오산 전투 이후 5월 3~14일, 같은 마리포현(麻栗坡縣)에 속한 바리허둥산에서 양국 군이 교전해 중국군이 베트남군을 패퇴시켰다. 그 후 중국 측은 중·월 국경에서 공세는 취하지 않고 대체적으로 수비 태세를 취했다.

윤번제로 라오산 전투 임무를 맡다

1984년 7월 13일 중앙군사위원회 난징군구 제1군 소속 부대(2만 6624명)는 라오산 방면의 전투 임무를 담당했다.

1985년 3월 지난군구(濟南軍區) 제67군이 윈난성 남부 원산으로 이동해 중·월 국경으로 향할 준비를 했다. 제67군은 5월 30일 라오산 전구(戰區)에 들어가 난징군구 부대와 교대했다. 5월 31일 베트남군이 라오산 전장(戰場) 전선에서 포격을 가한 이후 공세를 가해왔다. 그들은 난징군구가 빼앗은 211 고지에도 공격을 가해왔다. 제67군 제199사단 제595연대가 "한 뼘의 땅도 잃어서는 안 된다"를 표어로 내세우며 싸웠지만 6월 2~11일 전투에서 참패했다. 돌격대원 120여 명이 전사했다. 제67군 전사자 총수 413명의 30%에 해당한다. 군사적 가치가 없는 지역에서 패배했기에 제595연대는 심대한 인적 손실을 냈음에도 부중대장 1인밖에 전투영웅 등의 칭호를 수여받지 못했다고 한다.

1985년 8월 26일 지난군구 제67군을 대신해 란저우군구 제47집단군(3만 7351명)이 라오산 방위를 맡았다. 그들은 1986년 1월 원산에서 훈련을 받은 후 4월 30일 리오산지구로 이동했다.

1986년 1월 베이징군구 제27집단군이 란저우군구 제47집단군을 대신해 라오산 방위를 맡으라는 명령을 받는다. 제27집단군(3만 3700명)은 같은 해 12월 원산에 집결해 1987년 4월 30일 라오산 방위 임무를 담당했다.

1988년 1월 12~25일 청두군구(成都軍區) 제13집단군 제37사단을 주력으로 하는 부대 (1만 7000명)가 원산에 집결했다. 그들은 같은 해 4월 30일 베이징군구 제27집단군을 대신해 라오산지구로 이동했다. 제13집단군은 대규모 전투에 종사한 적이 없었다. 대부분의 임무는 정찰이었다.

그림 5-5 라오산 주봉 정상의 조금 아래 있는 국경 표식

앞에서 말한 바와 같이 중·소 관계 정상화 움직임과 중·월 관계가 연동하고 있었는데, 중·소 관계 정상화(1989년 5월) 직전에 춘절 (春節, 구정월)을 얼마 남겨두지 않은 2월 초에 담배, 술, 캔을 가득 실은 베이징 지프차가 라오산 양국 군 진지 한가운데까지 진입해 베트남 측에 이러한 선물을 증정했다고 한다.

같은 해 10월 13일 청두군구 제13집단군 제37사단을 대신해 윈난성군구 (雲南省軍區) 수비 제1사단 제2연대가 라오산 방위 임무를 맡았다. 이들 역시 싸울 태세는 아니었다. 1990년 2월 15일 중앙군사위원회는 청두군구 윈난 전선 지휘소에 대해 라오산지구의 대월 방위작전 지휘권을 윈난성군구 전선 지휘소에 건네도록 명령했다.

중·월 간 국가 관계는 1990년 9월 청두에서의 최고지도자 간 비밀 접촉을 거쳐 1991년 11월 정상화되었다.

1993년 2월 10일 중앙군사위원회는 청두군구를 라오산지구 방위작전 임무에서 해제시키는 것과 함께 윈난성군구 전선 지휘소의 철수를 지시했다. 중·월 국경은 중국과 다른 국가의 국경과 마찬가지로 통상적인 순찰을 하게 되었던 것이다.

다수의 전사자를 낸 책임은?

앞에서 말한 바와 같이 중·월 10년 전쟁으로 적어도 1만 1359명이 전사했다. 많은 청년의 목숨을 빼앗은 이 전쟁에 대해 인민해방군은 약 30년이 지나서 결국 전투 지휘의 오류를 인식하게 되었다. 2007년에 출판된 『중국 인민해방군의 80년』은 다음과 같이 기록하고 있다.

변경 방위 부대는 장기간 전투를 하지 않았고 부대 중 압도적 다수의 중급 및 하급 지휘원은 실천 경험을 결여했다. 특히 '문화대혁명' 중에 린뱌오 및 '4인방'의 방해와 파괴에 직면해 부대 훈련이 적었다. 또한 군사적 자질이 열악하며 전투 중 지휘가 제대로 이루어지지 않고, 협동 행동이 잘 이루어지지 않으며 편성이 적절하지 않고, 무기 장비가 어울리지 않는 등의 문제가 노정되었다(軍事科學院軍事歷史研究所, 2007: 487).

인민해방군이 자신들의 작전에 대해 이 정도로 솔직히 오류를 인정한 것은 진귀한데, 문제는 책임을 중급 및 하급 지휘원에게 전가하고 있다는 점이다. 여기에는 중급 및 하급 지휘원이 부각되지 않는다.

니촹후이는 그들 상급 지휘원의 지휘에 문제가 있었다는 것을 솔직하게 지적하고 있다. 라오산 전투 시 제67군 제199사단 595연대의 211 고지에서의 참패에 대해 이미 지적했는데, 니촹후이가 특히 문제 삼는 것은 제50군 제150사단이었다.

제150사단은 1979년 3월 5일 중국이 자위 반격전에 승리했다며 철수를 지시한 날 광시 룽저우에서 베트남으로 진입해, 이튿날 6일 베트남 동북부 까오방(Cao Bǎng, 중국명: 高平鎭)에 이르러 베트남군의 '잔적(殘敵)' 토벌에 종사했다. 그렇지만 동북 방면으로 철수하던 중 방향을 잃어버렸다. 요컨대 어디로 가는지 알지 못하게 된 것이다. 12일 오후 3시 협곡에서 휴식 중 제448연대 1000여 명이 베트남군에게 포위되어 사방팔방에서 공격받았다. 퇴로도 끊겨 심대한 손실을 입었다. 베트남군을 경시했을 뿐 아니라 훈련도 부족했던 것이다. 제448연대 제8중대 제3소대 43명은 2명의 중사자를 제외하고 전원 전사했다. 나머지 2개 소대는 베트남군에게 포위된 채 구원을 기다렸는데 가망 없음을 깨닫고 지부(支部) 위원회를 열어 무기를 버리고 집단 투항을 결정하고 투항했다. 결국 제448연대는 542명이 뿔뿔이 흩어졌고 202명이 포로가 되었다. 니창후이가 문제로 지적한 것은 제50군의 작전 지도이다. 3명의 지도 간부를 파견해 제150사단 지휘의 강화를 도모했다. 그렇지만 적절한 지도를 하지 못했고 거꾸로 제448연대 지휘에 혼란을 가져와 중대한 손실을 초래함으로써 인민해방군에게 영원한 상처가 되었다고 지적하고 있다. 다른 곳에서는 철수를 표명했다가 그날에 공(功)을 세우는 것에 조바심을 내며 제150사단을 투입한 것은 전투 지휘원의 판단 오류라고 단정하고 있다(倪, 2010下: 991).

광시에서 베트남으로 진격한 부대는 3월 15일 철수를 종료했음이 틀림없지만 시간적 여유를 주기 위해 24시간을 늦추어 16일 철수를 완료했다.

그 이후 제50군 1명의 부군장(副軍長)에게 면직, 또 다른 1명의 부군장에게 면직 및 강급(降級), 1명의 부정치위원(副政治委員)에게 당내 경고라는 처분이 각각 내려졌다.

니창후이는 한 노장(老將)이 "조선에서는 제180사단이 나오고, 베트남에서는 제150사단이 나왔다"라며 한탄했다고 기록했다(倪, 2010下: 593). 한국전쟁 시 제60군 제180사단이 제5차 전역에서 섬멸된 것은 앞에서 말했다. 전체 사단 1만여 명 중 7000명을 상실했고 그중 5000여 명이 포로가 되었다.

베트남에서 포로가 된 제150사단 제448연대 202명은 중국 병사의 80% 이상이 되는 것이다. 니창후이는 반복해서 제50군 제150사단의 패배 책임을 추궁하고 있다. 1979년의 자위 반격전, 1981년의 파카산 전투에 직접 참가한 경험이 있는 니촹후이에게 지도부의 작전 오류로 병사가 사망한 것은 용납할 수 없음이 틀림없다. 그 정도로 엄하게 작전 지도를 비판했기 때문에 니촹후이의 책이 중국에서 출판되지 못하고 홍콩에서 출판된 것도 일면 수긍이 간다.

그 이후 1985년 인민해방군이 병력을 삭감했을 때 제50군과 제150사단은 없어졌다.

미디어가 만들어낸 '영웅'

이제까지 전쟁마다 군이 인정한 전투영웅에 대해 기록했다. 중월전쟁도 다른 전쟁과 마찬가지로 많은 '영웅'을 만들어냈다. 1979년 자위 반격전 시 '부자(父子) 영웅'이 출현했다.

1979년 2월 17일 자위 반격전 개시일에 장즈신(張志信) 사단장(한국전쟁에서 병사로 참가해 사단장까지 승진했다)이 전투 임무를 맡게 되었는데, 같은 날 오후 3시 같은 사단에 있는 그의 아들 장리(張立)가 전사했다는 소식을 듣는다. 장즈신 사단장은 있는 힘을 다해 슬픔을 억누르며 천천히 말했다.

전쟁에 희생은 따르는 것이다. 1953년 7월 21일이 생각난다. 조선의 전쟁터에서 제4중대는 하루에 4명의 소대장이 희생되었다. 제5중대는 최후에 중대장 1명만 남았다. 그렇게 많은 사람이 조국과 인민을 위해 전쟁터에서 희생되었다. 장리는 죽을 수 있는 장소를 얻었다.

군 내부에서 창작 활동을 했던 리춘바오(李存葆)는 중월전쟁을 소재로 한 중편소설『높은 산 아래의 화환(高山下的花環)』을 집필했다. 리춘바오는 이 부자에게 영감을 얻어 소설에서 의연한 행동을 보여주는 '레이 군장(雷軍長)'과 그의 아들로 원대한 포부를 품고 있고 재기 넘치는 '샤오베이징(小北京, 베이징의 아들)'이라는 '영웅 이미지'를 만들어냈다.

이 소설은 수많은 잡지에 게재되어 1981~1982년도 전국 우수 중편소설상을 수상했다. 1984년에는 동명의 영화[감독: 셰진(謝晉)]가 만들어지기도 했다. 일본에서는 〈전쟁터에 바치는 꽃(戰場に捧げる花)〉이라는 제목으로 소개된 것으로 알고 있다.

중월전쟁 '영웅' 중에서 중국인에게 가장 널리 알려진 인물은 쉬량(徐良)이 아닐까 생각된다. 니창후이도 쉬량에 대해 다음과 같이 기록했다.

1985년 시안음악학원(西安音樂學院) 4학년 학생이었던 쉬량은 학교에서 선발되어 전선에 위문하러 갔다. 넘치는 이상주의와 영웅주의를 품고 있던 쉬량은 적극적으로 참전을 요구해 최전선에 배속되었다. 1986년 5월 2일 밤 베트남군이 166 고지 제4호 동굴 아래쪽 지점을 기습해, 쉬량과 몇 명의 전우가 지원하도록 명령을 받았다. 아래쪽으로 이동하려고 하자 적군이 위쪽 지점을 공격하기 시작했다. 쉬량과 전우들은 적군의 진정한 목적은 위쪽 지점 공격에 있으며 주의력을 분산시키기 위해 아래쪽을 위장 공격하고 있다고 분석했다. 쉬량은 움푹 파인 곳 뒤편에 엎드려 아래쪽에서 나타난 그림자를 향해 3발을 사격했다(적 1명이 사살되고 1명이 부상). 쉬량은 베트남군을 모두 사살했다고 생각하고 일어섰다. 그렇지만 베트남군의 총성이 울렸고 총탄은 그의 왼쪽 대퇴부 동맥을 관통했다. 쉬량은 도움을 받아 진지로 돌아갔지만 출혈이 많고 시간이 너무 경과한 탓에 왼쪽 다리가 괴사해 다리 상부를 절단하지 않으면 안 되었다. 2개월 반 동안 쉬량은 9차례 수술을 받았고 2만 6000cc의 수혈을 전우에게서 받았다. 1987년 CCTV의 춘절(구정월) 환영회 밤에 휠체어에 앉아 있던

'1등 공신' 쉬량은 감정을 불어넣어 노래했다. 「혈염적풍채(血染的風采: 피로 물든 풍채)」는 동서남북 모든 방향으로 퍼졌다(倪, 2010下: 805).

니창후이의 기술은 여기에서 끝난다. CCTV에 등장했던 것은 그의 26세 생일이었다. 그 이후 쉬량은 셀 수 없는 사람들과의 만남, 영웅사적(英雄事蹟) 보고회와 같은 회합에 초대되어 그때마다 「혈염적풍채」를 불렀다. 시안음악학원에서 배웠기 때문에 노래는 잘했을 것이다. 「혈염적풍채」는 쉬량의 대명사가 되었다.

그 상태가 지속되었다면 쉬량은 행복했을 것이다. 그런데 그렇지 못했다. 쉬량이 회합 1회당 3000위안을 요구하며 한 푼도 깎을 수 없다고 했다는 말이 퍼졌고, 1988년 1월 쉬량은 명예가 훼손되었다며 고소했다. 그렇지만 이는 쉬량이 소속된 부대 지도부의 반대에 직면했다. 인민해방군이 민간인과 재판을 행한 전례가 없었던 것이다.

그로부터 10년이 지나 점차 그가 잊혔을 무렵 1997년 7월 쉬량에게 뜻하지 않은 사건이 일어났다. 어느 TV 피디가 8·1 건군절(建軍節)에 맞추어 쉬량에게 노래를 부탁한 것이다. 그 후 피디, 피디의 지인, 쉬량이 함께 어울려 술을 마시던 도중 여성을 둘러싼 문제로 사건이 일어나 결국 1명이 사망하기에 이르렀다. 차량 좌석에 앉아 있던 쉬량은 피의자가 아니었으나 이 사건 이후 그는 산시성 소재의 부대로 돌아가 1년 동안 외출이 금지되었다.

2001년 쉬량은 출신지인 베이징으로 돌아가 평범한 생활을 보내고 있는 듯하다. 그는 당과 정부와 군이 만든 '영웅'이 아니라 매체가 만든 '영웅'이었던 것으로 생각된다.

호찌민과 대일 배상

중국이 일본 측에 어느 정도 액수의 배상을 제시하며 요구할 것인가는 일본 국민의 커다 란 관심사였다. 1964년 2월 21일 일본을 방문 중이던 자오안보(趙安博, 중일우호협회 비서 장)가 ≪아사히신문(朝日新聞)≫ 기자에게 "우리나라는 배상으로 사회주의 건설을 한다 는 생각은 갖고 있지 않다"라고 말했다(≪朝日新聞≫, 1964.2.22). 자오안보는 이듬해 1965 년 5월 방중한 우쓰노미야 도쿠마(宇都宮德馬)에 대해서도 대일(對日) 배상 문제에 대해 "중국은 청구할 권리가 있지만 배상으로 사회주의를 건설할 계획은 없다. 또한 배상을 전쟁에 관계없는 세대와 국민에게 부과하는 것은 좋지 않은 일이다"라고 말했다(≪讀賣 新聞≫, 1965.6.8).

필자는 1997년 2월 베이징에서 장샹산(張香山, 중일우호협회 부회장 등 역임)에게 자오안 보의 발언 배경에 대해 질문한 적이 있다. 장샹산은 한마디로 "자오안보에게는 자유주의 성향이 있다"라고 말했다. 상부의 허가 없이 중앙의 방침을 외부에 말했다는 의미였다.

실제로 자오안보보다 일찍 일본에게 배상받을 의사가 없다는 것을 밝혔던 아시아의 지도자가 있었다. 바로 호찌민이다. ≪아사히신문≫의 논설 고문이었던 시라이시 본(白 石凡)의 대일 배상에 대한 질문에 1959년 10월 4일 자로 다음과 같은 회답을 보내왔다.

베트남 국민과 베트남민주공화국 정부는 일본에 대한 배상 청구는 일본 국민에게 무거운 부담이라고 생각한다. 양국 관계에서 가장 중요한 것은 전시(戰時) 배상 청구가 아니라 전쟁 반대, 평화 확보 투쟁이며 일본과 베트남 국민이 단결·협력하는 것이다. 이 단결과 협력이 다른 그 어떤 것보다 귀중하다(≪朝日新聞≫, 1959.11.6).

이 회답은 영어로 쓰였고 앞에서 인용한 이 절에 밑줄이 그어져 있다. 말미에는 호찌민이라는 서명이 있다. 이 회답은 하노이에 있는 호찌민 박물관에도 전시되어 있다.

이 박물관 옆에 호찌민 묘가 있으며 호찌민 유체(遺體)가 안치되어 있다. 햇빛 탓일지도 모르지만 호찌민 유체는 백색을 띠고 있다(모스크바 레닌 묘의 레닌 유체는 황색이며, 베이징 마오주석기념당의 마오쩌둥 유체는 적색이다).

청두에서의 비밀 접촉

베이징에서 아시안게임이 열리는 가운데 1990년 9월 3~4일 장쩌민 총서기와 베트남 공산당의 응우옌반린 서기장은 비밀리에 쓰촨성 청두에서 회담을 갖고, "과거를 종식시키고 미래를 열어나간다"라는 공통의 이해에 도달했다. 이 회의를 계기로 중·월 관계의 정상화는 급속도로 진전되었다.

니창후이는 이때 장쩌민이 청나라 시대의 시인 장융(江永)의 다음과 같은 시를 제시했다고 기록했다(倪, 2010下: 935).

도진겁파형제재(渡盡劫波兄弟在), 상견일소민은수(相見一笑泯恩讐)

길고 긴 시간을 지나 형제가 만나 한 번 웃는다면, 과거에 어떤 은수(恩讐)가 있었다고 해도 사라져버린다.

다만 장융의 시라고 한 것은 니창후이가 감정(勘定)을 잘못한 것이 아니었을까? 청조 시대 장융이라는 고증학자가 대량의 저작을 남겼는데, 단정할 수는 없지만 이 시는 루쉰

(魯迅)의 시 가운데 한 구절이 아닌가 한다. 다만 루쉰은 '견(見)'이 아닌 '봉(逢)'을 사용해 한 글자가 다르다.

이 시는『루쉰 일기(魯迅日記)』1933년 6월 21일 부분에 나오는 것인데, 일본의 의사 니시무라 마코토(西村眞琴) 박사가 상하이 사변 이후 먹이를 줄 주인이 없어진 비둘기를 데려와 일본에서 사육했지만 죽어서 상하이에 공양을 위한 탑을 세웠다. 이 시는 그 니시무라 박사에게 증정된 것이다(『魯迅日記』, 1961下: 932). 이 루쉰의 시에서 무엇을 읽어낼 수 있을까? 필자는 중·일 양국 국민이 서로 이해하게 될 때가 도래할 것이라는 루쉰의 바람이 들어 있다고 본다.

또한 니쨩후이에 의하면 웅우옌반린은 장쩌민과의 회담이 끝난 날 밤 다음과 같은 시를 썼다고 한다.

형제지교수대전(兄弟之交數代傳), 원한경각화운연(怨恨頃刻化雲煙)

재상봉시소안개(再相逢時笑顔開), 천재정의우중건(千載情誼又重建)

형제의 교제는 몇 세대나 이어지며, 원한은 곧 사라진다.

다시 만날 때 웃는 얼굴로 대하면, 천년의 정분이 다시 살아난다.

즉흥으로 지은 칠언절구인데 웅우옌반린의 중국어 실력도 상당했다.

제6장
시사해전

남베트남 해군을 쳐부수다

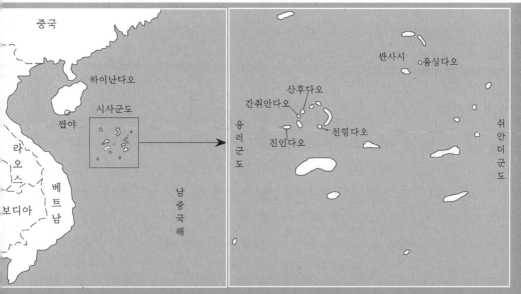

하이난다오와 시사군도

하이난성(海南省)의 싼야시(三亞市)에 시사해전 열사능원이 있다. 1974년 1월 19~20일 시사군도 부근 해역에서 남베트남 해군과의 전투에서 전사한 4명의 열사가 모셔져 있다. 이것과는 별도로 시사군도의 천항다오(琛航島)에도 시사해전 열사능원이 있는 것으로 보인다. 중국군 전사자는 전체 18명이다. 이른바 '18 용사'라고 불린다. 당시 베트남 전쟁은 최종 단계를 맞이하고 있었으며 남베트남 정권은 붕괴 직전이었다. 왜 중국군은 시사해전을 벌일 수밖에 없었던 것일까?

하이난성 싼야를 향해

2009년 2월 27일 이른 아침에 나리타에서 출발해 광저우(廣州)를 거쳐 저녁 무렵 하이난성의 싼야에 도착했다. 싼야는 하이난성 최남단에 위치하며 성도(省都) 하이커우(海口)에 다음가는 제2의 도시이다. 싼야를 방문한 것은 시사해전 열사능원을 참관하고 싶었기 때문이다. 호텔에 도착해 환영회(reception)에서 싼야의 열사능원 위치를 물어봤는데 그 누구도 알지 못했다. 우연히 복도에 있던 싼야의 여행업자가 멀리 있는 해상의 섬에 있는데 가는 것은 불가능하다고 가르쳐주었다.

낙담하며 석양이 질 무렵 싼야 해안을 산책했다. "동양의 하와이"라고 광고하는 해안이다. 어두워져 얼굴을 식별할 수 없었는데 러시아어가 들렸다. 일본인의 모습은 보이지 않았다. 하와이와 '동양의 하와이'의 차이는 대규모 쇼핑몰의 존재 여부였다. 일본에서 출발하는 직항 노선도 없고 쇼핑도 즐길 수 없는 듯해 일본인 관광객이 여기까지 오지 않는 것이다.

그러나 중국 각지에서 다수의 항공편이 취항되고 있으며 춘절(구정월)이나 국경절 전후에는 관광객이 쇄도해 숙박도 어렵다고 한다. 기후는 온난하고 겨울에도 20도를 내려가지 않는다.

이번에는 중국 유수의 리조트 지역이 된 하이난다오인데 과거에 이 섬(타이완보다 조금 작다)은 일본 남진(南進)의 거점이었다. 일본군이 하이난다오를 점령한 것은 1939년 2월 11일[옛 기원절(紀元節)]이다. 태평양전쟁 개시 시에 프랑스령 인도차이나에 대한 진주는 이 섬을 기초로 행해졌다.

하이난다오를 점령한 후 경비는 세사보(佐世保), 마이즈루(舞鶴) 등 해군 진수부(鎭守府)에서 파견된 육전대(陸戰隊)가 맡았다. 요코스카(橫須賀) 해군 제4특별 육전대에 참가한 요시카와 히데오(吉川秀男)가 1978년 3월 3일자 ≪니혼게이자이신문(日本經濟新聞)≫ 문화란에 "규모가 커지고 있는 이색

적인 전우회: 하이난다오에서 고통과 기쁨을 함께한 병사, 민간인의 모임"이라는 제목으로 태평양전쟁 중 '하이난다오 소사(小史)'를 기록하고 있다.

이 섬에서 가장 큰 강인 창화 강(昌化江) 상류를 조사 중에 스루철산(石碌鐵山)이 발견되어 군민 합동 개발이 이루어져 공사가 한창 중일 때는 일본인 약 4000명, 노동자 5만 명이 작업했다고 한다. 해안에는 최신 설비를 갖춘 인조 항구인 바쒀항(八所港)이 개항했다고 한다.

당초 '발견'되었다고 해도 스루(石碌)의 철광 채굴은 300, 400년의 역사가 있었으며, 1939년 일본군이 점령한 이래 대규모 채굴이 시작되었다.

현재 지도를 보면 바쒀항은 싼야 서북 방향 해안에 있다. 거기에서 조금 북쪽에 창화 강이 흐르고 그 중류에는 스루전(石碌鎭)이라는 지명이 있다. 이 주변에서 바쒀항 건설, 항구에서 철산까지의 철도 건설, 근대적인 기계화 채광 시설 건설, 여기에 소요되는 수력 발전소 건설이 추진되고 있었다.

그러나 전쟁 국면이 악화되어 해상 수송이 단절되고 1944년 가을에는 광석을 운송할 배가 오지 않게 되어, 1945년 1월 스루 광산은 조업이 중지되었다. 1946년 하이난다오의 일본인은 싼야의 위린항(楡林港)에서 인양선(引揚船)인 LST에 탑승해 히로시마 현(廣島縣) 오나케(大竹)로 돌아갔다.

중화인민공화국 건국 이후 위린항은 중국 해군 남해함대 기지가 되었다. 다음에 말하겠지만 시사해전에 참가한 일부 함정은 위린항에서 출격했다.

시사해전 열사능원

싼야에 도착한 이튿날인 2월 28일은 그 전날 호텔에 체크인했을 때 우연히 만난 여행업자가 추천한 싼야시 교외 산속에 있는 바이웨민족문화촌(百越民族文化村)을 방문했다. 그곳으로 가는 도중에는 열대우림을 통과한다.

하이난다오에는 리족(黎族), 먀오족(苗族) 등 소수민족이 많으며 그들의 독특한 풍속 습관을 알게 되었다. 입구에는 한국어, 러시아어 안내문이 쓰여 있었지만, 일본어 안내문은 없었다.

그림 6-1 싼야의 시사해전 열사능원
가장 앞 열이 시사해전 전사자의 묘이다. 필자 촬영(2009. 2.28).

저녁 무렵 택시로 호텔로 돌아오는 도중 우연히 도로 옆 풍경을 보았더니 "홍사전(紅沙鎭)"이라는 문자가 눈에 들어왔다. 인터넷으로 조사했던 열사능원 소재지 지명이다. 운전사에게 가보기를 부탁해 해안 가까이에서 능원을 발견했다.

정문에 들어서자 기념탑이 있고 그 정면 오른쪽에는 '시사 융러군도(榮樂群島) 자위 반격전에서 영광스럽게 희생된 열사', 정중앙에는 조금 크게 "영수불후(永垂不朽, 영원히 불후)", 왼쪽에는 "중국인민해방군 남해함대"라고 새겨져 있다.

그 안쪽에는 시사해전에 대해 다음과 같이 새겨져 있었다.

1974년 1월 19일 우리 남해함대 해상 편대는 시사 융러군도 해역에서 중국 해역과 도서에 침입해 점령했던 남베트남 사이공 당국 해군 함정을 맞아 영웅적인 반격을 행해 적 호위함 1척을 격침시켰고, 적 구축함 3척을 대파함과 함께 승리의 기세를 몰아 남베트남 사이공 당국이 불법으로 점령당한 산후다오(珊瑚島), 간취안다오(甘泉島), 진인다오(金銀島)를 회수했고, 시사 해역 자위 반격전의 대승리를 거두어 조국의 영토주권과 해양권익을 지켰다.

이 해전에는 제271, 제274호 구잠정(驅潛艇), 제389호, 제396호 소뢰정(掃雷艇)이 참전했다. 격렬한 해전 중에 18명의 동지가 조국의 존엄을 지키기 위해 희생을 두려워하지 않고 영웅적으로 싸우다 조국과 인민을 위해 귀중한 목숨을 바쳤다. 그들의 영웅적인 사적(事蹟)은 세월과 함께 빛나고 천지와 함께 있다. 혁명 열사는 영원히 불후하다!

이 기념비에서 좀 더 안쪽에 묘지가 조성되어 있으며 31개의 묘가 나란히 있었는데 앞면의 5개 묘가 시사해전 사망자의 묘였다. 그렇게 되면 나머지 13명의 전사자 묘는 어디에 있는 것일까?

귀국 이후 시사해전 관계 서적을 살펴보았다. 중국 외교부에서 장기간 남중국해 문제를 연구한 장량푸(張良福)는 시사해전에서 사망한 열사를 모시는 능원은 2개소가 있는데, 하나는 싼야시 홍사전에 있고(필자가 참관한 능원), 다른 하나는 시사군도의 천항다오에 있다고 기록하고 있다(張, 2011: 258).

싼야시 열사능원은 1975년에 만들어졌다고 기록되어 있다. 천항다오의 능원은 시사해전 당시 천항다오 부근 해역에서 제274호 구잠정 정치위원 펑쑹보(馮松栢) 등 18명의 해군 장병이 전사했기 때문에 당시 남해함대는 천항다오에 열사 묘를 만들었는데, 1981년 4월 상순 이 묘지를 확충해 열사능원을 건설했다고 기록되어 있다. 여기에도 기념탑을 세우고 '혁명열사 영수불후'를 새겼다. 이곳은 중국 최남단 열사능원이라고 기록되어 있다.

그렇다면 전사한 18명 중 5명은 양쪽 능원에 모셔져 있는 것이 된다. 해군을 중심으로 르포를 집필해온 황촨후이(黃傳會)와 저우위싱(舟欲行)의 공저 『웅풍: 중국인민해군기실(雄風: 中國人民海軍紀實)』에는 시사해전 당시 제281편대 지휘원이었으며, 해전 이후 시사순방구(西沙巡防區) 주임이 된 류시이(劉喜一)의 다음과 같은 회상이 기록되어 있다.

내가 시사순방구 주임으로 취임해서 처음 한 일은 천항다오에 열사 기념탑을 세우는 일이었다. 나는 시사해전 중에 영웅적으로 희생된 18명의 열사[당시 13명의 열사는 천항다오에 매장되었으며, 1981년 초 열사능원을 재건할 때 위린(楡林)에 매장되어 있던 5명의 열사 유체도 천항다오로 이동되었다] 유체를 섬의 가장 높은 장소에 매장하는 것과 함께, 항로등(航路燈)을 열사 기념탑 꼭대기에 설치하고 열사들이 영원히 시사 군민과 우리가 왕래하는 함정 부대 장병의 마음속에 살아 있도록 하라고 주장했다 …… (黃·舟, 2007: 418).

'위린에 매장되어 있던 5명의 열사'란 싼야시 홍사전 열사능원에 매장되어 있던 열사를 말한다. 이 류시이의 회상이 맞다면 홍사전 능원의 열사 유체 5구는 1981년 천항다오로 이동된 것이다. 이 5명의 열사는 양쪽 능원에 매장되었다고 생각하는 편이 좋을까, 아니면 천항다오 능원을 정식 능원으로 생각하는 편이 좋을까? 판단하기 어려운 부분이다. 무엇보다 왜 시사해전 이듬해 1975년 5명의 열사만 홍사전에 매장되었는지도 알 수 없다.

≪인민일보≫가 전하는 시사해전

이 절에서는 시사해전이 중국 국내에서 어떻게 보도되었는지 확인해보도록 하겠다. ≪인민일보≫가 최초로 시사해전 뉴스를 보도한 것은 1974년 1월 20일 지면에 게재한 1월 19일 자 신화사 기사이다.

이 기사는 1월 15일 이래 남베트남 사이공 당국이 군함 및 항공기를 동원해 시시군도 영해 및 영공을 침범하고 도서를 점령했기 때문에 "우리 어민 및 함정은 이에 반응해 자위 반격을 행했다"라고 기록하고 있다. 자위 반격은 우선 어민이 행했다는 것이다.

1월 19일 오전 7시 남베트남 함정이 천항다오를 점령하고 어민을 살상했기 때문에 중국 어민은 더는 참을 수 없는 상황에서 반격했다. 10시 20분 남베트남 함정이 천항다오에 발포했고 10시 30분 남베트남 항공기가 천항다오를 폭격했으며 나아가 중국 측 순찰정(巡察艇)에도 발포했기 때문에 중국 측 함정이 자위 반격했다고 설명하고 있다.

시사해전의 전황(戰況) 보도는 이것뿐이다. 1월 20일 중국 외교부는 남베트남이 해군 및 공군을 동원해 시사군도에 침입한 것을 비난하고 바로 모든 군사 도발을 중단할 것을 요구하는 성명을 냈다. 포로는 적당한 시기에 되돌려 보내는 것도 적혀 있다.

그 이후 ≪인민일보≫는 시사해전에서의 중국 입장을 지지한다는 북한 외무성 대변인 성명과 알바니아 노동당 기관지 ≪인민의 목소리(Zëri i Popullit)≫의 사설을 게재한 것 외에 시사해전과 관련된 보도는 거의 없다. 중·월 관계에 대해 중·월 해전 직전인 1월 15일 광시쫭족자치구 당 위원회 서기 안핑성(安平生)을 단장으로 하는 중·월 우호 대표단이 베트남을 방문해 팜반동(Pham Van Đong) 총리와 회담했다는 기사 등이 게재되어 있으며 양호한 관계가 유지되고 있다는 내용이 보도되었다.

따라서 ≪인민일보≫에서는 시사해전의 구체적인 전투 경위를 알 수 없다. ≪인민일보≫가 시사해전을 '어민의 전투'로 보도한 것은 당시 선전부장을 장악했던 장칭 그룹이 군의 위신을 높이기 위한 보도에 소극적이었기 때문은 아니었을까?

시사해전의 전투 경위

다음으로 시사해전의 전투 경위는 어떠했을까? 황찬후이와 저우위싱의 책에서는 시사해전을 벌인 남해함대는 당시 3개 함대(다른 2개 함대는 북해함대와 동해함대) 중 전략적 후방에 주둔하고 있었고, 장비는 가장 빈약하고 게다가 문화대혁명 등의 혼란으로 훈련도 비정상적이어서 부대 전투력은 중대한 영향을 받았다고 기록하고 있다.

중국 해군은 당시 이미 자력으로 설계해 제조한 중형 미사일 구축함 (051형, 배수량 3000톤)을 보유하고 있었다. 1968년 12월 건조 개시했고 1971년 12월 전투 서열(序列)에 편입되었다. 그렇지만 1974년 당시 미사일 구축함은 남해함대에 배속되지 않았다.

시사해전에서 중국군 함정은 2척으로 편대를 짰다. 홍사전 기념비에 새겨져 있는 271, 274 두 구잠정으로 제271편대를, 389, 396 두 소뢰정으로 제396편대를 짰다. 제271편대는 싼야의 위린 기지의 구뢰정(驅雷艇) 제73대대 소속이며 제396편대는 광저우 기지 소뢰정 제10대대 소속이었다. 모두 중앙군사위원회 명령으로 광저우군구가 출동시켰으며 이들 함정은 1월 17일부터 1월 18일에 걸쳐 시사군도의 융러군도 부근에 진출해 순찰했다.

시사해전으로 확실히 중국 해군은 남베트남 해군을 시사 해역에서 쫓아냈다. 그렇지만 황촨후이와 저우위싱이 지적하는 바와 같이 중국 측은 상당한 대가를 지불했다. 1월 19일 전투에서 274정과 389정은 상당한 손상을 입었고 271정과 396정도 경미하지만 손상을 입었다. 각 함(艦)의 포탄은 거의 모두 발포되었다고 한다(黃·舟, 2007: 415).

기념비에는 새겨져 있지 않지만 광저우 기지 구축함 제74대대 281, 282 두 구잠정으로 편성된 제281편대는 1월 18일 융싱다오(永興島) 부근에 도달해 지원 임무를 맡았다. 그 지휘원이 류시이였다. 제281편대는 남베트남 해군 10호정(艇, 미국제 호위함, 배수량 650톤)을 공격했다. 10호정은 탄약고가 폭발해 오후 2시 52분 침몰했다.

해전이 끝난 후 오후 9시 광저우군구의 지시가 도착했다.

참전 부대와 민병은 우리나라의 영토주권을 수호하는 전투에서 첫째로 고통을 두려워하지 않고, 둘째로 죽음을 두려워하지 않고 영웅적으로 견디어내며 일거에 적함 1척을 침몰시키고 3척에 손상을 입혀 적에게 중대한 타격을 주었기 때문에 특별히 표창한다. 경계심을 높이고 연속 작전을 충분히 준비해 수시로 다시 우리 쪽을 침범해오는 적을 섬멸해 더욱 큰 승리를 거두도록 하라!

1월 19일 위린 요새구(要塞區)의 3개 보병 중대, 민병을 합쳐 500명이 융러군도를 향했고 20일 상륙 작전을 시작했다. 포함의 지원 아래 차례로 간취안다오, 산후다오, 진인다오에 상륙해 3개 섬을 회수하고 베트남 병사 49명을 포로로 잡았다. 미국인 1명[사이공 미국 대사관 무관실에서 다낭 주재 영사관에 파견된 연락관(liason officer)]이 체포된 것도 이때였다. 산후다오 전투 시에 포로가 되었다. 이름이 제럴드 에밀 코시(Gerald Emil Kosh)라고 말했다. 이 미국인은 1월 31일 선전(深圳)에서 적십자 국제위원회 대표, 미국 적십자 대표에게 인도되었다.

황찬후이와 저우웨이싱의 책에는 시사해전에 대해 중국 측은 준비가 되어 있지 않았고 상대방에게 내몰려 일어난 조우전(遭遇戰)이었다는 견해를 제시하고, 중국 측은 열세였지만 인민해방군과 민병이 협동해 승리를 거두었고 이는 해군 수상 함정부대에서 최초의 외국과의 전투였다고 기록하고 있다(黃·舟, 2007: 417).

'18 용사'

이 절에서는 시사해전에서 전사한 18명에 대해 다루어보겠다(『毛澤東指揮他人生中的最後一戰』, 2014). 이들은 모두 남해함대 소속 장병들이었다.

그 가운데 다음 5명이 일등공신 칭호를 수여받았다. 5명 모두 1974년 1월 19일에 전사했다.

펑쑹보(馮松栢) 열사

후베이성 우한시(武漢市) 출신. 1935년 출생. 위린 기지 구뢰정 제73대대 4424부대 274정 정치위원. 향년 39세.

왕다이슝(王戴雄) 열사

저장성 핑양현(平陽縣) 출신. 1952년 출생. 광저우 기지 소뢰정 제106대대 4433부대 389정 선창(船艙) 근무병. 향년 22세.

궈위둥(郭玉東) 열사

산둥성 지난시(濟南市) 출신. 1950년 출생. 광저우 기지 소뢰정 제10대대 4433부대 389정 대리급양원(代理給養員). 향년 24세. 389정의 상급 취사반장으로 전투 중 구멍을 막는 팀의 팀장이었고 동시에 탄약고에서 탄약을 운반하는 책임을 맡았다. 격전 중 탄약고에 포탄이 명중되어 해수가 구멍으로 들이쳤다. 메인 엔진의 운행을 확보하기 위해 이미 중상을 입었던 궈위둥은 수병(水兵) 복장을 벗고 물이 새는 곳으로 가 목숨을 걸고 구멍을 막고자 했다. 그런데 구멍이 너무 기 선창으로 흘러 들어오는 해수는 갈수록 많아져 위험했지만 그는 그곳을 떠나려 하지 않았다. 뒤로 물러서려고도 하지 않고 기둥에 몸을 지탱하며 구멍을 막았다. 그 뒤 탄약고에 포탄이 다시 떨어져 불길이 올라왔다. 궈위둥은 구멍을 막는 자세를 유지한 상태로 선창에서 전사했다.

쩡돤양(曾端陽) 열사

후난성 레이디시(類底市) 출신. 1952년 출생. 위린 기지 구뢰정 제73대대 4424부대 271정 선창 근무병. 향년 22세.

양쑹린(楊松林) 열사

후난성 헝양시(衡陽市) 출신. 1949년 9월 출생. 광저우 기지 소뢰정 제100대대 4433부대 389정 전신(電信) 반장. 향년 25세.

다음 4명의 2등공신도 같은 1월 19일에 전사했다.

저우시퉁(周錫通) 열사

광둥성 차오양현(潮陽縣) 출신. 1940년 출생. 위린 기지 구뢰정 제73대대 4423부대 274정 부정장(副艇長). 향년 34세.

허더진(何德金) 열사

광둥성 칭위안현(清遠縣) 출신. 1949년 출생. 광저우 기지 소뢰정 제10대대 4433부대 389정 전신 반장. 향년 25세.

원진윈(文金雲) 열사

후난성 헝둥현(衡東縣) 출신. 1948년 출생. 광저우 기지 소뢰정 제10대대

4433부대 389정 서브 엔진(sub-engine) 담당 반장.

스자오(石照) 열사

후난성 롄위안시(漣源市) 출신. 1954년 출생. 광저우 기지 소뢰정 제10대대 4433부대 389정 서브 엔진 담당 병사. 향년 20세.

3등공신은 다음 9명이다. 귀순푸(郭順福)만은 전사한 날짜가 기록되어 있지 않다. 나머지는 1974년 1월 19일이다. 전원이 광저우 기지 소뢰정 제10대대 4433부대 389정 소속인데 어떤 임무를 맡았는지만 기록되어 있다.

장광유(薑廣有) 열사

랴오닝성 다롄시(大連市) 출신. 1951년 출생. 소뢰정 공병. 향년 23세.

리카이유(李開友) 열사

광시좡족자치구 구이린시(桂林市) 출신. 1953년 출생. 메인 엔진 담당병.

황유춘(黃有春) 열사

아후이성(安徽省) 광더현(廣德縣) 출신. 1952년 출생. 메인 엔진 담당병.

쩡민구이(曾民貴) 열사

광시쫭족자치구 구이린시 출신. 1954년 출생. 전공병(電工兵). 향년 20세.

궈순푸(郭順福) 열사

광둥성 중산시(中山市) 출신. 1949년 출생. 취사반 반장. 향년 25세.

린한차오(林漢超) 열사

광둥성 출신. 1948년 출생. 선창 담당 반장. 향년 26세.

뤄화성(羅華勝) 열사

광둥성 허위안시(河源市) 출신. 1947년 출생. 선창 담당 반장. 향년 26세.

왕청팡(王成芳) 열사

후난성 헝양현(衡陽縣) 출신. 1949년 출생. 수뢰반(水雷班) 반장. 향년 25세.

저우유팡(周友芳) 열사

후난성 롄위안시 출신. 1950년 출생. 수뢰병(水雷兵). 향년 24세.

이러한 18명 중 가장 높은 군직(軍職)에 있었던 이는 274정 정치위원 평쑹보였다. 1월 19일 오전 10시 중국과 남베트남 해군 함정이 서로 응시하는 중 평쑹보가 조종실에서 확성기로 "여기는 중국의 영해이다. 즉시 떠나도록 하라 ...... "라고 외치자, 남베트남 함정은 소리가 들리는 그곳에 총격해 전사했다. 274정 함장은 "정치위원의 적(敵)을 죽이라"는 전투 명령을 내리고 남베트남 함정에 대한 공격을 개시했다. 격렬한 해전의 시작이었다. 그중에 귀위둥처럼 자신의 몸으로 선체의 뚫린 구멍을 막으려 했던 '전투영웅'이 출현하기도 했다.

전사자 유족에게는 위로금이 지불되었다. 당시 기준으로 병사 1인당 180위안, 반장(班長, 분대장)은 240위안이었다. 18명 전사자 가운데 병사는 16명이었고 반장은 7명이었다. 16명 전사자에 대한 위로금은 모두 합쳐 3300위안이었다. 2명의 간부[평쑹보와 274정 부정장 저우시퉁] 유족에게는 얼마나 지불되었는지 알 수 없다. 또한 이 금액이 당시 유족의 생활을 지탱해주는 데 어느 정도나 도움이 되었는지 알 수 없다.

2011년 8월 중국에서는 새로운 열사 보상 조례가 시행되었다(그때까지 21년 동안 시행되었던 혁명 열사 보상 조례는 폐지되었다). 반테러 활동 등 국가 안보에 관계된 임무나 대외 원조 및 평화 유지 활동 수행 중에 희생된 자를 열사로 인정하고 있는데, 전(前) 조례 중 인정 조건으로 간주되었던 "장렬(壯烈)한"이라는 형용사는 삭제되었다. 새로운 조례가 시행된 이후 열사로 인정된 자의 유족에게는 그 전년(前年)의 성진(城鎭, 도시와 농촌 지역의 마을) 주민 평균 수입의 30배에 해당하는 액수의 보상금이 지불되게 되었다(2010년 성진 주민 평균 수입은 1만 9109위안).

시사해전은 왜 일어났는가?

시사해전이 조우전이었다고 하더라도 중국 해군과 남베트남 해군이 이 해역에서 서로 응시한 상태에서 벌어진 전투였다. 이 해역에서 분쟁은 왜 발생했을까?

우선 시사군도의 지정학적 '가치'에 대해 검토하겠다. 시사군도는 동중국 해 동북부에 있으며 하이난다오에서 310km 떨어져 있고 쉬안더군도(宣德群島)와 융러군도로 구성되어 있다. 동쪽은 필리핀, 서쪽은 베트남, 남쪽은 말레이시아, 북쪽은 중국 대륙으로 둘러싸인 해역에 있으며 중국과 동남아시아 국가들을 잇는 해상 교통로에 위치하고 있다.

쉬안더군도와 융러군도 한가운데 다소 북쪽으로 융싱다오가 있다. 1946년 국민당군이 군함 융싱호(永興號)를 시사군도에 파견해 행정권을 회수했다. 그 '융싱'을 섬의 이름으로 정한 것이다. 융싱다오의 면적은 1.85km²이다. 남중국해에서 가장 큰 섬으로 현재 싼사시(三沙市) 정부 소재지이다.

시사해전은 융러군도 주변에서 교전이 벌어져 이 군도에 속한 간취안다오, 산후다오, 진인다오 점령으로 종료되었다. 그런데 진인다오는 어민에게 어로를 위한 기지였을 뿐 아니라 동남아시아와 유럽으로 가기 위해 반드시 통과해야 하는 통로였다. 열사능원이 만들어진 천항다오의 면적은 0.32km²이며 가장 높은 곳은 해발 3.9m로 작은 섬이다.

어쨌든 시사군도는 중국이 남쪽으로 진출하기 위해 제압해야 하는 곳이며, 베트남의 경우에도 통킹 만에서 외양으로 나가기 위해 확보해야 하는 곳이다. 중월전쟁 개시 후인 1979년 10월 4일 베트남 외교부는 『월·중 관계 30년의 진실』(일명 『중국백서』)을 펴냈다. 이 백서가 공표되었을 때는 중국의 지원을 받으며 싸웠던 미국과의 베트남 전쟁이 종결되고 남북으로 분단되었던 베트남도 통일을 달성했지만, 시사해전 발발 당시에는 아직까지 중국의 지원이 필요해 중국과의 대립을 표면화시킬 이유는 없었다. 『중국백서』는 시사해전 당시를 돌이켜보며 해전을 일으킨 중국 측의 노림수에 대해 다음과 같이 기록하고 있다.

1973년 12월 26일 베트남 측은 베트남에 속한 해역을 조국의 건설에 사용하기 위해 북부만(北部灣, 통킹 만)에서의 베트남과 중국의 해상 경계선을 정식으로 확정하는 회의를 열자고 제안했다. 중국 측은 1974년 1월 8일 그 제안을 받아들인다고 회답했지만 그들은 그들 자신이 정한 북부만 내 2만 km² 해역을 조사 금지 지역으로 정했다 …….

또한 그들은 1974년 1월 9일, 즉 중국이 북부만 문제에 대해 베트남 측과의 회담을 받아들였던 그 이튿날 해군과 공군을 이용해 사이공의 괴뢰군을 공격하고 옛날부터 베트남 영토였던 호안사군도를 점령했다. 그들은 '자위'를 위해서였다고 말했지만, 실제로는 침략 행위였으며 해상에서 베트남을 지배하고 한 걸음씩 동해를 독점하려는 음험한 음모를 실현시키기 위한 침략과 점령이었다(ベトナム社會主義共和國外務省, 1979: 85~86).

베트남 측은 중국 측이 사전에 주도면밀한 준비를 한 뒤 해전을 일으켰다고 비난하고 있다. 당시 베트남 전쟁은 최종 단계를 맞이하고 있었고 붕괴 직전의 남베트남 해군을 공격해 호안사군도(시사군도)를 확보하고 남중국해 전역을 지배하고자 했다는 것이다.

또 한 가지 중국의 개전에는 시사군도의 석유 및 천연가스 자원을 확보하려는 목적도 있었을 가능성이 있다. 1974년 1월 11일 중국 외교부 대변인 성명은 난사(南沙), 시사(西沙), 중사(中沙), 둥사(東沙)는 중국 영토의 일부이며 중화인민공화국이 주권을 갖고 있다고 지적한 뒤 "이러한 도서 부근 해역의 자원도 중국의 소유"라고 천명하고 있었다. 석유 및 천연가스라고는 명시하지 않았지만 해양 자원의 확보 의사를 표명한 것으로 이해된다.

≪중국해양석유보(中國海洋石油報)≫의 전임 편집장으로 장기간 해양 문제 취재를 한 왕페이윈(王佩雲)은 시사해전이 일어났을 때는 중국해양석유 시추대가 융싱다오에서 '시사 제1호 정(井)'을 파서 이 해역에 매장되어 있는 석유 및 천연가스를 조사 중이었다고 지적한 뒤, 당시 남베트남과의 석유 및 천연가스 개발을 둘러싼 분쟁에 대해 다음과 같이 기록하고 있다(王, 2010: 127).

국내에는 장기간에 걸쳐 산호초에서의 석유 매장 연구에 종사하는 자가 있어서 풍부한 지질 자료가 축적되었고, 이론적으로도 중요한 돌파가 있었으며 실천에서 이론적 성과를 증명할 필요에 내몰리고 있었다. 산호초는 실로 시사 지질 구조의 중요한 특징이었다. 따라서 이곳 바다 속에서 석유 및 천연가스를 탐색하는 것은 중요한 목표가 되었다.

1973년 이 시추대가 융싱다오에 와서 현지 군민의 열성적인 지지 아래 섬위로 진입해 시추 장소를 확보하고, 이미 시추 기계의 앞쪽 끝을 산호초의 지층(地層)에 깊게 박아 넣었다. 남베트남 정권은 이번에 군함을 파견해 우리 시사에 대한 침입을 서둘렀다. 그것에는 중요한 목적이 있었던 것을 조금도 숨기지 않는다. 이곳의 석유 및 천연가스 자원을 약탈하기 위해서였던 것이다. 우리 시추 노동자는 대단히 분노하며 섬의 민병 및 어민과 함께 시사 방위 전투에 몸을 던졌다.

왕페이윈은 시사에서의 시추 사실을 입증하기 위해 1994년, 즉 시사해전 20년 후 잔장(湛江)에서 시추대 대장 먀오정푸(繆正富)와 인터뷰했다. 먀오정푸는 '시사 제1호 정'은 석유 및 천연가스를 발견하지 못했더라도 중국이 시사 산호초에서의 석유 및 천연가스 자원을 굴착, 개발하는 데 중요한 한

걸음을 내딛었다는 것을 보여주고 있다고 논했다.

다만 시사해전 이전부터 시사에서 실제로 시추했다는 진술은 현재 왕폐이원이 집필한 저서 외에는 발견되지 않고 있다.

중국의 시사해전 결정 과정

베트남 외교부의 『중국백서』가 기술한 바와 같이, 중국은 남중국해 확보라는 장기적인 전략 아래 주도면밀한 준비를 하고 그 위에서 해전을 일으킨 것일까? 도대체 누가 해전의 진정한 결정자였을까?

『저우언라이 연보(周恩來年譜)』의 1974년 1월 18일, 즉 해전이 일어나기 하루 전날 항목에는 다음과 같이 적혀 있다.

> 중앙정치국 회의를 주재했다. 회의는 중앙군사위원회에 예젠잉을 선두로 왕홍원, 장춘차오, 덩샤오핑, 천시롄(陳錫聯)이 참가한 5인 소조(小組)를 성립시켜 군사위원회의 대사(大事) 및 긴급 작전사항을 토론·처리시키도록 제의했다. 20일 중앙정치국이 정식으로 마오쩌둥에게 이 제의를 제출했을 때 5인 소조를 6인으로 증가시키는 것과 함께[쑤전화(蘇振華)를 추가함] 군사위원회 6인 소조는 '중요한 상황이 발생하면 직접 주석에게 보고하든지 혹은 중앙정치국의 토론을 거친 이후에 주석에게 보고한다', '대내·대외적으로 문서를 내지 않고 일률적으로 군사위원회의 명의로 하달한다'는 것을 확정했다. 같은 날, 왕홍원과 연명(連名)으로 마오쩌둥에게 이 건을 보고했고 마오쩌둥은 동의했다(中共中央文獻研究室, 1997b: 644).

해전이 일어난 당일인 1월 19일 항목에는 다음과 같이 기록되어 있다.

1월 15일 이래 남베트남 사이공 당국은 연이어 해군과 공군을 출동시켜 중국 남중국해 시사군도 영해, 영공에 침입하고 중국 어선과 충돌해 파괴하고 중국 도서를 점령했다. 오늘 또한 중국의 섬에 주둔하는 부대에 무장해 진격하고 사이공 해군도 중국 함정에 먼저 발포해왔기 때문에, 중국인민해방군은 이에 반응해 자위 반격하고 남베트남군과 시사 해역에서 격전이 벌어졌다. 중앙정치국의 18일 결정에 기초해 저우언라이는 예젠잉에게 군사위원회 5인 소조(쑤전화도 참가)를 소집시켜 작전 방안을 연구·토의케 하고 자위 반격을 위한 배치를 했다. 20일 시사해전이 끝나고 중국인민해방군은 시사군도 영토를 성공적으로 방어했다. 같은 날 밤, 저우언라이는 중앙정치국 회의를 주재하고 시사해전에 대해 논의했다. 회의 이후 전황을 마오쩌둥에게 보고했다. 같은 날 중국 외교부는 성명을 발표하고 남베트남 사이공 당국의 군사 도발 행동에 항의했다(中共中央文獻研究室, 1997b: 644~645).

당시 중국 국내 정세에 대해 언급하면 저우언라이는 격렬한 비림비공(批林批孔) 운동(린뱌오에 대한 비판과 함께 현대의 공자로 비유된 저우언라이를 비판의 대상으로 삼았다)에 직면해 있었다.

1974년 1월 17일 중앙군사위원회가 남해함대에 대해 함대를 시사 융러 군도로 파견하고 순찰 임무를 하도록 명령을 내린 날, 중국인민해방군 기관지 ≪해방군보≫는 저우언라이, 예젠잉이 1973년 5월 공군 당 위원회 확대회의에서 행한 강화의 정신에 기초해 쓰인 논문 "비판도 중요하지만 이해하는 것도 중요하다"를 게재했다. 확실히 전년인 1973년 5월 17일 저우언라이는 예젠잉과 함께 공군 당 위원회가 개최한 린뱌오 비판을 위한 비림정풍(批林整風) 확대회의에 출석해, 연설을 통해 공군 당 위원회는 마오쩌둥이 제기한 '3개의 기본원칙'에 따라 일을 하지 않으면 안 되며 단결을 중시하지 않으면 안 된다고 논했다. '3개의 기본원칙'이란 마오쩌둥이 1971년 린뱌오 사건이 일어나기 직전 '남순강화(南巡講話)' 중에서 "마르크스주의를 해야 하며 수정주의를 해서는 안 되며, 단결해야 하며 분열해서는 안 되며, 공명정대해야 하며 음모 궤계(詭計)를 해서는 안 된다"를 말한다. 이때 예젠잉이 행한 연설 내용은 알 수 없지만 아마도 저우언라이와 같은 취지로 말했을 것이다.

뒤에 '4인방'이라고 불리는 그룹은 처음에는 이 ≪해방군보≫ 논문을 주목하지 못했다. 1월 28일 장칭, 장춘차오, 왕훙원은 신문(뉴스) 관련 단위(單位)의 회의를 소집하고 "이 논문은 대단히 좋지 않다"라고 비난하고 반박 논문을 쓰도록 했다. 그 이후 ≪해방군보≫는 왕훙원, 야오원위안의 지시에 기초해 1월 17일 "비림비공 투쟁의 큰 방향에서 이탈해 버렸다"라고 비판한 논문을 게재했다.

비림비공 운동으로 공격받는 가운데 저우언라이의 병은 악화되었고 3월에는 305의원에서 검사를 통해 암이 재발한 것을 확인했다.

이와 같은 정세에서 저우언라이의 지시를 받고 시사해전을 지휘한 것이 군사위원회 6인 소조의 대표인 예젠잉이었다는 것은 의심할 바가 없다. 예젠잉은 1973년 8월 중국공산당 제10차 당대회에서 중앙위원으로 선출되었고, 8월 30일 10기 1중전회에서 중국공산당 부주석으로 선출되었다. 왕훙원도 이 시기 당 부주석으로 선출되었는데 왕훙원 등의 그룹은 인민해방군에 대한 영향력에서 군력을 자랑하는 예젠잉에 미치지 못했다.

앞에서 언급한 중국 외교부의 장량푸가 집필한 책에서는 예젠잉이 시사해전을 지휘했다고 하면서 그 지휘 모습을 기록하고 있는데, 덩샤오핑과 함께 지휘한 것으로 기록되고 있다(張, 2011: 252~253).

(1월 19일) 오전 7시를 넘어 예젠잉이 처음 작전 지휘실로 들어왔다. 관계자가 바로 상황을 보고했다. 조금 지나서 덩샤오핑 등이 차례로 도착했다.

오전 10시를 넘어 적함(敵艦)이 갑자기 중국 함정을 향해 발포했다. ……
1시간 남짓 지나 승전보가 도착했다. 인민해방군이 전투에서 승리한 것이다.
적함 1척 격침, 다른 함은 손상을 입고 도망갔다. 이러한 상황에 기초해 예젠
잉은 덩샤오핑 등과 협의하고 바로 지령을 내렸다. 우리 군 함정은 곧 분산해
적함의 보복 공격을 피하도록 했다.

저녁 식사 시에 예젠잉이 식사하려고 했으나 목구멍으로 넘어가지 않아 과
자 몇 개를 먹었을 뿐이다. 예젠잉은 덩샤오핑 등과 검토해 승기를 틈타 남베
트남 반동 당국이 점령하고 있는 간취안(甘泉), 산후(珊瑚), 진인(金銀) 3개 섬
을 회수하는 것을 결의했다. 마오 주석의 허가를 얻어 1월 20일 예젠잉은 전선
부대에 단호히 간취안, 산후, 진인 3개 섬을 회수하도록 명령했다.

그러나 이것은 이상하다. 해군을 움직여야 하기 때문에 예젠잉이 가장
먼저 협의해야 할 사람은 해군 제1정치위원 쑤전화가 아니었을까? 저우언
라이도 5인 소조에 쑤전화를 넣어 협의하도록 지시했다. 덩샤오핑이 작전
입안에 책임 있는 총참모장을 겸임하게 된 것은 1년 후인 1975년 1월이다.
필자는 예젠잉은 덩샤오핑이 아니라 쑤전화와 협의하면서 전투 지휘를 한
것은 아닌가 생각하고 있다.

필자는 시사해전은 장칭 그룹 등의 공세(비림비공 운동 등)에 직면한 군이
자신의 힘을 보여주기 위해 시사해전을 전투의 장으로 만들었을 가능성도
있다고 생각한다. 다만 이 책에서 이제까지 검토해왔던 중·인, 중·소, 중·월
국경분쟁 시 중국 측은 사전에 충분히 준비하고 적을 제압하는 병력을 배치
한 이후 전투에서 화력을 퍼부었던 것에 반해, 시사해전은 사전에 충분한 준
비를 했다는 생각이 들지 않고 이전 전투와도 달랐다.

그러나 그 결과 남해함대는 함선의 손상이 있었지만 남베트남 해군을 이
해역에서 쫓아냈고 융러군도를 점령했기 때문에 전투에서 승리했다. 당연

히 군의 위신은 높아졌다(장칭 그룹은 군에 대항해 제2의 무장, 즉 민병의 강화를 서두른다).

사라진 쑤전화의 이름

그런데 왜 시사해전 기록에서 중국 해군의 일인자 쑤전화의 이름이 사라진 것일까? 그것은 시사해전 이후 쑤전화가 취한 노선과 관련 있다.

시사해전 직후 마오쩌둥이 쑤전화를 중용했다고 생각되는 일화가 있다. 마오쩌둥, 쑤전화는 같은 후난 출신이다. 또한 화궈펑도 건국 이후 마오쩌둥의 고향 후난성 샹탄현(湘潭縣) 당 위원회 서기로 활동했다. 그는 마오쩌둥에게 포착되어 후난성 당 위원회 제1서기를 거쳐 중앙으로 발탁되었다.

> 시사해전이 끝난 지 얼마 되지 않아 마오쩌둥은 외국에서 온 고급 군인과 이 해전에 대해 말했다. 마오쩌둥은 새끼손가락을 세우고 한탄하며 말했다. "우리의 해군은 이러한 것이다." 그는 당시 해군 제1정치위원으로 같은 고향 출신 후난 사람인 쑤전화를 불러서 오게 했다. 다시 한 차례 이 말을 반복하고 엄지손가락을 세우며 말했다. "우리의 해군은 이 정도가 되지 않으면 안 된다." 애석하게도 이 당시 이미 마오쩌둥은 만년으로 중국 해군이 급속하게 강대해지지 못한 심각한 원인에 대해 다시 고려하기에는 시간이 없었고, 스스로 해군을 가일층 발전시킬 계획을 세울 방도도 없었다(王, 2010: 128).

마오쩌둥 사후 화궈펑이 예젠잉 등 군 원로와 조직해 예방 쿠데타를 일으키게 된 것은 제5장에서 언급했다. 그때 쑤전화는 베이징에서 '4인방' 지배 하의 신화사, 방송국, TV, 인민일보사 등 선전기구를 접수하고, 나아가 상하이시 당 위원회 제1서기로서 '4인방'의 본거지인 상하이로 내려가 '4인방' 세력을 일소하며 상하이 민병의 폭발을 억눌렀다. 쑤전화를 상하이로 내려 보낸 것은 예젠잉의 제안이었다. 상하이에 동해함대 기지가 있기 때문에 해군의 힘을 배경으로 '4인방' 세력을 억누르고자 했다.

해군의 실권을 장악한 쑤전화는 예젠잉과 함께 군 내부에서 화궈펑을 밑받침했다. 그는 1977년 9월의 12기 1중전회에서는 중앙정치국 위원으로 승진했다.

그러나 쑤전화에게 불운이었던 것은 1978년 3월 9일 잔장 해군기지에서 남해함대 주력함 160호 미사일 구축함이 폭발 사고를 일으켜 침몰한 것이었다. 총참모장이 된 덩샤오핑은 해군 당 위원회 제1서기 쑤전화를 비판했다. 화궈펑은 5월 5~10일 북한을 방문했는데 귀로인 다롄에서 다수의 군함, 항공기를 동원해 해군 대검열(열병식)을 행해 쑤전화를 지탱하려 했다. 그렇지만 쓸데없이 군을 움직이려 해서는 안 된다고 군 내부에서 비판받았다.

쑤전화는 1979년 2월 7일 심장병으로 갑자기 사망했다. 덩샤오핑이 중월전쟁을 시작하기 10일 전이었다. 화궈펑은 군 내부의 유력한 지지자를 상실했다. 화궈펑을 필두로 예젠잉, 덩샤오핑으로 이어지는 장의위원회가 구성되어 2월 15일 인민대회당에서 추도회가 개최되었다. 화궈펑이 추도회를 주재하고 덩샤오핑이 조사(弔辭)를 읽었다. 그 전문이 이튿날 중월전쟁 개시 전날 ≪인민일보≫에 실렸다. 덩샤오핑은 화궈펑 면전에서 '4인방' 체포 시 쑤전화가 "화궈펑 동지를 우두머리로 하는 당 중앙 측에 서서 화궈펑, 예젠잉 동지를 적극적으로 도왔다"라고 칭송했다. 그 속에 감추어진 말은 화궈펑에게 쑤전화의 지지를 더 이상 얻을 수 없다고 전한 것과 다를 바 없는 것이다.

필자는 쑤전화가 화궈펑을 편드는 자세를 계속 취했기 때문에 시사해전 기록에서 이름이 사라진 것으로 생각하고 있다.

그 이후의 시사군도

시사해전 시 남해함대에 미사일 구축함이 배속되지 않았다는 것은 앞에서 언급했다. 해전 직후에 중국은 미국 해군과 연대한 남베트남 해군의 반격에 대비하지 않으면 안 되었다.

그러나 미사일 구축함을 남해함대에 내려 보내기 위해서는 타이완해협을 통과하지 않으면 안 되었다. 중국 해군 60년의 전투를 정리한 팡궁리(房功利)·양쉐쥔(楊學軍)·샹웨이(相偉)의 책에서는 이 시기에 대해 다음과 같이 기록하고 있다(房·楊·相, 2009: 203).

> 군함을 북방에서 남중국해로 파견하기 위해서는 타이완해협을 통과하지 않으면 안 된다. 일반적인 상황에서는 타이완 해군에 의해 저지되거나 아니면 해안포의 공격을 받게 된다. 따라서 과거 25년 동안 인민 해군은 남북 간에 이동할 때 멀리 돌아서 먼저 공해로 나가고 가능한 한 타이완해협에서 국민당군과의 충돌을 피해왔다. 이번에는 남중국해의 군사 정세가 긴장되어 마오쩌둥은 "즉시 바로 가라"라고 지시했다. 인민 해군의 미사일 구축함 편대가 둥인다오(東引島) 옆에 도달해 해협을 통과하고자 할 때, 타이완 '국방부'는 장제스에게 저지할 것인지의 여부에 대한 지시를 요구했다. 장제스는 한마디로 "시사의 전황이 긴박해지고 있는 것이다!"라고 말했다. 이리하여 인민 해군 미사일 구축함은 순조롭게 타이완해협을 통과했다.

둥인다오는 타이완이 지배하는 마쭈열도(馬祖列島) 처북단에 있는 섬이다. 타이완 본도에서 본다면 서북 방향에 있다. 팡궁리·양쉐쥔·샹웨이는 이것이 인민 해군 함정의 탄생 이래 타이완해협을 통과한 최초의 사례이며 이에 의해 국민당군이 타이완해협을 봉쇄한 사반세기 만에 타이완해협에 항행

가능한 수로가 열렸다고 지적하고, 그 이후 국공 쌍방 군함은 해협 내에서 만나면 자발적으로 피하거나 상호 인사말을 건네게 되었다고 기록하고 있다.

왕페이원의 책에서도 국공 양군이 여전히 '전쟁 상태'에 있으며 중국 해군 함정이 좁은 해협을 지나갈 수밖에 없는 '얻기 어려운 기회'에 직면해, 장제스가 내렸던 '결단'에 대해 다음과 같이 기록하고 있다(王, 2010: 127).

> 이때 타이베이(臺北)의 '차오산 관저(草山官邸)'에 있던 장제스는 창문을 열고 푸른 하늘을 바라보며 한동안 생각에 잠겼다가 경쾌하게 손을 흔들었다. 이것은 인민 해군 편대가 타이완해협을 통과하는 것을 가로막아서는 안 된다는 중요한 결정이었다. 그는 한마디를 내뱉었다. "시사의 전황이 긴박해지고 있는 것이다!"

차오산 관저란 타이베이 교외 양밍산(陽明山) 관저를 말한다. '손을 흔들었다'는 것은 부정(否定)을 표시하는 동작이다.

중국에서 과거 '인민의 적'으로 공격받던 장제스는 현재 '애국자'로 평가받고 있다. '민족의 대의(大義)'에 서서 중국 해군 함정의 해협 통과를 용인했다는 기록이 역사적 사실인지는 향후 검증이 필요하다.

'남중국해'에서의 관계국 행동에 관한 선언

1975년 남베트남 정권은 붕괴했다. 그 이후 시사군도 영유권을 둘러싼 중·월 간 분쟁이 현저해졌다. 난사군도에 관해서는 중국, 베트남에 더해 필리핀, 말레이시아 나아가서는 보르네오도 가담해 영유권과 개발을 둘러싼 복잡한 논쟁이 벌어진다.

1988년 3월 14일 난사군도(츄온사제도)의 츠과자오(赤瓜礁)에서 중국 해군 함정과 베트남 해군 함정이 교전했다. 중국 측은 베트남 측이 츠과자오에 상륙하려고 했기 때문에 '자위 반격전'을 행하고 수송선 1척을 침몰시켜 전투에서 승리했다고 보도했다.

1995년 베트남이 아세안(ASEAN: Association of Southeast Asian Nations)에 가입했다. 아세안 국가들은 중국과의 교섭을 통해 남중국해 문제를 해결하는 길을 택했다. 이러한 외교 노력 중에 특필할 만한 것은 역시 2002년 1월 프놈펜에서의 중국-아세안 정상회담 시 채택된 '남중국해에서의 관계국 행동에 관한 선언'(이하 '행동선언'으로 약칭)일 것이다.

이 '행동선언'에는 영유권을 둘러싼 분쟁은 뒤로 미루고 영토 분쟁의 평화적 해결을 도모하려는 노림수가 들어 있다. 그 주요 내용은 아래의 세 가지 사항이다.

① 적용 범위를 남중국해로 한다.
② 현재 거주하지 않는 섬에 대한 거주를 자제한다. 난사제도이든 시사제도이든 무인(無人) 산호초는 다수 있는데 거기에 군사적인 목적을 갖는 시설을 만들어 점거하는 것과 같은 일은 자제한다.
③ 군사 연습을 행할 경우 자발적으로 사전에 관계 국가들에 통지해 쓸데없는 마찰을 피한다.

이 '행동선언'이 나오기까지 상당한 논의가 이루어졌다. 특히 적용 범위에 관해 중국 측은 실효 지배가 싱딩히 진행되고 있는 시사군도는 제외하고 난사제도에 관해서만 '행동선언'이 적용된다고 주장했다.

한편 아세안 측은 시사군도를 제외시켜서는 안 된다고 주장했다. 시사군도에 관해 베트남뿐 아니라 필리핀, 말레이시아, 보르네오도 영유권을 주장하고 있으며 이 '행동선언'에는 시사군도가 더해져야 한다고 반론한 것이다.

결국 구체적인 범위는 명시하지 않고 남중국해라는 대단히 넓은 범위를 포함하는 표현을 사용함으로써 타협이 성립되었다.

이 '행동선언'은 법적 구속력을 지니고 있지 않다. 법적 구속력을 지니게 하기 위해서는 '행동선언'을 '행동기준'으로 격상시킬 필요가 있다. 그것을 위해 상호 간에 협의가 진행되고 있지만 '행동선언'을 채택한 지 10년 이상이 지난 현재에도 합의는 이루어지지 않고 있다.

그사이에도 중국의 시사제도에 대한 실효 지배는 진전되고 있다. 중화인민공화국 민정부(民政部)는 2012년 6월 21일 시사군도·난사군도·중사군도(中沙群島) 판사처(辦事處)를 격상시키고 싼사시를 설립했다고 선언했다.

최근 시사의 해역 경비를 담당하는 남해함대의 전력 증강도 추진되고 있다. 2014년 3월 남해함대 부사령원으로 부임한 가오펑(高峰) 소장이 중국에서 최초의 원자력 잠수함 부대 사령원을 겸임하고 있다는 것이 밝혀졌다. 가오펑은 북해함대 잠수함 기지 사령원에서 전출되어왔다. 이것은 남해함대의 전투 서열에 원자력 잠수함 부대가 들어간다는 것을 의미한다.

나아가 같은 해 3월 중국 해군 최신예 미사일 구축함 052형 1번함 '쿤밍(昆明, 전체 길이 157m, 만재 배수량 약 7000톤)'이 취역했다. 쿤밍은 남해함대에 배치될 것으로 보인다고 보도되고 있다. 과거 시사 해역에서 미사일 구축함도 갖지 못한 남해함대의 장비는 현재 북해함대, 동해함대와 비교해도 손색이 없을 정도가 되었다고 할 수 있다.

도쿄에서의 중·월 지식인 대화

2012년 6월 1~2일 와세다대(早稻田大) 국제회의장에서 중국에서 온 베트남 연구자, 베트남에서 온 중국 연구자를 초대해 '중·월 지식인 대화'가 열렸다. 주최자는 와세다대의 트란반토(Tran Van Tho) 교수, 류제(劉傑) 교수, 야마다 미쓰루(山田滿) 교수였다.

중·월 관계 긴장을 우려한 트란반토 교수와 류제 교수가 호소해 2011년 7월 예비회담을 거쳐 개최에 이르게 되었다. 필자도 회의 취지에 동의해 예비회의에 이어서 참가해 "동아시아에서의 평화적 국제환경 확립을 향한 길: 중·러, 중·월 국경 확정에서 새로운 해양질서 모색을 향해"라는 주제로 발표했다. 중·러, 중·월 양국이 영토 및 국경 문제는 뒤로 미루고 우선 관계 정상화에 나서고 그 위에서 50 대 50 방식으로 육상 국경 문제를 해결한 경위, 중·일 간에도 1970년대부터 센카쿠열도 문제 해결을 일단 뒤로 미루어온 경위를 말하며 이러한 외교적인 '지혜'가 해양 문제를 고려하는 데도 참고가 된다고 주장했다.

중·월 연구자의 발표를 듣고 서로 상대국에 대해 어떠한 이미지를 갖고 있는지 이해가 깊어졌다. 특히 인상 깊었던 것은 베트남 연구자는 베트남이 중국에 '조공(朝貢)'을 계속해왔다고 생각하지 않았다는 점이디. 베트남과 송(宋)나라 국교는 빙(聘)으로 불려야 하는 것으로 공(貢)과 빙은 구별된다고 했다. 공은 금, 은, 상아 등 귀중한 물질을 바치는 의무가 있지만 빙은 단순한 '인사를 위한 선물'이다. 고대 중국에서도 제후는 상호 방문했고 그때의 선물을 "빙례(聘禮)"라고 말했다. 요컨대 송나라 시대는 대등한 관계에 가까웠다는 것이다.

과거의 중·월 관계는 '독립'이면서도 '예속'된, 즉 표면적으로는 중국에 예속되어 있었지만 이면에서는 경제, 군사, 정치 모두 독립되어 있었다는 것이 베트남 측의 주장이었다.

회의가 종료된 이후 송대사(宋代史)를 확인해보니 남송(南宋)은 1177년 안남(安南, 베트남)에게서는 정해진 공물(貢物)의 30%를 수취하고 그 수년 후에는 10%만 수취했다. 중국 왕조는 공물 가격을 상회하는 '회사(會賜)', 즉 답례 선물을 건네지 않으면 안 되었는데 남송은 그 부담을 견딜 수 없었던 것이다.

제7장

파도가 높아지는
일본·타이완 사이의 바다

——

요나구니에서 화렌을 향해

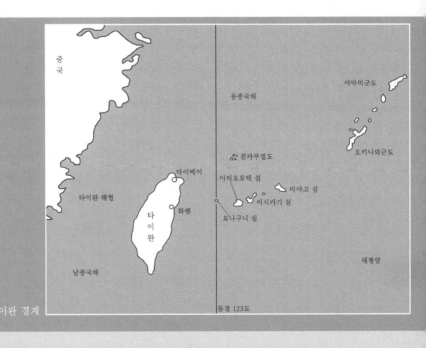

중국

동중국해

아마미군도

타이완 해협

센카쿠열도

오키나와군도

타이베이

이리오모테 섬

미야고 섬

화렌

이시카기 섬

타
이
완

요나구니 섬

남중국해

태평양

일본·타이완 경계

동경 123도

태평양전쟁에서 일본의 패전으로 오키나와(沖繩)와 타이완 사이에 경계선이 그어집니다. 필자는 2011년 5월 14일 요나구니 섬(與那國島)에서 열린 세미나에 참가하고 이튿날 전세기로 타이완 화롄(花蓮)으로 날아갔다. 이 해역은 태평양전쟁 말기 타이완에서 날아오른 일본 특공기가 미군 기동함대를 향해 자폭 공격을 감행했던 곳이다. 그로부터 약 70년이 지나 이 해역이 다시 불안정해지고 있다. 센카쿠열도의 귀속을 둘러싼 중국, 일본, 타이완 간의 분쟁이 격화되는 것이다. 섬인 댜오위다오는 류큐어(琉球語)로 '요콘(ヨコン)'으로 불리는데 이 주변은 야에야마(八重山) 사람들에게 매우 친숙한 해역이기도 하다.

중·일 간의 경계선

1939년 겨울 마오쩌둥은 근거지인 옌안에서 몇 명의 동지와 함께『중국 혁명과 중국공산당』을 집필했다. 증가한 당원들을 위한 교육용 책자를 만들고자 했던 것으로 생각된다. 그 책 모두에 중국 국경에 대해 다음과 같이 기록되어 있다.

현재의 중국 국경은 동북, 서북 및 서쪽 국경 일부에서는 소비에트 사회주의공화국연방과 경계를 접하고 있다. 서쪽 국경 일부 및 남부에는 인도, 부탄, 네팔과 경계를 접하고 있다. 남쪽으로는 샴, 버마 및 안남과 경계를 접하고 있으며 또한 타이완과도 가깝다. 동쪽으로는 일본에 인접해 있고 조선과 경계를 접하고 있다(日本國際問題硏究所中國部會, 1974: 117).

이것은 중국공산당원에 국한되지 않고 당시 중국인 일반의 국경 인식과 일치했다고 생각된다. 당시에는 몽골인민공화국의 독립은 인정되지 않았다. 그 영역은 중국의 일부라는 인식 때문이었을 것이다. "타이완과도 가깝다"라는 표현은 당시 국경선이 타이완해협을 지나가고 있다는 의미이다.

중화인민공화국 건국 이후인 1952년 '중공중앙 마오쩌둥 선집 출판위원회(中共中央毛澤東選集出版委員會)'는『중국혁명과 중국공산당』을 포함한『마오쩌둥 선집(毛澤東選集)』제2권을 출판했는데, 그때 다음과 같이 수정되었다. 그 이후『마오쩌둥 선집』에서는 다음과 같은 표현이 사용되고 있다.

현재 중국의 국경은 동북, 서북 및 서쪽 국경 일부에서는 소비에트 사회주의공화국연방과 경계를 접하고 있다. 바로 북쪽은 몽골인민공화국과 경계를 접하고 있다. 서쪽의 일부 및 남쪽으로는 아프가니스탄, 인도, 부탄, 네팔과 경계를 접하고 있다. 남쪽은 버마, 베트남과 경계를 접하고 있다. 동쪽은 조선과 경계를 접하고 있으며 일본, 필리핀에 인접해 있다(中共中央毛澤東選集出版委員會, 1966: 117).

몽골인민공화국의 이름이 들어간 것은 1945년 당시 중앙정부였던 중화민국 정부가 몽골인민공화국의 독립을 인정했고, 중화인민공화국도 건국 직후 몽골인민공화국과 외교 관계를 수립했기 때문이다. 타이완에 관해서는 일본이 태평양전쟁에 패배한 이후 일본군의 무장해제를 위해 국민당군이 진주했고, 중화민국 정부가 타이완의 행정권을 회수했다.

일본과 중국의 경계는 타이완해협에서 오키나와, 타이완 간으로 이동했다. 일본에서 허가 없는 타이완과의 왕래는 '밀항'이었고 허가 없는 타이완과의 교역은 '밀무역'이 되었다. 일본의 패전 시 미군은 오키나와와 규슈(九州)에 상륙해 본토를 공격하기 위한 대량의 물자를 집적했다. 그것이 암시장으로 흘러들어 타이완과 중국 대륙으로까지 운반되었다. 필자는 오키나와 연구자에게서 그러한 무역을 '밀무역'이라고 부르지 않으며 '경기 무역(景氣貿易)'이라고 부른다는 가르침을 받은 적이 있다. 경기를 부양시키기 위한 무역이라는 의미에서 사용되는 것으로 보인다. 적어도 '밀무역'이라는 말의 배후에 있는 죄책감은 느껴지지 않는다.

일본이 출입국 관리령을 제정 및 시행한 것은 1951년이 되면서였다. '본방(本邦, 본국)'과 외국 간의 인적(人的) 왕래를 관리하는 규칙이었다. 규슈에 부속된 섬은 '본방'에 속하는데, 미군의 시정권(施政權) 아래에 있는 오키나와의 규칙이 언급되지 않고 비교적 자유로웠던 듯하다.

요나구니에서 화롄을 향해

2011년 5월 14일 오키나와·야에야마제도(八重山諸島)의 요나구니 섬에서 '경계지역 연구 네트워크JAPAN·요나구니 세미나'가 열렸다. 경계지역 자치체와 학계 네트워크를 형성하려는 시도로 현지 외에 쓰시마(對馬), 네무로(根室), 왓카나이(稚內) 등의 자치체 수장급 인사들과 경계지역 연구자가 한자리에서 만나 경계지역이 직면한 문제에 대해 논의했다.

이튿날 15일 오후 이 세미나 참가자 대부분은 타이완 푸싱항공(復興航空) 전세기(B-22812형 프로펠러기)로 요나구니 공항에서 타이완 화롄으로 향했다. 화롄에서 열리는 '타이완 포럼'에 참가하기 위해서였다. 매우 맑은 날에는 요나구니 공항에서 화롄이 보인다고 한다(당일에는 보이지 않았지만). 요나구니에서 남남서 방향으로 직진하면 약 20분이 채 걸리지 않는 거리이다.

그러나 전세기는 동경 123도선을 따라 북상했다. 그 상태로 간다면 센카쿠열도가 나온다. 그 앞에서 서쪽을 향해 항로를 변경하고 타이완 섬 북서쪽에 도달하자 해안선을 따라 천천히 남하해 화롄 공항에 착륙했다. 왜 우회한 것일까? 이 주변은 방공식별구역(防空識別區域)을 둘러싸고 타이완과 미묘한 문제가 있는 지역이기 때문이다.

사실 일본의 방공식별구역은 미 공군이 설정한 방공식별구역을 계승했다. 그것에 의하면 요나구니 섬 동쪽 3분의 1이 일본 측, 서쪽 3분의 2가 타이완의 방공식별구역에 들어가 있었다. 방위식별구역과 영토는 직접적인 관계가 없지만, 일본의 영토인 요나구니 섬 상공에 타이완의 방공식별구역이 설정되어 있는 것은 역시 문제이다.

2013년 11월 23일 중국이 동중국해에 센카쿠열도 상공을 포함한 방공식별구역을 설정해 미국까지 휘말려들어 커다란 문제가 되었다. 연일 일본 신문에는 일본의 방공식별구역을 나타내는 약도가 게재되었는데, 요나구니 섬 주변만 직선이 아니라 타이완 측을 향해 반원 상태로 돌출되어 있는 것을 기이하게 느낀 사람이 있지 않았을까 한다.

2010년 일본은 요나구니 섬 주변에 관해 방공식별구역의 설정을 동경 123도선에서 타이완을 향해 13해리 반원 상태로 넓히도록 변경하고 타이완 측에 통고했지만, 타이완 측은 이를 납득하지 못해 분쟁 중에 있다.

우리가 탑승한 전세기는 1시간을 날아 화롄 공항에 착륙했다. 착륙에 앞서 군·민 공용공항이기 때문에 사진 촬영은 금지되어 있다는 방송이 흘렀다. 실제로 군 격납고로 가는 군용기를 보면서 공항 터미널로 향했다.

타이완 섬 동해안에 위치한 화롄 공항은 서해안 공항보다 중국 대륙에서 멀어서 거기에 주둔하는 공군이 중국 공군의 기습을 받게 된다면, 공격에 견디고 반격에 나서는 것이 기대된다. 무엇보다 현재는 긴장감이 없다. 공항 안에는 "화롄현(花蓮縣)은 정저우(鄭州, 허난성)에서 온 전세기 편을 환영합니다"라는 내용의 횡단막이 걸려 있었다. 대륙에서 관광객을 태운 전세기가 올 정도로 대륙과의 관계는 호전되고 있는 것이대화롄현과 화롄시의 관계인데, 화롄시는 현할시(縣轄市), 즉 화롄현이 관할하는 시이다]. 2008년 6월 중국·타이완 당국은 중국인 관광객의 타이완 방문에 대해 합의 문서를 교환했는데, 그중에 화롄 공항은 주말 직항 전세기 편의 타이완 측 거점 중 하나로 제시되었다.

공항에서는 톈즈이(田智宜) 화롄시 시장(당시)이 우리 일행을 마중 나왔고 환영식이 열렸다. 그때 아미족(Amis)* 출신 무용수가 환영의 춤을 추었는데, 필자와 같은 연배의 가이드가 아미족에 대해 "원주민"이라는 표현을 사용했다. 필자는 '선주(先駐) 민족'이라고 말하지 않아도 괜찮은 것인가 하

---

* 화롄의 아미족은 스스로를 방차(Pangcah)라고 부르기도 한다. 2010년 4월 기준으로 타이완에 약 18만 8797명의 아미족이 존재하고 있다. '아미'는 북쪽이라는 의미이다. _ 옮긴이 주

고 생각했다. 그렇지만 같은 날 밤 환영회에서 우연히 화롄시청의 '원주민
(原住民) 행정과' 과장이 같은 자리에 앉아 명찰을 교환하면서 '원주민족(原
住民族)'이라는 말이 일반적으로 사용되고 있다는 것을 알게 되었다.

화롄에서의 '타이완 포럼'

공항에서 곧장 포럼 회의장인 호텔로 향해 화롄에서의 세미나가 시작되
었다. 이와시타 아키히로(岩下明裕) 교수의 인사말 이후 화롄시 시장이 발
표했다. 시장은 동일본 대지진에 대한 위로의 심정을 표하는 것과 함께 타
이완에서의 동일본 대지진 피해자에 대한 지원 활동 상황을 소개했다. 그
가운데 시장은 글로벌화 시대의 도시 교류에 대해 논하며 화롄시에는 자매
도시가 5개 있으며 문화 교류를 추진해 학생을 교환하는 등 교류해왔다고
말했다. 요나구니 섬과는 1982년 10월에 자매 도시 관계를 맺었으며 최초
의 자매 도시라고 지적했다. 야에마야와는 일의대수(一衣帶水)의 관계에 있
으며 특히 요나구니와는 100km밖에 떨어져 있지 않다고도 논했다. 그렇지
만 현안인 화롄과의 직항 실현은 쌍방의 끊임없는 노력이 필요하며 실적을
거두어 정부의 인가를 얻을 필요가 있다고 강조했다.

이어서 호카마 슈키치(外間守吉) 요나구니 정장(與那國町長)이 보고했다.
정장은 요나구니가 화롄과 자매 도시가 되는 협정을 체결한 지 29년이라고
지적한 뒤 제2차 세계대전 이전부터의 관계를 회고했다. 제2차 세계대전 이
전에는 타이완 경제권에 속했으며 발전하는 화롄의 모습을 보아왔다고 논
했다. '타이완 사람처럼 일하라고 배웠다'고 논하기도 했다. 또한 그는 물
가가 타이완에 비해 2배나 높아 물가고를 시정하기 위해 타이완과의 경제
교류를 추진할 필요가 있다고 생각했는데, 그때 문화적인 친밀함을 느끼는

타이완과의 문화 교류도 함께 추진하면 좋겠다고 논했다. 정장은 이와 함께 요나구니에 다케토미(竹富), 이시가키(石垣)를 더해 3시정(三市町) 교류를 추진해온 것을 강조했다.

그 이후 질의응답 시간에 화롄시장을 향해 자매 도시와의 교류 상황에 대한 질문이 나왔다. 시장은 5개의 자매 도시에 대해 요나구니 외 미국 2개, 남아프리카 1개, 한국 1개(울산)라고 그 내역을 밝혔고, 가장 활발히 교류하는 곳이 요나구니라고 말했다. 또한 미국과는 상호 홈스테이를 하고 있으며 남아프리카와는 교류가 없고 한국과는 상호 방문을 하는 정도라고 덧붙였다.

타이완에서의 특공 공격

이튿날 16일 오전 짧은 시간이지만 화롄 시내를 시찰했다. 가이드가 처음으로 안내한 곳은 화롄항(花蓮港)이 내려다보이는 쑹위안별관(松園別館)이었다. 2층으로 된 멋진 건물이었는데 입구에는 일본 점령 시대 건물로 특수 용도(군사 지휘소)로 사용되었다고 기록되어 있었다. 가이드는 특공대 출격 전날 밤 이곳에서 일본 천황이 보낸 술이 분배되었다고 설명했다. 태평양전쟁 말기 일본군이 오키나와를 습격한 미 함대에 대해 타이완에서 특공 공격을 행한 것은 알고 있었지만 화롄 기지에서도 출격했다는 사실은 알지 못하고 있었다.

쑹위안별관 홈페이지를 보면 1943년에 세워졌으며 고급 군인의 휴게소였다고 기록한 뒤, 일본 가미가제(神風) 특공대가 출정 시 여기에서 천황이 보낸 술을 마셨다는 '전언'(말이 전해지고 있음)이 기록되어 있었는데 명확한 사실이라고 단언하고 있지는 않았다. 귀국 이후 방위연수소(防衛研修所) 전사실(戰史室)의『전사총서 오키나와·타이완·이오 섬 방면 육군 항공작전(戰

史叢書 沖繩·台灣·硫黃島方面陸軍航空作戰)』을 보았다. 이 책에 의하면, 1945년 5월 4일 타이베이 제8비행사단 사령부가 5일 여명에 이시가키 동쪽 미군 기동부대에게 대규모 공격을 가하기 위한 준비 명령을 내렸다. 화렌항 비행장에서 발진한 부대로 비행 제

그림 7-1 **화롄의 쑹위안별관**
필자 촬영(2011.5.16).

17전대(戰隊, 폭격 임무), 독립비행 제23중대(폭격 임무), 성(誠) 제26전대(특공 공격), 성 제204전대(폭격 임무), 독립비행 제48중대(폭격 임무)의 이름이 기록되어 있고 특공 공격을 임무로 하는 전대가 편성되었다는 것을 확인할 수 있는데 5일 출격은 중지되었다(防衛廳防衛研修所戰史室, 1968: 546~547).

이 사단(師團)은 그 후 재차 미군 기동부대를 공격할 계획을 확정하고 사전에 부대에 준비하도록 했는데 화렌항 비행장을 출발 비행장으로 삼았던 부대로는 비행 제17전대, 독립비행 제23중대, 성 제204전대, 독립비행 제48전대라고 기록되어 있다(防衛廳防衛研修所戰史室, 1968: 554). 결국『전사총서(戰史叢書)』에서는 실제로 화롄에서 언제 어느 부대가 특공 공격을 했는지 알 수 없었다. 그 이후 타이완에서는 남아 있는 항공 병력에 의한 '총원(總員) 특공'이 논의되던 중 패전을 맞았다.

또한 쑹위안별관의 뜰 안에는 나뭇가지 모습이 보기 좋은 상당한 연륜(年輪)의 소나무가 있었다. 류큐송(琉球松)이라고 하는데, 일본 통치 시대에 타이완의 임업을 발전시키기 위해 들여왔다고 히며 염해(鹽害)에 강한 것으로 알려져 있다.

센카쿠열도 해역에서의 일본·타이완 분쟁

그런데 센카쿠열도 해역에서 분쟁을 일으키는 것은 중·일뿐이 아니었다. 일본·타이완 사이에도 문제가 되고 있다. 센카쿠열도는 타이완 북동쪽 약 180km, 야에야마제도 북쪽 약 160km에 위치해 있으며 거의 같은 거리에 있다. 타이완은 야에야마제도 북쪽에 '잠정 집법선(暫定執法線)'을 설정하고 있는데, 그곳은 일본이 주장하는 '중간선'과 겹치는 해역이 있으며 일본 해상보안청(海上保安廳) 순시선이 타이완 어선을 배제하는 사건이 여러 차례 일어났다. 2008년 6월 10일 센카쿠열도 우오쓰리 섬(魚釣島) 부근에서 일본 해상보안청 순시선이 타이완의 유어선(遊漁船) '연합호(聯合號, 27톤)'와 접촉해 침몰시킨 사건이 일어났다.

이 사건은 6월 20일 타이완에 있는 일본의 창구인 교류협회 타이베이 사무소 부대표가 유어선 선장을 방문해, 이시가키 제11관구(管區) 해상보안 본부장 명의로 작성된 사죄 문서를 건네고 타이완 측의 체면을 세워주는 것으로 마무리되었다.

2010년 9월에는 중국 어선이 센카쿠열도의 일본이 영해라고 주장하는 해역에서 쥐치 어획을 해서 일본 해상보안청 순시선에게 나포되었다.

타이완과 중국의 어선 및 유어선의 활발한 움직임에 비해 일본 어선의 모습이 보이지 않는 것에 주목해, 필자는 요나구니의 세미나에서 호카마 슈키치 요나구니 정장에게 일본 어부들은 무엇을 하고 있는가 하고 질문했다. 정장은 어민의 어업 이탈이 진행되고 있으며 정부가 어선을 구입해 어민에게 대여해주지 않겠는가 하는 대답을 받았다.

옛날부터 우오쓰리 섬은 류큐어로 '요콘'이라고 불렸고 이 주변은 야에야마 사람들에게는 친숙한 해역이다. 또한 이 주변 풍향은 편서풍이 타이완 북부에서 센카구열도 쪽으로 불고 있다. 필자는 이 해역은 야에야마와 타이

완 북부 어민에게 돌려주어야 한다고 생각한다. 야에야마와 타이완 북부를
포함하는 명칭이 있지 않을까 하고 찾아보았지만 아직 발견하지 못했다.

'센카쿠열도' 문제는 타이완 문제 1

2013년은 중·일이 대사를 교환하고 정식 외교 관계를 시작한 지 40주년
이 되는 해였다. 그렇지만 중·일 관계는 센카쿠 문제를 둘러싸고 긴장되고
있으며 국교 정상화 이래 최악의 상황에 빠졌다. 국교 정상화 당시 센카쿠
열도 문제가 어떻게 다루어졌는지를 알기 위해, 40년 전 오가와 헤이시로
(小川平四郎) 초대 주중 일본대사가 국가 원수인 둥비우 국가주석대리(國家
主席代理)에게 신임장을 받았을 때의 기록 개시를 청구했는데 2013년 3월
22일 자로 개시되었다.

신임장 수여는 1973년 4월 3일 광저우시(廣州市) 영빈관에서 행해졌다.
통상적으로는 베이징 인민대회당에서 행해지는데, 예상 밖에 둥비우 국가
주석대리가 광저우에 있었기 때문에 광저우에서 수여되었다.

우선 대사를 통해 "일·중 양국 간 과거 불행한 전쟁이 있었던 것을 유감
으로 생각하고 있다. 작년 양국 간 국교가 정상화된 것을 진심으로 기뻐하
고 있다. 금후 일·중 양국이 서로 손잡고 아시아의 평화를 위해 공헌하는 것
을 희망한다"라는 천황의 '말씀'이 전달되었다.

둥비우 국가주석대리는 센카쿠열도 문제와 관련해 다음과 같이 발언했
다. "중·일 양국은 바다를 사이에 두고 있으며 국경 문제는 없다. 타이완의
문제는 있다. 또한 댜오위다오의 문제도 있는데 이것은 향후 이치에 따라
서로 협의한다면 해결될 수 있을 것으로 생각한다." 여기에서 말한 '국경'이
란 육상 국경이라고 생각해야 할 것이다.

회견 마지막에 오가와 대사는 "향후에도 일·중 양국 간 여러 가지 문제가 있을 것이며, 그 가운데는 어려운 것도 지적하신 바처럼 그런 방식으로 서로 협의하고 이해를 심화시킴으로써 해결될 수 있다고 믿고 있다 ······ "라고 논하고 있다. 오가와 대사가 명시적으로 센카쿠열도 문제에 대해 함께 논의하자고 말한 것은 아니지만, 센카쿠열도 문제를 포함한 중·일 간 제반 문제에 대해 협의를 통해 해결한다는 합의가 가능했다는 것을 살필 수 있다.

그런데 둥비우 국가주석대리는 왜 타이완과 센카쿠열도를 병렬시켜 논한 것일까? 이보다 2년 전인 1972년 9월 베이징에서 중·일 국교 정상화 교섭 시 센카쿠열도 문제에 관해 저우언라이가 다나카 가쿠에이(田中角榮)에게 "이번에는 말하고 싶지 않다"라고 말한 것은 잘 알려져 있다. 저우언라이의 노림수는 무엇이었을까?

그다음 달인 10월에 저우언라이는 인민대회당에서 미·일 화교 국경절 참관단과 회담했다. 댜오위다오 수호운동 활동가 쑨정중(孫正中)의 회상에 따르면 저우언라이는 센카쿠열도 문제에 관해 다음과 같이 논했다고 한다.

해외 화교가 일으킨 댜오위다오 수호는 훌륭한 운동이다. 이 문제는 샌프란시스코 평화조약 조인 시 제기되었는데 장제스는 왜 확실히 하지 않았는가? 역사적·지리적·법률적으로 보아 중국에 속하고 있다. 최근 일본의 이노우에 기요시(井上淸) 교수도 논문을 집필해 이 건을 논의했다. 이 운동은 전도유망하니 모두 더욱 계속 노력하기 바란다. 다나카 총리가 나에게 댜오위다오에 관련한 것을 질문해와 나는 지금은 말하기 어렵다고 말했다. 지금은 장제스의 수중에 있기 때문이다. 우리는 그를 시험해야 하지 않을까? 중국 정부는 댜오위다오가 중국에 속한다는 입장에 대해 이미 성명을 발표했다. 해외 동포가 많은 자료를 보내줄 것을 희망한다. 밀착해서 주의를 기울이며 국제적인 공동 개발 음모가 도모되지 않기를 바란다. 댜오위다오, 진먼, 마쭈(馬祖), 펑후(澎湖), 타이완은 모두 우리 타이펑(台澎)지구에 속해 있다. 타이완 문제가 해결되지 않으면 이러한 기타 도서도 해결할 방도가 없다. 타이펑지구는 중국 영토이며 함께 해결되어야 하는 것이다. 댜오위다오는 타이펑지구 문제의 하나로서 일본과 평화우호조약을 조인할 때 교섭할 것이다(丁明, 2012: 61~62).

인터넷으로 찾아보면 쑨정중은 2013년에도 미국에서 댜오위다오 수호운동을 하고 있었다. 오래된 댜오위다오 수호운동 활동가이다. '국제적인 공동 개발 음모'란 일본·타이완·한국 사이에서 해저 자원 공동 개발을 도모하는 움직임이 있었다는 것을 가리킨다.

여기에서 언급된 '성명'은 1971년 12월 30일 외교부 성명을 지칭한다. 이 '성명'은 댜오위다오가 타이완 부속 도서라는 것을 주장한 뒤 "중국 인민은 반드시 타이완을 해방한다! 중국 인민은 댜오위다오 등 타이완 부속 도서도 반드시 회수한다!"라고 외쳤다.

우선 타이완을 해방하고 그 뒤 댜오위다오를 회수한다는 방침은 1971년 12월 30일 외교부 성명, 다나카 가쿠에이 총리에 대한 저우언라이의 발언, 둥비우 국가주석대리의 오가와 대사에 대한 발언에서 모두 일관되고 있음을 알 수 있다.

현실적으로 곧 타이완을 해방시킬 가능성은 없었다. 그래서 해당 사안은 뒤로 미루어 중·일 공동성명에서 체결을 약속한 중·일 평화우호조약 교섭 가운데 서로 논의하면 좋았을 것이다.

소노다·덩샤오핑 회담의 기록 개시를 거부하는 일본 외무성

그런데 중·일 평화우호조약 체결 교섭에서 센카쿠열도 문제는 논의되지 않았다. 소련을 적대시하는 것은 아닌가 하고 간주되었던 반패권 조항의 취급 문제가 교섭 과정에서 초점이 되었기 때문이다.

그러나 1978년 4월 다수의 중국 어선이 센카쿠열도 해역에서 센카쿠열도가 자국령이라고 외치는 사건이 일어났다. 일본 측은 중·일 평화우호조약 체결에 신중한 세력과 여론의 압력도 있어 교섭에서 이 사안을 다루지 않을 수 없게 되었다.

이 문제가 논의된 것은 교섭의 최종 단계, 즉 1978년 8월 10일 베이징에서 행해진 소노다 스나오(園田直) 외상(外相)과 덩샤오핑 부총리의 회담에서였다. 필자는 2012년 9월 20일 이 회담 기록 중에서 센카쿠열도 문제를 포함한 중·일 관계에 관련된 부분의 기록 공개를 청구했다. 또한 이 회담 기록은 분할되어 전보하는 방식으로 베이징에서 일본 외무성 본부로 보내졌으며 덩샤오핑 부총리의 후쿠다 다케오(福田赳夫) 총리에 대한 사의 표명[공전(公電) 제1632회], 중·일 평화우호조약 관계(제1635호), 국제정세(제1635호), 중·소 우호동맹상호조약(제1631호), 방일 초청(제1637호)은 공개가 완료되었다.

이에 반해 2012년 11월 19일 자로 "개시(開示, 공개) 청구로 절해져 있을 가능성이 있는 행정 파일을 탐색했습니다만, 해당하는 행정 문서는 확인할 수 없었기 때문에 불개시(不開示, 존재하지 않음)로 처리했다"라는 결정을 전해 받았다.

필자는 "존재하지 않음"이라는 통지에 납득하지 못했고 2013년 1월 15일 자로 이의신청했다. 그 취지 및 이유는 다음과 같다. 조금 길지만 그대로 인용하도록 하겠다.

이의신청자는 헤이세이(平成) 9년(1997년)에 외무성 고문실에서 고(故) 사토 쇼지(佐藤正二) 전임 주중 일본 대사를 인터뷰해 중·일 평화우호조약 체결 교섭과 관련된 이야기를 들었던 적이 있다. 그때 사토 대사는 스스로 일본 대표 단장으로서 이 조약의 체결 교섭에 관련된 경위를 정리한 조서(調書, 이하 사토 조서로 칭함)를 참조하면서 말했다. 이 조서 오른쪽 위에는 10 몇이었든지 아니면 20 몇이라고 기록되어 있었다. 10이었는지 20이었는지는 기억이 확실하지 않지만 이 조서는 10부 혹은 20부 작성되었다고 생각된다. 사토 대사는 소노다 스나오·덩샤오핑 회담에도 참가했으며 사토 조서에는 소노다 스나오·덩샤오핑 회담의 기록이 포함되어 있는 것으로 추정된다.

이의신청인으로서는 사토 조서가 어떤 파일에 수록되어 있는지 알 이유도 없지만, 작성된 것은 확실하므로 찾아내어 그 비밀 지정을 해제하고 개시해주었으면 한다.

여기에서 소노다 스나오·덩샤오핑 회담 중 센카쿠열도 문제와 관련된 부분을 개시하는 것의 중요성 및 필요성에 대해 다루어 보겠다.

헤이세이 18년(2006년) 7월 전임 상하이 주재 일본 총영사 스기모토 노부유키(杉本信行)의 유작『대지의 포효(大地の咆哮)』가 출판되었다. 이 책에서 스기모토 총영사는 실무자로서 목격한 소노다 스나오·덩샤오핑 회담에 대해 다음과 같이 기록하고 있다.

일·중 관계 및 조약에 관한 일·중 쌍방의 기본적인 사고방식이 논해진 외에 패권국에 대한 사고방식, 대소 정책과 긴장이 높아진 중·월 관계, 캄보디아 문제에 대해 언급되었다. 빠르게 시간이 지나간다. 그렇지만 소노다 외상은 덩샤오핑 부총리에 대해 이 직 핵심적인 것을 전하지 않고 있다. 그때 다카시마(高島) 외무 심의관이 쪽지를 신속하게 적어 소노다 외상에게 손으로 전달했다. 내 자리에서는 직접 보이지 않았지만, 쪽지에는 일찍 센카쿠열도에 관한 일본의 기본 입장을 정확하게 표명해달라는 지시가 쓰여 있었음이 틀림없다. …… 소노다 외상은 쪽지 한 장에 의해 압박당한 것처럼 센카쿠열도 문제를 꺼냈다. 센카쿠열도에 대한 일본의 기본적 입장을 표명하고 일전에 발생한 어선의 영해 침범 사건은 유감이며 재발은 곤란하다고 소노다 외상이 압박하자, 덩샤오핑은 "그런 사건은 다시 일어나지 않는다"라고 확약했다. 센카쿠열도의 영유권 문제에 대해 덩샤오핑은 "지금처럼 10년이든 20년이든 100년이든 옆으로 제쳐두어도 좋다"라는 발언을 했다(杉本信行, 2006: 67~68).

스기하라 총영사는 센카쿠열도 문제에 관해 소노다 외상 측으로부터 논쟁이 제기되었음을 논하고 있다. 그렇지만 중국 측에는 장상산이 덩샤오핑이 먼저 언급했다며 양자의 발언 내용에 관해 다음과 같이 소개하고 있다. 특히 덩샤오핑 발언에 대해서는 상세하게 소개하고 있다.

당면한 국제 정세 중 중국은 일본의 원조를 필요로 하고 있다. 그와 동시에 일본도 중국에게 어떤 원조를 필요로 하고 있음이 틀림없다. 양국 간에는 문제가 없지 않다. 예를 들면 일본이 말하는 바인 센카쿠열도, 중국에서는 댜오위다오로 부르는데, 이 문제도 있으며 대륙붕 문제도 존재하고 있다. 일본에서는 일부 사람이 이 문제를 이용해 '조약' 조인을 방해했다. 우리나라에서도 조인을 방해한 사람이 있는데, 예를 들면 우리 중 미국에서 유학해 미국 국적을 취득한 화교나 타이완에서도 이 섬을 지켜야 한다는 사람이 있다. 이와 같은 문제에 대해 지금 논쟁을 하지 않는 편이 낫다. '평화우호조약' 정신으로 몇 년 옆으로 제쳐두어도 상관없다. 몇 년이 지나더라도 이 문제가 해결되지 않는다고 해서 우호적으로 관계를 형성하는 것이 불가능한 것은 아닐 것이며, 이 '조약'이 집행될 수 없는 것도 아닐 것이다. 댜오위다오(센카쿠열도) 문제는 옆으로 제쳐두고 천천히 생각하면 좋은 것이 아니겠는가? 양국 간에는 확실히 문제가 존재하지만 양국은 정치체제가 다르며 처해 있는 입장도 다르다. 따라서 모든 문제에서 의견이 일치하는 것은 불가능하다. 하지만 동시에 양국 간에는 공통점도 많다. 요컨대 양국은 '작은 차이는 남겨두고 대동(大同)으로 수렴하는 것'이 중요하다. 우리는 더욱 많은 공통점을 찾고 상호 협력, 상호 원조, 상호 호응하는 길을 모색해야 한다. '조약'의 성격은 곧 이러한 방향을 정하고 있는 것이다. 실로 소노다 선생이 말하는 새로운 기점이다.

덩샤오핑이 언급한 댜오위다오(센카쿠열도)의 문제에 대해 소노다 외상은 다음과 같이 말했다. "이 문제에 대해 일본 외상으로서 한 가지 말하지 않으면 안 된다. 센카쿠열도에 관해 일본 입장은 잘 알고 있을 것으로 생각한다. 향후 이러한 우발적인 사건(중국 어선이 한 차례 댜오위다오 해역에 들어온 것을 지칭함)이 일어나지 않기를 희망하고 있다." 이 소노다의 발언에 대해 덩샤오핑은 "나에게도 한 가지 말하고 싶은 것이 있다. 이와 같은 문제를 옆으로 치우고 우리 세대는 문제의 해결 방법을 찾을 수 없지만 우리 다음 세대, 그다음 세대는 반드시 해결 방법을 발견할 것임이 틀림이 없다"라고 했다(石井·朱·添谷·林, 2003: 320~321).

중·일 쌍방의 기록을 비교해보면, 어느 쪽이 먼저 센카쿠열도 문제에 대해 언급했는지를 포함해 양자 사이에서 실제로 어떠한 공통의 이해가 이루어졌는지를 알 수 있다. 이는 센카쿠열도 문제를 검토하는 데 커다란 의미가 있다. 따라서 거듭 사토 조사의 개시를 바라는 바이다.

이러한 이의신청에 대해 2013년 4월 11일 자로 일본 내각부(內閣府)의 정보공개·개인정보보호조사회에서 외무성의 원결정(原決定, 존재하지 않음을 이유로 불개시 결정을 행했음)을 유지하는 것이 적당하다고 판단한다는 '이유설명서'를 받았다.

이 설명서는, 소노다·덩샤오핑 회담 기록은 헤이세이 13년 10월 1일 자로 정보 공개 04712호로 개시 등의 결정을 행한 청구건명 '1978년 8월 소노다 외상이 방중했을 때 일·중 외상 회담 및 덩샤오핑 부총리, 화궈펑 당 주석과의 회담 기록'의 문서 2 '소노다 외무대신(外務大臣)·덩샤오핑 부주석 겸 부총리 회담 기록(6건)'의 6개 보고 전보(電報)뿐이며, 동 회담에 관해 이러한 보고 전보 외에 회담록은 작성되지 않았으며 존재하지 않는다고 지적하고 있다.

그런 뒤 이의신청인의 주장에 대해 다음과 같은 이유를 내세우고 있다.

① '일·중 평화우호조약 체결 교섭 경위를 정리한 조사'(신청인은 이것을 "사토 조서"라고 호칭함)를 참조했다는 것을 기억하고 있으며 '해당 사토 조서의 개시를 요구한다'며 불개시 결정 취소를 요구하고 있다.

② 그렇지만 이의신청자가 말하는 "사토 조서"라는 문서는 어떤 문서를 지칭하고 있는지 명확하지 않다. 또한 원래 본건 개시 청구에 의해 특정된 행정 문서는 '1978년 8월 10일에 베이징에서 행해진 소노다 외무대신과 덩샤오핑 부총리 간 회담 기록'의 센카쿠열도에 관한 부분이며 '사토 조서'가 아니다. 이의신청자는 본건 개시청구(개시청구 번호: 2012-00602)에 기초해 이번 이의신청에서 본래의 개시청구 대상 문서와 다른 문서 개시를 청구하고 있으며, 이는 새로운 개시 청구를 행하는 것과 같은 것이다. 따라서 관련된 이의신청인의 논지에는 완전히 이유가 없다고 말하지 않을 수 없다.

③ 어쨌든 본건 대상 문서(1978년 8월 10일 베이징에서 행해진 소노다 외무대신과 덩샤오핑 부총리 간의 회담 기록 중 센카쿠열도에 관한 대화를 포함한 기록)에 대해서는 성 내부 관련 부국(部局)에서 파일 명칭, 파일 작성 시기 등에서 본건 대상 문서가 철해져 있을 가능성이 있는 행정 문서를 탐색했지만 대상 문서의 존재는 확인할 수 없었기 때문에, '존재하지 않음'을 이유로 불개시한다는 원결정을 행했던 것이며 이는 타당하다.

"양방이 의사록을 갖고 있습니다"(소노다 스나오의 발언)

정보 공개·개인정보보호심사회로부터 이 '이유 설명서'가 왔을 때 '의견서'를 제출할 수 있다고 해서, 필자는 2013년 5월 6일 자로 다음과 같은 '의견서'를 보냈다.

이유 설명서에는 소노다·덩샤오핑 회담 기록에 관한 6개의 보고 전보 외에 회의록은 작성되어 있지 않으며 존재하지 않는다고 기록되어 있다.

그러나 이 회담에 관해 센카쿠열도 문제에 관한 대화만 회의록이 작성되어 있지 않았다는 것은(다른 주제에 대해서는 회의록을 작성하면서) 사회 통념에 비추어보아도 부자연스럽다.

1978년 8월 13일 자 ≪아사히신문≫은, 소노다·덩샤오핑 회담 이틀 후인 8월 12일 오후 일본 정부는 임시 각의를 개최하고 일본의 전방위 외교가 견지되고 영토 등의 국익도 만족시키고 있다는 판단하에, 일·중 평화우호조약을 위해 소노다 외상을 전권 위임하는 것을 결정하고 외상에게 훈련을 했다고 보도하고 있다. "일본의 전방위 외교가 견지되고 ……"라는 것은 이른바 반패권(反覇權) 조항 문제에 대해 일·중 사이에 합의가 이루어졌다는 것을 의미하며 "영토 등의 국익도 만족시키고 있다 ……"란 센카쿠열도 문제에 관해 중·일 간에 어떤 합의가 도모되었다는 것을 의미하고 있는 것으로 판단된다.

센카쿠열도 문제의 취급에 대한 합의를 감안해 일·중 평화우호조약 조인이 진행되었음이 틀림없으며 소노다·덩샤오핑 회담 중 센카쿠열도 문제를 둘러싼 대화는 대단히 중요한 의의가 있다. 그러한 중요한 기록이(또한 그 부분만) "작성되지 않았다"라는 '이유 설명서'의 기술 내용은 받아들이기 어렵다는 이의신청인의 '의견'을 거듭 표명한다.

'의견서'를 제출한 지 1년 이상 지났지만 정보공개·개인정보보호심사회로부터는 그 어떤 통지도 받지 못했다.

실제로 소노다 외상은 베이징에서 중·일 평화우호조약에 조인하고 귀국한 직후 1978년 8월 18일 일본 중의원(衆議院) 외무위원회에 출석해, 소노다·덩샤오핑 회담에 대해 와타나베 로(渡辺朗) 대의사(代議士*, 민사당 소속)의 질문에 답하고 있다(이하의 질의는 국회도서관 검색 시스템을 이용해 찾아냈다).

와타나베 위원: 다음으로 역시 일본 국민으로서 우려하는 것을 또 한 차례 들어보고자 합니다.

그것은 센카쿠열도의 문제입니다. 의견이 교환되었다, 그리고 그때 중국 정부가 다시 일전에 발생한 사건과 같은 분쟁을 일으키는 일은 없을 것이라는 언명(言明)이 있었다, 따라서 영토권 문제는 일본 입장이 이해되고 있다는 해석입니다. 이와 관련된 실제 대화는 어떤 내용입니까?

소노다 국무대신: 일부 홍콩 신문의 이에 대한 보도는 틀립니다. 조약 중에 체결된 모든 문제는 평화적으로 해결하는 것 등을 적고 있지만 이것은 사실과 다릅니다. 제가 보고한 대로이며 이전과 같은 사건은 일어나게 하지 않겠다는 것을 덩샤오핑 부주석이 언명했습니다. 따라서 일본의 영토권을 중국이 인정했다는 것은 일언(一言)도 제가 말했던 것이 아니며 역시 양국에 각각의 체면이 있으며 각각의 사정이 있습니다만, 이 문제는 일본이 바로 지금 실효 지배를 하고 있습니다. 중국 쪽에서 이전과 같은 사건이 일어나지 않도록 해달라는 이러한 것만 말한다면 그것으로 일본 국민들은 만족하지 못하고, 그 이상으로 논쟁을 가하면 서로 주장을 견지해 분쟁 지대가 될 우려

---

* 과거 일본에서 존재했던 귀족원(貴族院) 소속 의원(議員)에 대한 존칭어이며, 현재는 중의원 소속 의원을 지칭하는 용어로 일반적으로 사용되고 있다. _옮긴이 주

가 있습니다. 지금 이곳은 분쟁 지대가 되고 있지 않기 때문에 상대편 측에서 그것만을 기재해준다면 고마운 일이라고 생각하고 돌아왔습니다.

이 소노다의 답변을 읽어보면 외상은 덩샤오핑에게서 1978년 4월과 같은 사건은 일어나지 않을 것이라는 확약을 받고 그것으로 만족하고 귀국했다는 것을 알 수 있다. 이 의사록을 통해 소노다 외상의 속마음을 추측하는 것은 어렵지만 "일본의 영토권을 중국이 인정했다는 것은 일언도 내가 말했던 것이 아니"라든지, "양국에 각각 체면이 있으며"라든지, "그 이상으로 논쟁을 가하면 서로 주장을 견지해 분쟁 지대가 될 우려가 있다"라는 발언 등을 토대로 판단해보면, 양국 모두 각각 영유권을 주장하고 있다는 것을 확인한 뒤에 '분쟁 지대'화하는 것은 피한다는 암묵적인 합의를 한 것으로 받아들여진다. '분쟁'을 뒤로 미룬 합의라고 말해도 좋다.

이 센카쿠열도의 영유권 문제에 관해 데라마에 이와오(寺前巖) 대의사(일본공산당 소속)도 거듭 소노다 외상의 견해에 대해 질의했다.

데라마에 위원: …… 센카쿠열도 영유권에 대해서는 명확하지 않습니다. 그렇다면 일본의 실효 지배라는 것에 대해 중국 측이 인정한 것으로 이해해도 좋은 것입니까?

소노다 국무대신: 있는 그대로를 보고했을 뿐입니다. 그 판단은 각자의 자유재량입니다.

데라마에 위원: 그 결과는 어찌 되는 것입니까? 일본의 실효 지배를 인정하고 영토권으로서의 확인도 후일 하겠다는 것으로 간주되는 것입니까? 애매한 상태 그대로 두겠다는 것입니까? 어떠한 것이 되는 것입니까?

소노다 국무대신: 센카쿠열도는 아시는 바와 같이 분쟁 지대가 되지 않습니다. 일본은 일본의 것이라고 주장하고 있습니다. 중국은 이에 대해 자신의 영토

라는 것을 최근 말하고 있습니다. 일본은 이에 대해 협의를 하지 않습니다. 따라서 장래 협의를 할 것인가 말 것인가 하는 분쟁 지대가 아니라고 해석합니다. 다만 현재 상황은 일본의 입장을 주장하고 이전과 같은 사건은 곤란하다고 강하게 요청했기 때문에, 이전과 같은 사건이 일어나지 않게 하겠다는 것이 사실입니다.

데라마에 위원: 이것도 전혀 확실하지 않은 것입니다만, 실효 지배로서의 확인을 명확히 한다고 하는데, 그에 따라서 영유권에 대한 확인은 다른 기회에 한다고 정확하게 언급하고 있듯이, 국제적인 결정으로서 해두지 않으면 안 되는 것이 아닙니까? 나는 조금 우려가 되는데 들어보고 싶습니다.

데라마에 위원은 중국과의 사이에서 정확하게 일본의 실효 지배를 인정받아야 하며 영유권을 인정받을 필요가 있다는 입장에서 발언하고 있다. 한편, 소노다 외상은 ① 중·일 쌍방이 영유권을 주장하고 있지만 '분쟁'은 일어나지 않는다, ② 중국 측은 4월 사건의 재발 방지를 약속했다고 하면서 그 이상의 외교적 행동(action)을 취할 의사가 없다는 것을 시사하고 있다.

다시 와타나베 위원과의 질의로 돌아가 보겠다. 와타나베 위원은 덩샤오핑의 약속이 의사록에 게재되어 있는지를 묻고 있다.

와타나베 위원: 이것은 어떤 외교 문서로 기록에 남아 있습니까? 일·중 쌍방이 그렇게 확인하고 있고 그 기록을 소지하고 있습니까? 어떻게 되어 있습니까?

소노다 국무대신: 정식 회담이기 때문에 양방(兩方)이 의사록을 갖고 있습니다. 이 의사록에 명확하게 기재되어 있습니다.

소노다 외상은 중의원 외무위원회라는 공식적인 장소에서 센카쿠열도 문제에 대한 논의를 기재한 의사록이 있다고 명언한 것이다. 그렇다면 일본 외무성이 의사록은 "작성되지 않았다"라는 태도를 계속 취하면 소노다 외상을 '위증'한 것으로 만들어버리는 것이 아니겠는가?

소노다·덩샤오핑 회담에 동석한 황화(黃華) 중국 외교부장은 외교 회고록 가운데 소노다가 처한 고통스러운 입장에 대해 언급하면서 회담에서의 소노다에 대해 다음과 같이 기록하고 있다(黃, 2008: 232~233).

> …… 그에게는 또 한 가지 성가신 문제가 있었다. 댜오위다오 문제이다. 일본 외무성, 총리 관저 및 일부 정치가들이 끊임없이 압력을 가해왔고, 그중에는 섬의 귀속을 확실히 하지 못하면 조약을 체결하지 못한다는 말을 꺼냈던 자도 있었다. 소노다 스나오는 중국이 영토 문제에서 양보할 리가 없으며 영토의 귀속 문제를 논의한다면 조약에 조인할 수 없게 된다는 것을 알고 있었다. 그러나 국내에서의 지시가 있고 쌍방의 주장이 다르기 때문에 지난 댜오위다오 사건과 같은 일은 향후 두 번 다시 일어나지 않으면 좋겠다고 말했다. 덩샤오핑은 그것은 우연히 일어난 사건이며 어민(漁民)은 물고기를 쫓아가면 다른 것이 눈에 들어오지 않는 법이라고 설명했다. 덩샤오핑은 소노다 스나오에게 우리의 방침은 이전과 마찬가지로 (문제 해결을) 20년 혹은 30년 뒤로 미루면 좋겠다는 것으로, 우리는 손을 쓰지 않을 것이라고 알려주었다. 이리하여 소노다 스나오는 만족스러운 회답을 얻고 이번 방문의 모든 임무를 달성했다.

중국 외교부장은 중국은 센카쿠열도 문제를 뒤로 미루고 "손을 쓰지 않을 것이다"(중국어 원문은 '不會動手')라는 방침을 제시했으며, 소노다 외상도 덩샤오핑의 미루기 발언에 만족했다고 말했다. 필자는 1992년 '영해법' 제정처럼 중국 측이 '현상(現狀) 변경'으로 생각되는 움직임이 있다면, 일본 측이 중·일 간에는 미루자는 합의가 있었으며 "손을 쓰지 않을 것이다"라고 약속하지 않았는가 하는 논리로 중국 측을 추궁했어야 하지 않았나 생각하고 있다.

'센카쿠열도' 문제는 타이완 문제 2

중·일 국교 정상화 당시 중국은 타이완 '해방'의 방침을 내세웠다. '해방' 에는 군사적인 함의(implication)가 있다. 1978년 중국은 타이완 정책을 재검토했다. 중·일 평화우호조약의 비준서 교환을 위해 일본을 방문한 당시 덩샤오핑 부총리는 10월 25일 후쿠다 다케오 총리와의 회담에서 "타이완의 조국 복귀는 타이완의 현실을 고려한다"라고 말했다. 처음으로 타이완의 해방이라는 말을 사용하지 않았던 것이다(李, 2005: 156).

타이완에 대한 새로운 정책은 1979년 1월 1일 밝혀졌다. 같은 날 전국인민대표대회 상무위원회는 「타이완 동포에게 고하는 글」을 발표해, 타이완측이 지배하고 있는 진먼다오 등에 대한 포격을 정지했다는 발언과 함께 타이완 측에 '3통4류[三通四流, 3통이란 통우(通郵)·통항(通航)·통상을, 4류란 학술·문화·체육·공예의 교류를 지칭함]'를 호소했다. 이 발표는 중화민족의 애국주의에 호소하는 어조로 기록되어 있으며, 조국 통일의 조기 실현이 불가능하다면 어떻게 '열조열종(列祖列宗)'을 위로할 수 있겠는가라고 호소하면서 진설의 임금인 황제(黃帝)까지 언급하며 타이완에 대해 조국 복귀를 압박했다. 이러한 '타이완 정책' 변경의 핵심은 타이완 문제의 해결을 장기 과제로 분류한 것이다.

이듬해 1980년 1월 16일 덩샤오핑은 중공중앙이 소집한 간부회의에서 "현재의 정세와 임무"라는 제목으로 발표하고 그 가운데 1980년대의 3대 임무를 제창했다. ① 국제무대에서 패권주의에 반대하고 세계평화를 수호하는 것, ② 타이완의 조국 복귀 및 조국의 통일 실현을 도모하는 것, ③ 경제건설, 즉 '4개 현대화'(농업, 공업, 국방, 과학기술의 현대화)이다. 덩샤오핑은 그 뒤에 3대 임무의 핵심은 현대화 건설이며 타이완의 중국 복귀, 조국 통일을 실현하기 위해서도 경제 발전 방면에서 타이완보다 어느 정도 우월하지 않으면 안 된다고 논했다.

덩샤오핑은 '1980년대의 3대 임무'가 달성되는 것을 보지 못하고 1997년 사망했다. 21세기를 맞이하면서 2001년 1월 1일 자 ≪인민일보≫ 사설은 '21세기의 3대 임무'를 내세웠다. ① 현대화를 계속해서 전진시키는 것, ② 조국 통일을 실현하는 것, ③ 세계평화를 수호하며 공동발전을 촉진하는 것이다. '패권주의 반대'가 사라지고 새롭게 제기된 '공동발전'이란 남(南, 개발도상국)도 북(北, 선진국)도 모두 발전 방향으로 나아가지 않으면 안 된다는 것이다. '1980년대의 3대 임무'와 마찬가지로 현대화 건설이 핵심이다. 타이완 문제 해결은 변함없이 장기 과제이다.

2005년 3월 14일 전국인민대표대회 제10기 제3차 회의는 '반국가 분열법'을 채택했다. 이 법 제8조에는 어떠한 상황에서 타이완에 대해 무력을 행사하는가를 규정하고 있다.

'타이완 독립[台獨]' 분열 세력이 그 어떠한 명목, 어떠한 방식으로든 타이완을 중국에서 떼어내려는 사실을 만들고 타이완에서 중국과의 분리를 초래할 수밖에 없는 중대한 사변(事變)이 발생하고, 또한 평화통일 가능성이 완전히 상실되었을 때 국가는 비평화적 방식 및 기타 필요한 조치를 강구해 국가의 주권과 영토 보존을 수호할 수 있다.

중국이 현재의 양호한 중국·타이완 관계를 파괴하면서까지 타이완과 그부속 도서에 군사력을 행사할 것으로 생각되지 않는다. 중국은 센카쿠열도는 타이완에 속하는 것으로 간주하고 있으며(타이완도 마찬가지인), 일방적으로 센카쿠열도에 군사력을 행사하는 일은 없다. 중국의 논리에서 본다면 타이완의 일부인 센카쿠열도를 회수하는 것은 타이완의 '조국 복귀' 시나 혹은 그 이후의 일이 되는데, 가까운 장래에 그와 같은 일(중국이 타이완 일부에 행정권을 행사하는 것)이 일어날 것으로 생각되지 않는다. 필자는 타이완의 존재가 중국의 센카쿠열도에 대한 대응을 제약하고 있으며 결정적인 '파국 (破局)'을 방지하고 있다고 생각한다.

다만 '반국가 분열법' 제8조에서 유추해 어떠한 경우에 중국이 군사력을 행사할 것인지를 고려하는 것은 필요하다. 중국의 입장에서 '외국'이 센카 쿠열도를 군사적으로 점령하고자 할 경우 '타이완에서 중국과의 분리를 초 래할 수밖에 없는 중대한 사변'으로 해석될 가능성이 있을지도 모른다. 이 것이 중국의 "레드 라인(red line)"이라고 생각된다. 그렇게 되면 그 '레드 라인'을 넘어섰다고 판단될 경우, 다음의 제8조 제2항 발동을 고려하지 않 으면 안 되며 중국의 지도자는 어려운 결단에 내몰리게 된다.

전항(前項)의 규정에 의해 비평화적 방식 및 기타 필요한 조치를 강구할 때는 국무원, 중앙군사위원회가 그것을 결정하고 실행으로 옮기는 것과 함께, 지체 없이 전국인민대표대회 상무위원회에 보고한다.

엎질러진 물은 나시 담을 수 없듯이 너는 1973년 둥비우 국가주석대리 의 발언 당시나 1978년 소노다·덩샤오핑 회담 당시로 상황을 되돌릴 수는 없다. 필자는 일본이 센카쿠열도 문제에 대해 중국의 '레드 라인'을 충분히 파악하며 대응하지 않으면 안 된다고 생각한다.

"일본의 영토 오키나와"(마오쩌둥의 발언)

센카쿠열도 문제를 둘러싼 분규에 더해 최근 중국이 오키나와에 대한 영 유권도 주장하고 있다는 설이 확대되고 있다. 2010년 10월 16일 쓰촨성(四

川省) 청두시(成都市)에서 대규모 반일 시위가 일어났는데 선두 집단은 "류큐를 회수하고 오키나와를 해방하자(回收琉球, 解放沖繩)"라고 적힌 횡단막을 내세우며 행진했다. 이 영상은 일본 TV에서 반복적으로 방영되었다.

중화민국 시대부터 현재에 이르기까지 중국에는 오키나와(그들이 말하는 류큐)가 원래 중국 것이라고 주장하는 사람들이 있다. 과거에는 중국공산당도 그러한 입장이었다. 앞에서 언급한 마오쩌둥의 『중국혁명과 중국공산당』(1937년 12월)에는 다음과 같은 구절이 있다.

제국주의 국가들은 중국의 많은 속국과 중국 영토의 일부를 강탈했다. 일본은 조선·타이완·류큐·펑후제도 및 뤼순을 점령했고, 영국은 버마·부탄·네팔·홍콩을 점령했으며, 프랑스는 안남을 점령했다. 포르투갈처럼 조그만 나라까지도 우리의 마카오(澳門)을 점령했다(日本國際問題硏究所中國部會, 1974: 121).

그러나 중화인민공화국 건국 이후 이 논문을 『마오쩌둥 선집』 제2권에 수록할 때 일본과 관련해서 "타이완과 펑후제도를 점령하고", "뤼순을 조차했다"라고 기록하고 '류큐'에 대한 언급을 삭제했다. '류큐'를 일본 영토로 인정한 것이다. 이것은 일본 학계에 널리 알려져 있다. 다만 중국공산당이 오키나와에 대한 견해를 바꾼 요인에 대해서는 지금까지 파악되지 않고 있다.

지지통신사(時事通信社)의 시로야마 히데미(城山英巳) 기자는 2013년 중국 외교부 당안관(檔案館)에서 1950년 5월 12~19일 일본과의 강화회의를 준비하는 차원에서 중국 외교부 주최로 열린 내부 토론회 기록 '대일 화약(和約) 문제에 대한 우리 외교부가 행한 토론회 기록'을 입수했다. 시로야마 기자는 이 문서를 검토하고 일본공산당 도쿠다 규이치(德田球一) 서기장(당시)이 오키나와 출신이라는 이유로 "중국은 류큐의 일본에 대한 반환을 주장해야 한다"라는 의견이 나왔다는 점을 지적했다.

시로야마 기자의 이 특종 기사는 2013년 5월 5일 자 ≪산케이신문(産經新聞)≫에 게재되었다. 신문은 중국 정부 내 "류큐를 되찾자"라는 목소리도 있었지만, 저명한 일본 전문가였던 리춘칭(李純靑)이 오키나와에 대해 "만약 일본인에게 돌려준다면 일본인에게 좋은 영향을 미치게 된다. 일본공산당의 도쿠다 규이치 또한 류큐인이다. (류큐가 미·중 등의) 신탁통치를 받지 않는다면 일본 측에 반환하는 것도 가능하다"라는 주장도 소개되어 있다.

시로야마 기자는 당시를 잘 아는 중국공산당 전임 간부와 인터뷰해, 일본통으로서 대일 정책에 크게 영향을 미쳤던 랴오청즈(廖承志)도 "일본공산당 서기장은 류큐인이며 (중국에 류큐를) 되돌려주는 것은 적절하지 않다"라고 말했다는 증언을 통해 자신의 주장을 보강하고 있다.

또한 시로야마 기자의 기사에는 다음과 같은 필자의 '식자(識者) 담화'가 붙어 있었다.

도쿠다 규이치에게는 오키나와의 귀속 문제에 관해 다음과 같은 일화가 있다. 신중국 건국(1949년) 이전 전임 라디오프레스사의 다마키 다카시(玉城尙)가 "마오쩌둥이 오키나와에 대한 영유권을 주장하고 있는 것인데"라며 묻자, 도쿠다는 즉시 그 자리에서 "마오쩌둥은 신중국을 수립하면 그렇게 할 생각인 듯한데, 만약 그렇게 된다면 내가 마오쩌둥에게 질문해 답을 가져올 테니까 걱정하지 말라"라고 단언했던 것이다. 일본공산당은 1948년 8월 26일 중앙위원회 총회에서 '강화(講和)에 대한 기본 방침'을 결정했는데 그 가운데 오키나와 및 아마미(龍美)의 일본 귀속을 요구했다. 중국이 도쿠다가 이끌고 있는 일본공산당의 주장을 배려해 오키나와에 대한 방침을 결정한 것은 충분히 고려된다.

이 '식자 담화'는 몇 개의 지방 신문에 게재되었을 뿐이다.

필자는 건국 후 중국의 오키나와 정책을 검토한 적이 있는데(石井, 2010),

건국 초 중국은 류큐제도가 미국의 관리하에 있는 것을 소련과 동일 보조를 취하며 반대했다. 류큐제도는 오가사와라군도(小笠原群島), 가잔열도(火山列島), 니시토리 섬(西鳥島), 오키노 섬(沖ノ島), 미나미토리 섬(南鳥島)과 나란히 과거 그 어떤 국제협정도 이러한 도서가 일본에서 분리된다고 규정하고 있지 않다고 주장했다. 과거의 국제협정이 일본에서의 분리를 규정하고 있지 않다는 표현은 계속 일본에 귀속시켜야 한다는 취지로 받아들여진다.

1950년대 중국은 오키나와 인민이 '오키나와·오가사와라를 포함하는 일본 영토에서 미국의 군사 기지 철폐를 요구하고 있다'라며 오키나와 인민의 조국 복귀 투쟁을 지원했다. 1961년 10월 7일 마오쩌둥이 일·중 우호협회 대표단 등과 회견했을 때 "미국 제국주의는 귀측의 영토인 오키나와를 점령하여 ……"라고 발언했다. 그 이후 중국에서는 오키나와에 대해 언급할 때 특별히 "일본의 영토 오키나와"라고 표현하는 사례가 증가했다.

그 이후 현재에 이르기까지 중화인민공화국 측의 오키나와는 일본에 귀속한다는 공식적인 입장은 변하고 있지 않다.

중·일 간 국교에 관한 기본 문서는 모호해

이번 장의 마지막 절에서 필자가 강조하고 싶은 것이 있다. 그것은 중·일 간 국교에 관한 기본 문서가 모두 모호하다는 것이다.

1871년 9월 13일 '청일수호조규(淸日修好條規)'가 체결되어 청·일 간에 국교가 수립되었다. 가장 중요한 제1조는 다음과 같다(外務省, 1994: 204).

대일본국(大日本國)과 대청국(大淸國)은 갈수록 화의(和誼)를 돈독히 하고 천지(天地)와 함께 무궁(無窮)해야 한다. 또한 양국에 속한 방토(邦土)도 각기 예를 갖추어 서로 존중하며 조금도 침월(侵越)하는 일 없이 영구(永久)히 안전을 얻도록 하지 않으면 안 된다.

문제는 양국에 속하는 '방토'에 대해 조금도 '침월'해서는 안 된다는 규정을 어떻게 해석할 것인가이다. 일본의 다테 무네나리(伊達宗城) 전권(全權)은 제1조에 다음과 같이 부전(附箋)을 덧붙여 본성(本省)에 보내왔다.

양국 소속의 방토는 화의무궁(和議無窮)의 자(字)에 의해 연출(演出)된 뜻일 뿐이며 방토 두 글자는 별도로 번속토(藩屬土)의 명(名)을 지칭하는 것에 다름없다.

다테 무네나리 전권은 '방토'는 특정 영역을 지칭하는 것이 아니며 이 규정으로 일본의 대외 행동이 제약되지 않는다는 해석을 취한 것이다.

그렇다면 청국(淸國) 전권 리훙장(李鴻章)의 입장은 어떠했을까? 타이완 중앙연구원(中央研究院) 근대사연구소의 장치슝(張啓雄)은 리훙장은 이 조규에 의해 조선·류큐·타이완 등 '속번속토(屬藩屬土)'를 보호하고 '중화세계의 종번(宗藩)* 질서체제'를 재건하려 했다고 지적한다(張, 1987: 587). 제1조에 대해 양국 간 공통의 이해는 없었고 '동상이몽'이었다는 것이 장치슝의 견해이다. 필자는 이 장치슝의 견해가 정확하다고 생각한다.

장치슝은 당시 리훙장이 일본과 연합해 구미의 침략에 대항하고자 생각한 것에 반해, 일본은 '탈아입구(脫亞入歐)'의 길을 걷고 타이완·류큐·조선 등 중국의 '속토속번'에 침입해 '중화의 속방(屬邦)'에 대한 우월권을 획득하고

---

* 종번이란 종국(宗國, 종주국)과 번국(藩國, 속국)의 관계를 말하는 것으로 정치적으로 조공(朝貢) 관계를 지칭한다. _ 옮긴이 주

자 했다고 기록하고 있다.

또한 이 조규 제4조에는 다음과 같은 규정이 있었다(外務省, 1994: 205).

양국의 병권대신(秉權大臣)은 파견되어 각기 거느리고 있는 수행원을 불러 모아 갖추고 경사(京師, 수도)에 거류하거나 혹은 장기간 머물거나 혹은 때때로 내지 각처에 통행할 수 있어야 한다.

이 규정에 대해 다테 무네나리 전권은 다음과 같이 부전했다.

이 조항이 류큐·조선에 관계되는 것이라면 쉽게 간과해서는 안 된다. 어떤 경우에도 향후 우리 양국에 관한 그 어떠한 고려에서 가불(可不, 가함과 불가함)을 논의해야 한다.

이 단계에서는 아직 류큐·조선을 '국가'로 간주하고 있는데, 청국 사절이 여행하는 것이 어쨌든 문제가 될 것이라는 점을 예견하고 있다. 그 이후 일본은 청조의 약체화를 틈타 류큐에 압박을 가해 청국과의 국교를 단절시킨 것은 주지하는 바이다.

'청일수호조규'가 조인된 지 81년이 지난 이후 태평양전쟁에서 패배한 일본은 중화민국 정부와 평화조약을 체결했다(1952년 4월 28일 조인). 이른바 '화일평화조약(華日平和條約)'이다. 이 조약에 부속하는 교환 공문은 조약의 적용 범위에 대해 일본어판에서는 "중화민국의 지배하에 현재 있고 또는 향후 들어갈 모든 영역"이라고 기록되어 있다. 그러나 중국어판에는 '영역'이 아니라 "영토"라는 말이 사용되었다.

국회의 심의 과정에서 이 점을 지적당한 와지마 에이지(倭島英二) 당시 일본 외무성 아시아국장은 다음과 같이 고통스러운 답변을 했다.

중화민국 측은 타이완·평후제도가 주권이 미치는 영토라는 입장을 취하고 있는데, 일본은 샌프란시스코 조약에서 타이완·평후제도에 대한 권리, 권원(權原), 청구권을 포기했으며 중화민국의 영토라고 인정하는 입장은 아니다. ……
조약 교섭은 영어로 행해져 조문 해석에 상위(相違)가 있을 경우에는 영문이 채택되고 있다. '영토'는 테리토리즈(territories)의 중국어역이고, '영역'은 일본어역이며 테리토리즈에 대해 국제적으로 반드시 영토로 한정된 엄격한 의미로 사용되는 것은 아니며, 영토보다 영역이라고 말하는 쪽이 조금 더 보편적이다 (1952년 5월 13일 중의원 외무위원회).

타이완·평후제도는 '샌프란시스코 조약'으로 일본의 귀속에서 이탈되었지만, 특정국의 귀속으로 하기에는 연합국의 결정이 필요하며 중화민국 영토로 볼 수 없다는 일본의 입장과, 체면을 걸고 중화민국 영토라는 표현을 양보할 수 없다는 중화민국의 입장을 양립시킨 고심(苦心)의 산물이었다.

이러한 모호한 문서의 전형적인 사례가 1972년 9월 29일 조인된 '중·일 공동성명'이다. 중국 측이 의도했던 '중·일 공동성명' 문안(文案) 대강 제1항은 '중화인민공화국과 일본국 사이의 전쟁 상태는 이 성명이 공표되는 날로 종료된다'. 이는 중국 측이 가장 중요하게 생각한 조항이다. 그렇지만 실제로 조인된 '중·일 공동성명' 제1항은 '중화인민공화국과 일본국 간 이제까지의 비정상적인 상태는 이 공동성명이 공포되는 날로 종료된다'였다.

'전쟁 상태의 종료'는 어디로 가버렸을까? 전문에는 다음과 같이 적혀 있다.

양국 국민은 양국 간에 이제까지 존재했던 비정상적인 상태에 종지부를 찍는 것을 간절히 바라고 있다. 전쟁 상태의 종결과 중·일 국교 정상화라는 양국 국민의 원망(願望)의 실현은 양국 관계의 역사에 새로운 한 장을 열게 될 것이다.

'전쟁 상태의 종료'에 관해 중국 측이 명사형(名詞形)으로 표현하는 '지혜'를 발휘함에 따라, 양립하지 않는 공동성명의 공표일에 전쟁 상태가 종료된다는 중국 측의 주장과 '화일평화조약' 조인 시 전쟁 상태가 종결되었다는 일본 측의 주장이 양립될 수 있는 문언이 되었다. 각각 국내를 향해 다른 설명을 하는 것이 가능하게 된 것이다.

'중·일 공동성명'에 조인하고 귀국한 오히라 마사요시(大平正芳) 외상은 그 직후인 1972년 10월 6일 내외정세조사회(內外情勢調査會)에서 이 성명에 대해 다음과 같이 평가했다(時事通信社政治部, 1972: 192~193).

> 옛 로마에 야누스(Janus)라는 신이 있었다고 말해지고 있습니다. 그는 입구나 문 등의 수호신입니다. 몸은 하나이지만 두 얼굴을 가진 것을 야누스적 코뮤니케라고 하지 않습니까? 누구라도 그렇게밖에 생각할 수 없을 것입니다.

야누스는 로마 신화에 나오는 두 얼굴의 신으로 1월(January)의 어원으로 잘 알려져 있다.

1871년 청·일 양국은 '침월하는 일 없이', 즉 상호 불가침을 약속하면서 그 이후 전쟁으로 향하는 길을 걸었다. 그것에 반해 1972년 중·일 양국 지도자는 양국의 평화공존을 실현하려는 강한 결의 아래 야누스적 코뮤니케에 조인했다. 그 결과, 정치·경제·문화를 포함한 다면적인 중·일 관계의 발전을 가져왔다는 것을 부정할 사람은 없을 것이다.

최근 중·일 관계는 국교 정상화 이래 가장 어려운 시기에 있는 것으로 말해지고 있다. 필자는 19세기 이래 중·일 관계의 발자취를 되돌아보고 선인(先人)의 '지혜'를 배우며, 외교적인 노력을 통해 분쟁을 뒤로 미루고 21세기의 '야누스적 합의'를 실현해야 한다고 생각한다.

'종성'이라는 필명의 논평

중국의 동향을 파악하는 데 중국공산당의 기관지 ≪인민일보≫에 대한 검토는 결여할수 없다. 국제 문제에 관해 말하자면, 필자는 '종성(鐘聲, zhongsheng)'이라는 필명의 평론에 주목하고 있다. '종성'이란 ≪인민일보≫ 국제부 집필진이 사용하는 필명이다. '종(鐘, zhong)'의 음은 중국의 중(中, zhong)과 통하며 '종성'이란 중국의 성(聲, 목소리), 즉 '중국의 목소리(Voice of China)'라는 의미이다.

2011년 8월 12일 "일부 국가의 중국 영토에 관련된 중대한 전략적으로 잘못된 판단은 반드시 상응하는 대가를 치르게 될 것이다"라는 제목의 논평은 필리핀 해군이 난사군도의 페이신다오(費信島, 플랫 섬)에 군사 시설을 건설하는 것에 대한 경고였다. 흡사 개전 (開戰) 직전 때와 같은 논조였다.

2012년 1월 17일 논평은 일본이 센카쿠열도 부근 도서에 명명(命名)하려는 움직임에 대해 중국의 핵심적 이익을 손상시킨다고 비판했다. 센카쿠열도의 귀속 문제에 관련해 중국이 핵심적 이익이라는 말을 사용한 것은 이것이 최초이다.

같은 해 9월 일본의 센카쿠열도 국유화 직후 9월 12일에는 "일본은 불놀이를 중단해야 한다"라는 제목으로 평화적 발전은 중국의 전략적 선택이지만, 영토 주권의 수호자와 평화적 발전은 양자택일의 문제가 아니라며 영토 수호에 대한 결의를 표명했다. 계속해서 13일에는 "교활한 모습으로 처신하는 것은 한 푼의 가치도 없다"라는 제목의 글을 올려, 교섭을 통해 분쟁을 해결하는 길로 돌아오라고 호소했다. 14일에는 "일본은 이성을 되찾으라"는 제목이었다. 3일 연속해서 일본에 대해 센카쿠열도의 국유화를 중단하도록 호소했다.

그러나 일본 정부의 입장은 변하지 않았다. 15일, 16일 이틀 쉰 뒤 17일부터 '종성'은 반격에 나섰다. 17일 논평은 정면 대결하는 자세를 명확히 하고 댜오위댜오 문제에서는 일본과 '조우전'을 싸울 신념도 있으며, '지구전(持久戰)' 준비도 가능하다고 썼다. '종성' 은 대일 관계 외의 논평도 담당하는데, 19일에 "미국, '아랍의 봄'에 부딪혀"를 게재했으며 22일 하루 쉰 것 외에 17일부터 25일까지 연속해서 일본을 비판했다. 그 후에도 '종성'의 대일 비판은 계속되고 있다.

중국의 국경도시 포럼

중국의 국경도시[중국어로는 '변경구안성시'(邊境口岸城市)]는 매년 포럼'을 개최해 도시 간 협력 관계 증진을 도모하고 있다. 구체적으로는 국경 무역·문화·관광 등 다양한 분야 에서의 교류와 협력을 진작시키는 것이 목적이며, '발전·상호이익·윈윈(win-win)'을 지향 한다. 지금까지 열린 이 포럼의 개최 일시와 장소는 다음과 같다.

제1회 2007년 7월 9일 만저우리(내몽골자치구)

제2회 2008년 9월 19일 쑤이펀허(綏芬河, 헤이룽장성)

제3회 2009년 11월 27일 충쭤(崇左, 광시좡족자치구)

제4회 2010년 10월 1일 루이리(瑞麗, 윈난성)

제5회 2011년 12월 15일 둥싱(東興, 광시좡족자치구)

제6회 2012년 9월 5일 헤이허(黑河, 헤이룽장성)

제7회 2013년 8월 22일 만저우리(내몽골자치구)**

---

* 해당 포럼의 공식 명칭은 '중국변경구안성시시장논단'(中國邊境口岸城市市長論壇)이 다. _ 옮긴이 주
** 제8회 포럼은 2014년 8월 20일 얼롄하오터(내몽골자치구), 제9회 포럼은 2015년 12월 8일 핑샹(광시좡족자치구)에서 각각 개최되었다. _ 옮긴이 주

제1회와 제7회 포럼이 열린 만저우리는 1983년 4월 18일 시베리아철도를 타고 통과 했다. 국경선에는 하얗게 말라비틀어진 나무 말뚝이 박혀 있었다. 소련 방면의 국경선에는 말뚝이 몇 중으로 박혀 있던 것에 반해, 중국 쪽에는 바리케이드가 전혀 없어 소련 쪽이 더욱 삼엄한 경계 조치를 취하고 있는 것처럼 보였다. 소련 측 국경 역인 바이칼스크(Байкальск) 역 구내에는 소련제 승용차 볼가(Волга)가 약 50대 있었는데 중국으로 수출 중인 듯했다.

제2회 포럼 개최지 쑤이펀허에는 1990년 12월 6~7일 방문했다. 지금은 사용되지 않는 것으로 생각되는데, "퇴화(堆貨) 무역"이라는 말을 듣게 되었다. 예를 들어 설명하자면 이는 차량 1대분의 고구마와 차량 1대분의 요소(尿素)를 교환하는 방식이다. 쑤이펀허 역 가까이에 1989년 11월에 연 지 얼마 안 된 중·소 합영 레스토랑 '러시아'가 있었다. 하바롭스크에서 온 젊은 웨이트리스가 있었는데 그녀는 러시아어로, 가이드 역할을 했던 중국인은 중국어로, 그리고 필자는 일본어로 노래를 부르면서 모두 흥겨운 시간을 보냈다.

다른 도시를 언급할 지면이 없지만, 중국의 국경 도시가 각기 처한 조건을 활용해 발전을 도모하는 것은 기쁜 일이다.

지은이 후기

1945년 태평양전쟁에서 일본이 패배한 이후 동아시아에서는 2개의 커다란 '격전'이 일어났다. 중국에서의 국공내전과 한반도에서의 한국전쟁이다. 이 책 제1장에서 서술한 바와 같이 중화인민공화국의 건국 직후에 일어난 진먼다오 전투에서 국민당군은 조기에 타이완을 해방시키려는 중국인민해방군의 기도를 분쇄했다. 그리고 제2장에서 언급한 바와 같이 한국전쟁에서는 서울까지 진공한 중국인민지원군이 유엔군에 의해 38도선까지 되돌아가 반격을 도모한 제5차 전역에서 중대한 손실을 입어 북한이 의도한 남진 통일의 꿈은 사라졌다. 그 결과 타이완해협을 둘러싸고 중국과 타이완이 서로 마주보고, 한반도에서는 군사분계선을 둘러싸고 한국과 북한이 서로 대치하는 상황이 지금까지도 계속되고 있다.

필자는 동아시아의 평화와 안정을 실현하기 위해서는 이 '2개의 전쟁'이 최종적으로 종결되고 평화가 회복되었음을 확인하는 '2개의 평화협정'을 체결하는 것이 필요하다고 생각하며, 최근 들어 기회가 있을 때마다 이러한 취지의 발언을 하고 있다.

2013년 10월 19일부터 20일까지 베이징 중국정법대(中國政法大) 정치와 공공관리대학원[政治與公共管理學院]에서 개최된 동아시아의 새로운 질서 형성에 관한 심포지엄에서도 '2개의 평화협정(중국-타이완 평화협정과 한반도 평화협정) 체결의 의의'라는 주제로 발표했다. 그 취지는 다음과 같다.

2013년은 한국전쟁 휴전(정전) 60주년이다. 정전협정은 1953년 7월 27일 판문점에서 조인되었다. 이 협정은 '최종적인 평화적 해결'을 기대하며 '최종적인 평화적인 해결'에 이르기까지의 '휴전'을 약속한 것이었다.

그렇다면 '최종적인 평화적 해결'은 어떻게 달성할 것인가? '최종적인 해결'에 이르는 길에 관해 「휴전협정문」 제4조 "쌍방 관계정부들에의 건의"에 다음과 같이 적혀 있다.

> 한국 문제의 평화적 해결을 보장하기 위하여 쌍방 군사사령관은 쌍방의 관계 각국 정부에 정전협정이 조인되고 효력을 발생한 후 삼 개월 내에 각기 대표를 파견하여 쌍방의 한 급 높은 정치 회의를 소집하고 한국으로부터의 모든 외국 군대의 철거 및 한국 문제의 평화적 해결 등 문제들을 협의할 것을 이에 건의한다.

정전협정 조인 후 정확히 3개월이 지난 10월 26일 판문점에서 예비회담이 열렸다. 이 회담에서는 소련의 참가 자격이 문제시되어 유엔 측은 한국전쟁 참전국만 참가할 것을 주장했고, 중국과 북한 측은 중립국으로서 참가를 주장해 타협이 이루어지지 않았다. 이에 따라 그 어떤 합의도 이루어지지 않고 무기한 휴회되었다.

결국 미국, 영국, 프랑스, 소련 4개국 외교장관 협의를 거쳐 한반도 문제에 관해 4개국과 중국, 북한, 한국 및 한국전쟁에 파병한 국가 중 참가를 희망하는 국가의 참가로 제네바에서 회의를 열게 되었다. 제네바회의는 1954년 4월 개최되었다. 한국은 우선 중국군 철수를 요구했고 유엔의 감시 아래 북한에서의 자유선거를 요구했다. 이에 대해 북한은 조선 통일을 위해 남북

두 정부가 임명한 '전조선위원회(全朝鮮委員會)' 주최 아래 조선 전역에 걸친 자유선거를 제안했다. 한국과 북한의 주장은 기본적으로 한국전쟁이 시작되기 전과 바뀐 것이 없었고 상호 간에 양보가 이루어지지 않아, 같은 해 6월 제네바에서 이루어진 한반도 문제 관련 토의는 중단되었다.

한국전쟁 이후 정치회담 실패로 남북의 서로 적대하는 두 정권이 대치하는 상황에서 총선거를 거쳐 하나의 통일된 정부를 수립하는 것의 어려움이 재차 명백해졌다. 남북의 정권 모두 시간이 지나 '2개의 정부' 존재를 인정하고 '2개의 정부'의 병존을 인정할 수밖에 없다는 것을 인식하게 되었다.

한국전쟁에 관여했던 대국(大國)도 남북 각각의 응원단으로서 힘을 발휘했을 뿐 문제 해결에 기여하지 않는다는 것을 인식하게 되었다. 1992년 8월 24일 한·중 양국이 국교를 수립했다. 남은 과제는 한국과 북한 및 미국과 북한 사이에 신뢰관계를 구축하는 것이 되었다.

한국의 박근혜 대통령은 '한반도 신뢰 프로세스'를 통해 남북 관계를 정상화한다는 구상을 밝혔는데, 남북 간 신뢰가 구축되고 비핵화가 실현된다면 한반도 경제공동체를 건설하는 프로젝트를 가동시킬 것이라고 주장했다.

주지하는 바대로 북한은 예전부터 평화협정의 조인을 주장하고 있다. 그렇지만 북한은 한국과의 관계보다는 미국과의 관계를 우선시하고 있다. 또한 북한은 핵 개발을 추진하고 장거리 미사일을 개발하고 대미 억지력을 활용해 북·미 교섭을 통해 자국의 안전보장을 실현하고자 하고 있다.

그럼에도 한국이 한반도 문제는 기본적으로 남북한 당사자가 해결해야 한다고 북한을 직접 설득할 필요가 있는 것은 아닐까? 북한의 평화협정 체결 요구도 한반도에 평화를 구축하자는 주장에 기초하고 있다. '한반도 신뢰 프로세스'로 북한의 평화협정 체결 요구를 받아들일 수 없는 것인가?

다음으로 중국·타이완 관계인데 1991년 5월 타이완 리덩후이 총통은 동원감란(動員戡亂) 시기[공산주의자 반란 진정(鎭定) 조치 시기의 종결을 선언했다. 이는 국공내전이 끝났다는 것을 인정한 것이다. 그 이후 타이완 측은 민간 조직 '해협교류기금회'(약칭 해기회), 중국 측은 '해협양안관계협회'(약칭 해협회)를 설립하고 실무 관계의 확대를 도모하게 되었다.

1992년 10월 홍콩에서 해협회와 해기회 간의 협의가 이루어졌다. 여기에서 타이완 측은 '하나의 중국, 각자의 표현(一個中國, 各自表述)', 즉 '하나의 중국' 원칙은 쌍방 모두 인정하지만, 그 정의에 대해서는 각각 다른 점이 있다는 것을 인정하자고 제안했다. 같은 해 11월 16일 해협회는 해기회에 서신을 보내 "해협 양안은 모두 하나의 중국 원칙을 견지하며 노력해 국가 통일을 도모한다. 그렇지만 해협 양안의 사무적 협의에서는 하나의 중국의 정치적 의미에 대해서는 자세히 다루지 않는다"라고 알렸다.

이때는 아직 '9·2 공식(九二共識)'(1992년 컨센서스)이라는 말은 사용되지 않았다. 그렇지만 중국·타이완 쌍방은 '하나의 중국'이라는 원칙을 인정한다는 전제하에 그 정의와 관련된 논의를 뒤로 미루고 실무 관계의 증진을 도모한 것이다.

그 이후 2008년 5월 국민당 마잉주는 총통 취임식에서 1992년 민간단체 간 합의에 대해 총통으로서 '9·2 공식'이라는 말을 사용했고, 또한 중국·타이완 관계의 향후에 대해 한걸음 앞으로 나아가 우리는 양안의 평화협정에 대해 협의를 추진하지 않으면 안 된다고 논했다.

이러한 마잉주의 제안을 중국 측은 환영하며 같은 해 12월 31일 후진타오 국가주석(당시)은 다음과 같이 논했다. "우리는 '하나의 중국' 원칙을 기초로 협의를 통해 양안의 적대 상태를 정식으로 종식시키고 평화 합의를 지향하며 해협 양안관계의 평화적 발전 틀을 구축하도록 호소한다." 그 이후에도 중국 지도자에 의한 평화협정 체결을 환영하는 발언이 계속되었다.

그러나 한국전쟁의 평화협정 체결이 어려운 것과 마찬가지로 중국·타이완 간의 평화협정 체결도 그렇게 간단하지 않다. 2011년 10월 총통 재선을 앞두고 치른 총선 직전에 마잉주가 "향후 10년 내 중국과 평화협정을 체결할 것인지 여부를 검토하고 있다"라고 발언했다. 이 발언이 타이완 주민의 반발을 사서 마잉주의 지지율이 급락했다. 그 이후 마잉주가 총통 선거에서 승리를 거두기는 했지만, 타이완 주민의 중국·타이완 관계에 대한 현상유지를 바라는 목소리가 강하다는 것을 알 수 있다. 이러한 타이완 주민의 목소리는 중국과의 평화협정 체결 문제를 고려하는 데 무시할 수 없다.

이와 같은 필자의 발표에 대해 평화협정이 일단락된다고 해도 중화인민공화국 국가주석과 타이완 총통이 서명할 수는 없는 것이 아닌가 하는 의견이 있었다. 확실히 협정에 누가 어떤 직책으로 서명할 것인가는 큰 문제이다.

2013년 12월 19일 부산에서 대한민국 해양연맹과 서울대 아시아연구소 공동 개최로 제1차 아시아 해양에 관한 민간 포럼이 개최되어 필자는 같은 취지로 발표했다. 그 과정에서 육상의 군사 경계선과는 달리 경계에 대해 합의가 불가능한 서해상의 북방한계선(NLL)에 대해 언급하며, 어쨌든 어민의 안전한 조업에 관한 협의를 추진해야 하는 것이 아닌가 하고 덧붙였다. 이에 대해 옆에 앉아 있던 한국 측 발표자에게서 이전에 북한에 제안한 적이 있지만 호의적인 반응이 없었다는 대답을 들었다.

2개의 평화협정 체결에는 갖가지 어려움이 있으며 어렵다는 것은 필자도 잘 알고 있다. 그럼에도 그것을 주장하는 것은 2개의 평화협정이 체결되었을 경우 오키나와에 큰 영향을 미칠 것으로 생각하기 때문이다. 오키나와 본도에서 타이완까지는 640km, 서울까지는 1400km이다. 오키나와에 기지가 있다면 한반도 유사 혹은 '타이완해협' 유사시 단시간에 이동할 수 있다. 그리고 오키나와는 오키나와 본도를 포함해 섬들이 활 모양으로 1300km에 걸쳐 병렬되어 있어, 흡사 중국이 서태평양으로 진출하는 것을 막는 듯한 태세를 이루고 있다.

이와 같은 전략적 요지(要地)에 위치해 있는 오키나와는 냉전 아래에서 미국의 극동전략상의 요충지가 되었고 오키나와의 미군 기지는 강화되었다. 1972년 오키나와의 시정권은 일본에 반환되었지만 오키나와의 미군 기지는 그 상태로 남았다. 지금도 미군 기지는 오키나와 면적의 사실상 10%나 차지하고 있으며 오키나와 주민의 미군 기지 이전을 요구하는 목소리는 높다.

2010년 1월 23일 류큐대(琉球大)에서 류큐대와 홋카이도대가 공동 주최한 세미나 '오키나와에서 경계(border)를 생각한다'가 열려 필자도 참가했다. 세미나 이틀째인 24일 후텐마(普天間) 미군 비행장 가까이에 있는 건물 옥상에서 내려다보며, 다음 미군 기지가 이전될 예정지로 간주되는 나고시(名護市) 헤노코(辺野古)를 방문했다. 우연히 그날이 나고시 시장 선거일이어서 선거와 관련된 간판을 많이 볼 수 있었다.

해안에 수년 동안 연좌하며 항의를 계속하는 사람들이 머물고 있는 곳이 있었는데, 그분들의 배를 빌려 해상에서 매립되고 있는 예정지를 보았다. 1월 말 오키나와 바다는 아직 차가워서 헤엄치는 본토 사람은 없었다. 하지만 미국에서 왔다고 하는 매우 거칠어 보이는 미 해병대 대원 2명이 유유히 수영을 하고 있었다.

필자는 헤노코 해상에서 캠프 슈와브(Camp Schwab)를 지켜보면서 오키나와의 미군 기지 재편 강화안(强化案)에 대항하기 위해, 오키나와 주변에 평화적인 국제 환경을 만드는 방법을 제시하고 그것이 실현 가능함을 보여주는 것이 필요하다고 생각했다. 이러한 맥락에서 구상한 것이 앞에서 논한 2개의 평화협정 체결 방안이다.

현재 미·일 당국은 지역 정세가 불안정하다는 이유로 오키나와의 미군 기지가 존속되어야 할 필요성을 목소리 높여 외치고 있다. 그중 하나가 한반도 정세인데, 한국전쟁 평화협정이 체결되어 한반도 정세가 안정된다면 오키나와의 미군 기지가 수행하게 될 역할은 변하게 된다.

또 다른 하나가 '타이완해협' 정세인데, 1979년 1월 미·중 국교 정상화 시 미국 의회(상원 및 하원)는 타이완과의 비공식 관계를 유지하기 위해 "타이완 관계법"이라는 국내법을 제정했다. 이 법에서 "미국은 타이완 주민의 안전 혹은 사회 및 경제 체제를 위기에 노출시키는 그 어떤 무력행사, 또는 기타 형태에 의한 강제에도 저항할 능력을 유지한다"라고 규정해 타이완을 방위하는 자세를 명확히 했다. 그렇지만 중국과 타이완이 자신의 의사로 평화협정을 체결한다면 상황은 변하게 되고, 미국이 타이완 방위에 개입할 필요성은 감소하게 된다.

이와 같이 2개의 평화협정 체결은 오키나와에 미군 기지가 존재해야 하는 이유에 큰 변경을 압박하고, 나아가서 미·일 동맹의 존재 방식에도 영향을 미치게 되지 않겠는가?

이렇게 적고 보니 '잠꼬대' 같은 소리는 그만두라, 중국의 해양 패권을 확립하고자 하는 움직임에 어떻게 대처할 계획인가 하는 질책을 받을지도 모르겠다. 중국 해군이 제1도련(島漣)을 넘어 서태평양에 제해권을 확립하고자 하며 미 해군과 서로 노려보는 상황을 중국 국방대 전략연구소의 양이(楊毅) 해군 소장은 "삼대[麻]를 갖고 이리를 때린다: 때리는 쪽도 맞는 쪽도 대단히 놀라"라는 고사 성어를 사용해 설명한 바가 있다[≪世界知識≫, 第16期(2010)]. '이리'가 미 해군이라면 꺾이기 쉬운 건조한 삼대로 이리를 향해 때리고자 하는 것은 중국 해군이라는 말이다.

양이가 인용한 이 고사 성어에는 중국 해군의 능력, 의도가 적확(的確)하게 제시되어 있다. 열세한 '삼대'밖에 갖고 있지 않은 것을 인식한 뒤 어디까지 공세로 나갈 수 있는 것인가, 어디에서 균형을 도모하면 좋은 것인가를 탐색하는 것이다(미 해군도 힘의 균형점을 탐색하고 있다고 생각한다).

필자의 관심은 미·중의 균형점이 어디인지가 아니다. 2개의 평화협정이 체결되었을 때 혹은 체결을 위한 움직임이 진전되어갈 때, 오키나와의 미군 기지가 갖는 비중은 내려가게 된다. 청조와의 외교적 관계를 갖고 있었고 미국과의 사이에서도 '류·미 수호조약(琉美修好條約)'을 체결(1854년 체결)했던 역사의 기억이 있는 오키나와이다. 서태평양에서 미·중 양국이 서로 경쟁하는 가운데 몸이 가벼워진 오키나와는 자신의 이익이 될 수 있는 대중·대미 입장을 선택해야 하며 그런 권리가 있다는 것이 필자의 생각이다.

마지막으로 이 책을 집필하는 데 많은 분의 가르침을 받았다. 일본에서 국경선 연구의 개척자인 홋카이도대 슬라브연구센터(2014년 슬라브·유라시아연구센터로 개칭)의 이와시타 아키히로* 교수는 과학연구비 보조금·신학술영역 연구 〈유라시아 지역대국의 비교연구〉(2009~2012년)를 위시한 수많은 프로젝트에 참가할 수 있는 기회를 주셨다. 베트남 사회주의를 연구해왔던 도쿄외국어대 아시아·아프리카연구소의 구리하라 히로히데 교수는 과학연구비 보조금(기반연구B) 〈중국·아세안 지역협력 구상에서 베트남의 위상에 관한 연구〉(2008~2011년)의 연구 분담자로 참가할 수 있도록 해주셨으며 수차례나 함께 중국, 베트남 국경 조사에 나서주셨다.

이와나미쇼텐(岩波書店)의 편집국 부장 바바 기미히코(馬場公彦) 씨는 이 책의 집필을 권해주시고 초고를 진지하게 통독해주셨다. 편집부의 이리에 아오구(入江仰) 씨는 편집 과정에서 큰 신세를 졌다. 이를 기록해 감사의 뜻을 전하고자 한다.

2014년 5월

이시이 아키라

---

* 국경학(國境學)에 대한 그의 최근 저서로는 다음을 참고하기 바란다. 岩下明裕, 『入門 國境學: 領土, 主權, イデオロギー』(東京: 中公新書, 2016). _ 옮긴이 주

참고문헌

일본어

石井明. 1995. 「珍寶島事件に關する一考察」. 衛藤瀋吉先生古稀記念論文集編集委員會 編. 『20世紀アジアの國際關係』. 原書房.

_____. 1998. 「珍寶島事件: 現地調査に基づく再考察」. 義江彰夫·山內昌之·本村凌二 編. 『歷史の對位法』. 東京大學出版會.

_____. 2003. 「中國におけるナショナリズムと國際主義: 朝鮮戰爭參戰の評價の變遷を中心に」. 大津留(北川)智恵子·大芝亮 編著.『アメリカのナショナリズムと市民像: グローバル時代の視點から』. ミネルヴァ書房.

_____. 2007. 「中ソ關係正常化交涉に關する一考察: カンボジア問題をめぐる協議を中心に」. 木村汎·袴田茂樹 編著.『アジアに接近するロシア: その實態と意味』. 北海島大學出版會.

_____. 2009a. 「旅順ソ連軍烈士陵園參觀記」. ≪スラブ研究センターニュース≫, 117.

_____. 2009b. 「中越國境の烈士陵園: 中越戰爭三十周年に思う」. ≪創文≫, 第518號. 創文社.

_____. 2009c. 「現代化建設論の再檢討: 華國鋒から鄧小平へ」. ≪現代中國≫, 第83號. 日本現代中國學會.

_____. 2010. 「中國の琉球·沖繩政策: 琉球·沖繩の歸屬問題を中心に」. ≪境界研究≫ 1. 北海道大學スラブ研究センター.

_____. 2013. 「ヒマラヤを挾む中國とインド: 平和共存から國境戰爭へ」. 岩下明裕 編著.『ユーラシア國際秩序の再編』. ミネルヴァ書房.

石井明·朱建榮·添谷芳秀·林曉光 編. 2003.『記錄と考證 日中國交正常化·日中平和友好條約締結交涉』. 岩波書店.

外務省歐米局第五科. 1952.『第19回ソ連邦共産黨大會資料』.

外務省調査部 編. 1974.『中ソ國境問題資料集』. 中ソ問題研究會.

外務省 編纂. 1994.『日本外交文書』. 明治期第4卷. 嚴南堂書店.

門田隆將. 2010.『この命, 義に捧ぐ: 台灣を救った陸軍中將根本博の奇跡』. 集英社.

金淑賢. 2010.『中韓國交正常化と東アジア國際政治の變容』. 明石書店.

小島晋治·並木賴壽 監譯. 2001.『入門 中國の歴史: 中國中學校歴史教科書』. 明石書店.

小島優 編. 1980. 『日中兩黨會談始末記: 共同コミュニケはどうして破棄されたか』. 新日本出版社.

時事通信社政治部 編. 1972. 『ドキュメント 日中復交』. 時事通信社.

杉本信行. 2006. 『大地の咆哮』. PHP研究所.

曹海石. 2005. 「中朝國境條約·議定書」. ≪法學志林≫, 第103卷 1號.

ソビエト研究者協會 譯. 1953. 『ソビエト同盟共産黨第19回大會議事錄』. 五月書房.

日中共同學術平和調査團日本側編集委員會 編. 1995. 『ソ滿國境虎頭要塞』. 青木書店.

日本國際問題研究所中國部會 編. 1974. 『中國共産黨史資料集』10. 勁草書房.

荻野晃. 2004. 『冷戰期のハンガリー外交: ソ連·ユーゴスラヴィア間での自律性の摸索』. 彩流社.

原田種茂. 1978. 『貞觀政要』上·下. 明治書院.

福田円. 2013. 『中國外交と台灣: '一つの中國'原則の起源』. 慶應義塾大學出版會.

ベトナム社會主義共和國外務省 編. 1979. 『中國白書: 中國を告發する』. 日中出版編集部 譯. 日中出版.

プログレス出版所 譯. 1987. 『ソ連共産黨史』, 第3分冊. 駿台社.

防衛廳防衛研修所戰史室. 1970. 『戰史叢書26 沖繩·台灣·硫黃島方面陸軍航空作戰』. 朝雲新聞社.

李恩民. 2005. 『'日中平和友好條約'交涉の政治過程』. 御茶の水書房.

歷史學研究會 編. 2012. 『世界史史料11 20世紀の世界II』. 岩波書店.

중국어

王宏緯. 2009. 『當代中印關係述評』. 中國藏學出版社.

王佩雲. 2010. 『激蕩中國海: 最後的海洋與遲到的覺醒』. 作家出版社.

"海外中國軍人墓地現狀調査". 2009. http://news.xinhuanet.com/mil/2009-04/07/content_11142360.html(最終確認日: 2009.4.14)

郭淵. 2010. 「20世紀50年代南解地緣形勢與中國政府對南解權益的擁護」. ≪當代中國史研究≫, 第17卷 第3期.

姜魯鳴·王文華. 2012. 『中國近現代國防經濟史(1840-2009)』. 中國財政經濟出版社.

曲愛國·鮑明榮·肖祖躍 編. 1995. 『援越抗美: 中國支援部隊在越南』. 軍事科學出版社.

金輝·張惠生·張衛明. 1990. 『中越戰爭秘錄』. 時代文藝出版社.

軍事科學院軍事歷史研究部 編著. 1987. 『中國人民解放軍戰史』, 第3卷. 軍事科學出版社.

_____. 1988. 『中國人民解放軍60年大事記(1927-1987)』. 軍事科學出版社.

_____. 2007. 『中國人民解放軍的80年』. 軍事科學出版社.

倪創輝. 2010. 『十年中越戰爭』上下. 天行健出版社.

吳冷西. 1999. 『十年論戰: 1956-1966 中蘇關係回憶錄』上下. 中央文獻出版社.

黃華. 2008.『親歷與見聞: 黃華回憶錄』. 世界知識出版社.

黃傳會·舟欲行. 2007.『雄風: 中國人民海軍紀實』. 學苑出版社.

徐焰. 2013. "蘇聯人從未在3年困難時期'逼債'". http://history.people.com.cn/n/2013/0626/c19 8452-21980803-2.html(最終確認日: 2014.2.26)

周軍. 1991.「新中國初期人民解放軍未能逢行台灣戰役計劃原因初探」.≪中共黨史研究≫, 第1期.

"徐焰少將: 中國抗美援朝犧牲18萬人". 2010. http://society.people.com.cn/GB/86800/11980044.html(最終確認日: 2010.6.29)

徐金洲. 2011. "'一號命令'辨析".≪當代中國史研究≫, 第18卷 第6期.

常長風. 2009.「3年經濟困難時期的緊急救災措施」.≪當代中國史研究≫, 第16卷 第4期.

新華通訊社國內資料組 編. 1982.『中華人民共和國大事記』. 新華出版社.

沈志華. 2013.『冷戰的起源 戰後蘇聯的外交政策及其轉變』. 九州出版社.

齊德學. 2010.「中華人民共和國立國之戰: 紀念中國人民志願軍抗美援朝出國作戰60周年」.≪中共黨史研究≫, 第12期.

齊鵬飛. 2013.『大國疆域: 當代中國陸地邊界問題述論』. 中共黨史出版社.

曾皓. 2013.『中印東端邊界劃界的法律依據』. 中國政法大學出版社.

宋成有 外. 2014.『中韓關係史(第2版)』現代卷. 社會科學文獻出版社.

〈大海記憶: 新中國60年十大海洋人物, 十大海洋事件〉編委會 編. 2012.『大海記憶: 新中國60年十大海洋人物, 十大海洋事件』. 海洋出版社.

〈中印邊境自衛反擊作戰史〉編寫組 編. 1994.『中印邊境自衛反擊作戰史』. 軍事科學出版社.

『中華人民共和國對外關係文件集』第4集. 1958. 世界知識出版社.

中共中央文獻研究室 編. 1987.『建國以來毛澤東文稿』, 第1冊. 中央文獻出版社.

＿＿＿. 1988.『建國以來毛澤東文稿』, 第3冊. 中央文獻出版社.

＿＿＿. 1997a.『周恩來年譜 1949-1976』, 上卷. 中央文獻出版社.

＿＿＿. 1997b.『周恩來年譜 1949-1976』, 下卷. 中央文獻出版社.

＿＿＿. 1998.『建國以來劉少奇文稿』, 第1冊. 中央文獻出版社.

＿＿＿. 2002.『毛澤東傳(1949-1976)』, 上·下. 中央文獻出版社.

＿＿＿. 2013.『毛澤東年譜 1949-1976』, 第6卷. 中央文獻出版社.

中共中央毛澤東選集出版委員會. 1966.『毛澤東選集』, 一卷本. 人民出版社.

中共保清縣委·保清縣人民政府. 2007. "勿忘國殤, 長憶珍寶島自衛反擊戰: 援建珍寶島革命烈士陵園倡議書". http://www.hlbaoqing.gov.cn/gg/gg11.html(最終確認日: 2008.8.24)

"中國駐越南大使館祭掃援越中國烈士墓". http://news.xinhuanet.com/mil/2009-04/05/content_11132799.htm(最終確認日: 2009.4.6)

張安福. 2011. 「新疆軍區生產建設兵團與20世紀60年代中蘇邊境衝突」. ≪當代中國史研究≫, 第18卷 第4期.

張啓雄. 1987. 「何如璋的琉案外交」. 中琉文化經濟協會 主編. 『第一屆中琉歷史關係國際學術會議論 文集』. 聯合報文化基金國學文獻館.

張良福 編著. 2011. 『讓歷史告訴未來: 中國管轄南海諸島百年紀實』. 海洋出版社.

丁明 主編. 2012. 『國家智慧 新中國外交風雲檔案』. 當代中國出版社.

〈當代中國〉叢書編輯部 編. 1989. 『當代中國海軍』. 中國社會科學出版社.

馬大正. 2004. 「關於當代中國邊疆研究中的幾個問題」. ≪當代中國史研究≫, 第11卷 第4期.

薄旭. 2009. 「中國陸地邊界60年」. ≪世界知識≫, 第17期.

房功利·楊學軍·相偉. 2009. 『中國人民解放軍海軍60年(1949-2009)』. 青島出版社.

房寧·王柄權·馬利軍 外. 2002. 『成長的中國: 當代中國青年的國家民族意識研究』. 人民出版社.

"毛澤東指揮他人生中的最後一戰". 2014. http://news.xinhuanet.com/book/2014-01/06/ c_1259 60287_3.htm(最終確認日: 2014.1.6)

楊昭全·孫艷妹. 2013. 『當代中朝中韓關係史』, 上下. 吉林文史出版社.

楊昭全·孫玉梅. 1993. 『中朝邊界史』. 吉林文史出版社.

雷勵. 2007. 『歷史風雲中的余秋里』. 中央文獻出版社.

李丹慧. 1996. 「1996年中蘇邊界衝突: 緣起和結果」. ≪當代中國史研究≫, 第3卷 第3期.

李福井. 2009. 『無法解放的島嶼: 古寧頭戰役的背景』. 台灣書房.

劉岩·李岳 編著. 2010. 『中俄關係的大情小事(1949-2009)』. 世界知識出版社.

劉金質 外 編. 2006. 『中國與朝鮮半島國家關係文件資料匯編(1991-2000)』, 上卷. 世界知識出版社.

劉志清. 1990. 『孫玉國浮沈錄』. 華夏出版社.

『魯迅日記』, 上下. 1961. 人民文學出版社.

영어

Luthi, Rorenz. 2012. "Sino-Indian Relations 1954~1962." *Eurasian Border Review*, Vol.3.

Ryabushikin, Dmitri. 2007. "Origins and Consequences of the Soviet-Chinese Border Conflict of 1969." in Iwashita Akihiro(ed.). *Eager Eyes Fixed on Eurasia: Vol. 2: Russia and Its Eastern Edge*. Slavic Research Center, Hokkaido University.

_____. 2012. "New Documents on the Sino-Soviet Ussuri Border Clashes of 1969." *Eurasia Border Review*, Vol.3.

러시아어

Беседовал, Вадим Обехов. 1992. "Красиый Лед Уссри". *Восток России*. Март.

В. М. Андроников и др. 1993. *Гриф Секретности Снют: Потери Вооруженных Сил СССР в Воинах. Боевых Действиях и Военных Конфликтах: Статистическое Исследование*. Военное Издательство.

Рябушкин, Дмитрий Сергеевич. 2004. *Мифы Дамаского*. Издательство АСТ.

지은이 이시이 아키라(石井明)

지바현(千葉縣) 출생(1945)

도쿄대(東京大) 교양학부 국제관계론 전공 졸업(1967)

도쿄대 대학원 사회학연구과 박사과정 중퇴(1970)

도쿄대 교양학부 조수(助手), 강사, 조교수, 교수를 거쳐 동 대학 대학원 총합문화연구과
　교수로 정년퇴직(2007.3)

홋카이도대(北海島大) 슬라브연구센터 객원교수(2007.10~2009.3)

현재 도쿄대 명예교수(2007.3~)

현재 니혼대(日本大) 객원교수(2010.4~)

동아시아 국제관계사(중·소 관계, 중·일 관계) 전공

저서: 『중국의 정치와 국제관계(中國の政治と國際關係)』(공저, 1984), 『중·소 관계사
　연구, 1945~1950년(中ソ關係史の研究 1945-1950)』[1990, 제7회 오히라 마사요시
　(大平正芳) 기념상 수상], 『중국 20세기사(中國20世紀史)』(공저, 1993), 『기록과
　고증: 중·일 국교정상화, 중·일 평화우호조약 체결 교섭(記錄と考證: 日中國交正
　常化·日中平和友好條約締結交涉)』(공편, 2003), 『중앙아시아의 행방: 미국·러시
　아·중국의 줄다리기(中央アジアの行方: 米ロ中の綱引き)』(공편, 2003) 외

옮긴이 **이용빈**

한국지도자육성장학생

통일부 통일연수원 '통일연수과정' 수료

중국 베이징대 국제정치학과 대학원 수학

서울대 외교학과 대학원 수료, 서울대 국제문제연구소 간사

미국 하버드대 HPAIR 연례학술회의 참석(서울대 대표: 안보 분과)

인도 방위문제연구소(IDSA, New Delhi) 객원연구원(Visiting Fellow) 역임

이스라엘 크네세트(국회), 미국 해군사관학교, 일본 게이오대 초청 방문

러시아 모스크바 국립국제관계대(МГИМО), 타이완 국립정치대 학술 방문

중국 '시진핑 모델(習近平模式)' 전문가위원회 위원(2014.11~)

한반도아시아국제관계연구회[韓亞會] 연구원(창립 의장)

저서: *China's Quiet Rise: Peace through Integration*(공저, 2011) 외

역서: 『시진핑』(2011), 『중국의 당과 국가』(2012), 『현대 중국정치』(2013), 『중국 근대
   해양방어 사상사』(2013), 『마오쩌둥과 덩샤오핑의 백년대계: 중국군의 핵·해양·우
   주 전략을 독해한다』(2014), 『중국인민해방군의 실력: 구조와 현실』(2015), 『현대
   중국의 정치와 관료제』(2016), 『중국 금융전쟁사』(근간) 외

한울아카데미 1909

중국 국경, 격전의 흔적을 걷다

지은이 **이시이 아키라** ㅣ 옮긴이 **이용빈** ㅣ 펴낸이 **김종수** ㅣ 펴낸곳 **한울엠플러스(주)** ㅣ 편집 **최진희**

초판 1쇄 인쇄 **2016년 7월 25일** ㅣ 초판 1쇄 발행 **2016년 8월 5일**

주소 **10881 경기도 파주시 광인사길 153 한울시소빌딩 3층** ㅣ 전화 **031-955-0655** ㅣ 팩스 **031-955-0656**
홈페이지 **www.hanulmplus.kr** ㅣ 등록번호 **제406-2015-000143호**

Printed in Korea.
ISBN 978-89-460-5909-2 93910 (양장)
      978-89-460-6193-4 93910 (반양장)
* 책값은 겉표지에 표시되어 있습니다.